LE DON D'AIMER

DU MÊME AUTEUR

Le Bal des Vautours, roman (Les Presses de la Cité, 1977).
Les Émeraudes de Beyrouth, roman (Les Presses de la Cité, 1979).
Le Masque de porcelaine, roman (Les Presses de la Cité, 1980).
Olympe, roman (Olivier Orban, 1987).
Saladin (Pygmalion/Gérard Watelet, 1991).
Reine par amour, roman (Pygmalion/Gérard Watelet, 1993).

GENEVIÈVE CHAUVEL

LE DON D'AIMER

Marie Leczinska, reine de France

roman

Pygmalion
Gérard Watelet
Paris

ISBN 2-85704-499-2

A l'amour
qui unit
et réconcilie.

« L'amour est fort comme la mort pour nous faire tout quitter ; il est magnifique comme la résurrection pour nous parer de gloire et d'honneur. »

Saint François de Sales

I

ON attendait Monsieur Gobert. Il venait de Paris pour me peindre.

Mon père, Stanislas Leczinski, ancien roi de Pologne et Grand-Duc de Lituanie, me l'avait annoncé le matin même en précisant :

– La fraîcheur de vos vingt ans ne durera pas, chère Marychna. J'en veux garder le souvenir.

Je l'avais écouté d'une oreille distante, persuadée qu'il badinait pour me distraire, et m'étais remise à mes travaux d'étude avant d'aller saluer ma mère dans ses appartements.

La neige tombait dru sur Wissembourg, en cette fin de février 1725. Assise à ma table, près d'une fenêtre, je regardais le manteau ouaté s'épaissir sur les toits de la ville. D'autres hivers de mon enfance émergeaient de ma mémoire : Pologne, Poméranie, puis Stockholm et les Deux-Ponts. Leurs images venaient rejoindre le paysage paisible de cette Alsace qui nous servait de refuge depuis cinq ans déjà. Forêts sombres sur la plaine immaculée, immensité immobile, blancheur à l'infini. La campagne s'était endormie dans une petite mort dont elle triompherait au printemps. J'allais sur mes vingt-deux ans et me demandais si je pourrais moi aussi renaître de cette petite mort qu'était notre exil dans cette province reculée de l'est de la France.

Depuis ma naissance, la vie n'avait cessé de me ballotter par monts et par vaux, loin de ma terre natale, et m'avait coupée de mes racines. J'étais princesse, fille de roi. Un roi élu qui avait perdu son trône. Du palais de Varsovie, je n'avais guère de souvenirs. J'étais un bébé lorsque mes parents, coiffés de leur couronne, s'y étaient installés au cours de l'été 1704. Mais très vite nous avions dû fuir pour échapper à ceux qui avaient décidé de nous éliminer. Il est vrai que l'élection de mon père avait été le résultat d'événements particuliers qui avaient bouleversé la Pologne.

Auguste de Saxe y régnait en maître depuis la mort de Jean Sobieski et ruinait le pays par le fer et le feu, dans des règlements de comptes sanglants. Soutenu par le Danemark et le tsar de Russie, il s'était enhardi à déclarer la guerre au roi de Suède. Charles XII avait riposté sans tarder. Prenant la tête de ses armées, le jeune monarque, âgé de quinze ans à peine, avait châtié le Danemark, puis déferlé sur la Pologne, écrasant les Saxons d'Auguste et se ralliant une bonne partie de la noblesse polonaise. C'est ainsi qu'il avait connu mon père, un peu plus vieux que lui. Appréciant son naturel, sa bravoure autant que son honnêteté, il était devenu son ami. Et lorsque, cherchant un roi pour le trône vacant, il n'avait pu y mettre l'un des fils de Jean Sobieski (le vainqueur de Vienne était son idole), c'est vers mon père qu'il s'était tourné et l'avait fait élire en jouant de son influence sur la Diète.

Que de fois par la suite ai-je tenté d'imaginer ce qui serait advenu si Jacques Sobieski, mon parrain en l'occurrence, avait échappé aux sbires d'Auguste et à la forteresse de Köenigsberg [1]. Il aurait sans nul doute accepté l'offre de Charles XII. Mon père n'aurait pas été couronné et notre famille n'aurait pas été poursuivie par ce diable venu de Saxe, prêt à tous les crimes pour nous arracher le trône.

Notre bonheur sous les lambris dorés du Palais royal n'avait pas duré. Deux ans tout au plus. Quelques festins, quelques bals, des courses de traîneaux dans les parcs enneigés et des sérénades au bord de la Vistule. Je n'en savais que ce que ma mère m'avait raconté. Et soudain, tout avait basculé. On avait annoncé qu'Auguste marchait sur Varsovie, bien décidé à nous exterminer en l'absence de notre protecteur. Charles XII, grisé de victoires, était en Russie et poursuivait de sa vindicte le tsar Pierre Ier. Mon père, inquiet pour notre sécurité, nous avait ordonné de regagner nos terres en Posnanie. Des images me revenaient, ici ou là, dans un brouillard confus : ma mère en larmes rassemblant ses bijoux, le ballet des servantes apeurées, des malles empilées

1. L'histoire des Sobieski est racontée dans *Reine par Amour*, du même auteur, chez le même éditeur.

dans les voitures, les cris des cochers et la fuite dans la nuit. Dans les bras de Mockzinska, ma gouvernante, j'avais chaud et ne sentais pas le danger.

Il était là pourtant, courant à nos trousses, et c'était miracle de lui échapper. On m'avait avoué plus tard qu'au cours d'une halte dans une ferme, écourtée par un départ précipité, on m'avait oubliée dans une mangeoire. Après deux ou trois lieues, on s'était aperçu que je manquais. Un peloton de l'escorte avait alors rebroussé chemin et m'avait retrouvée à temps pour me sauver. Par les monts et par les plaines, de ravines en forêts, de village en hameau, nous avions rejoint nos terres de Posnan, une campagne paisible et colorée où nous pouvions enfin prendre le temps de respirer. Nous étions chez nous, dans la grande maison qui m'avait vu naître, et une nombreuse famille nous entourait. Une fois encore, cela n'avait pas duré. Deux années à peine. Une nuit de juillet, des coups violents avaient secoué les lourdes portes du château. Les Cosaques du tsar nous attaquaient.

De ma vie, je n'ai eu peur comme en cet instant. Ma mère, celle de mon père et ma sœur aînée étaient en visite dans une propriété voisine. J'étais seule dans la demeure et n'ai dû mon salut qu'au dévouement de nos serviteurs. J'avais tout juste cinq ans, mais voulais être digne et prouver que j'avais du sangfroid. Je m'étais habillée en hâte et les avais suivis en silence au long des corridors obscurs jusqu'au pan de mur qu'un déclic faisait pivoter, découvrant le souterrain secret qui débouchait en pleine forêt. En arrivant sous les arbres, je m'étais effondrée en sanglotant. De l'autre côté de la prairie, notre château brûlait, incendié par les Moscovites. Nous entendions leurs cris et leurs galopades. Ils ravageaient le parc et fonçaient dans notre direction.

Nous avions couru vers le village des bûcherons. Chacun y avait trouvé une cachette et l'on m'avait mise dans un pétrin. L'endroit était exigu et je m'étais recroquevillée comme une boule de pâte pour y tenir sous une pile de torchons. Je ne sentais plus mes membres et respirais à peine. Immobile et terrorisée, j'avais retenu mon souffle, craignant de faire le moindre bruit qui pût trahir ma présence. Les Cosaques avaient retourné la masure à grands coups de sabre et s'en étaient allés, ivres de rage de n'y avoir rien trouvé.

Il m'avait fallu du temps pour me déplier et me remettre sur pied. Tout mon corps me faisait mal et je tremblais sans pouvoir me contrôler. J'étais sauvée, incapable cependant de sauter de joie. La peur était dans ma chair, incrustée à jamais. Elle avait fait de moi une enfant craintive et il me fut difficile par la suite de vaincre cette timidité qui me rongeait comme une maladie.

La famille s'était bien vite rassemblée dans un autre château que nous possédions, mais nous étions loin de connaître la paix. En Russie, notre protecteur, le roi de Suède, surpris par l'hiver, avait subi la défaite. Vaincu à Poltawa, il s'était replié en Turquie et demandait des renforts au Sultan. Pendant ce temps, Auguste reprenait l'avantage, et le maître de Moscou, appelé désormais « Pierre le Grand », lui offrait son appui. L'armée saxonne et les régiments du tsar ensanglantèrent notre pays. De nouveau, nous avions dû fuir. En Poméranie où les Suédois nous avaient prêté asile. Trop faible pour garder son trône, mon père avait rejoint Charles XII à Bender, espérant que la divine Providence lui permettrait de revenir triomphant à Varsovie. Ma mère l'espérait aussi. Mais Dieu ne le voyait pas ainsi. Auguste avait repris son trône, exerçant sa puissance sur une Pologne asservie. Pour mon père, il n'y avait plus d'espoir. Las de se battre en vain et de voir couler un sang inutile, il avait préféré nous rejoindre à Stockholm. Charles XII lui avait accordé une pension, ainsi qu'une possession de la couronne suédoise :

– Elle n'est pas riche, avait-il précisé. Mais vous y serez le maître et mes sujets vous y traiteront en roi.

Mon père avait désormais un nouveau royaume, le duché des Deux-Ponts. Il en était le souverain duc, et notre tragédie semblait terminée. Après tant d'années de guerre et de souffrances, tant d'épreuves et de périls, les courses incertaines et les gîtes de fortune, nous avions enfin notre havre de paix, et pensions y être heureux pour un long temps. Dans le château de style baroque qui s'élevait au cœur de la ville, nous avions pu déballer de nos malles les quelques trésors rescapés de nos débâcles. Tapis, tentures, pièces d'argenterie et menus meubles avaient agrémenté le décor de nos appartements. Notre belle Pologne n'était plus aussi lointaine. Nous la portions dans nos cœurs et la faisions revivre autour de nous.

De nombreux Polonais nous avaient suivis. Nous avions notre cour et nos cérémonies. Ma mère rayonnait, en reine qu'elle restait, entourée de ses dames d'honneur qui l'aidaient dans ses œuvres de charité. Mon père gouvernait en sage, défendant la justice et l'économie. Il veillait aussi sur notre éducation, soucieux de faire de ses filles des princesses accomplies. Des maîtres compétents nous avaient enseigné l'histoire et la géographie, les mathématiques et la littérature, ainsi que les langues. En plus du polonais, nous parlions l'allemand, le suédois, le français, l'italien et le latin. Des cours de musique, de chant et de danse étaient venus compléter ce vaste programme qui n'excluait ni les travaux d'aiguille ni les sports comme la marche ou l'équitation.

Des jours heureux s'étaient écoulés, dans la discipline et l'harmonie. Les mauvais souvenirs s'étaient estompés et soudain le malheur était revenu nous frapper. L'année 1717 avait ouvert la série noire avec un attentat manqué contre mon père qui réveilla nos angoisses. Non content de nous avoir chassés de Pologne et d'avoir confisqué tous nos biens, Auguste voulait aussi nous rayer de ce monde. Tant que nous vivions, nous restions pour lui une menace. Un mois plus tard, ma sœur aînée mourait d'une bronchite et laissait notre famille brisée de chagrin. Nous n'étions pas remis de ce drame lorsque les tentatives d'attentat s'étaient renouvelées en se multipliant. Les agents d'Auguste nous traquaient sans relâche mais ne pouvaient nous atteindre. Mon père, qui ne manquait ni de ruse ni de sang-froid, déjouait chacune de leurs entreprises, affichant une bonne humeur qui nous réchauffait. J'aurais pu lui ressembler sans cette peur insidieuse qui se réveillait trop souvent et me paralysait jusqu'à me rendre muette.

Je ne manquais pas de courage, cependant, et je l'avais prouvé en ce jour de l'Assomption où, sur le chemin de l'abbaye située hors de la ville, mon père aurait dû être assassiné. Par chance, il avait eu vent du complot et les conspirateurs étaient tombés dans notre piège. Nous n'avions rien changé à notre cortège. Dans le premier carrosse, auprès de ma mère, j'avais maîtrisé mes tremblements. La moindre défaillance aurait conduit au massacre. Impassibles l'une et l'autre, nous avions regardé nos agresseurs qui nous avaient laissé passer. Ils cherchaient le roi de Pologne et avaient aussitôt déchargé leurs pistolets sur la seconde voiture. A cheval au milieu de ses gardes, mon père les avait fait arrêter. J'ai souvent pensé par la suite que la Vierge nous avait protégés en ce jour qui lui était consacré. Je lui vouais dès lors une dévotion toute particulière.

Le calme était revenu dans notre duché. Un grand bal avait célébré mes quinze ans, et mon père, fier de mon succès, envisageait de me marier.

– Vous avez plus de charme et d'esprit qu'il n'en faut pour contenter l'un de ces princes, disait-il.

Les prétendants allemands ne manquaient pas, en effet, et la perspective était loin de me déplaire. Mais un soir de décembre de l'année 1718 un messager de Stockholm nous apportait la terrible nouvelle. Charles XII était mort en Norvège, frappé par un boulet sous les murs de Friedricksal qu'il avait assiégée. Nous n'avions plus de protecteur. Sa disparition foudroyait notre avenir. Sans lui qu'allions-nous devenir ?

Sa sœur Ulrique-Éléonore qui avait hérité du trône de Suède ne tardait pas à nous l'annoncer. Notre pension diminuait de moitié, et nous devions quitter le duché des Deux-Ponts qui revenait à un cousin du défunt. Cette fois nous étions véritablement ruinés, jetés sur les routes sans savoir où aller. La reine avait ajouté cependant qu'elle intercéderait en notre faveur auprès du Régent de France, le Duc d'Orléans.

Bouleversé à double titre, mon père avait d'abord pleuré la perte du grand guerrier qu'il couvrait d'éloges, l'ami qui avait su rester fidèle jusque dans l'adversité. Puis, il avait déclaré en essuyant ses larmes :

– Nous ne sommes pas sans recours. J'en appellerai au duc de Lorraine qui m'honore de son amitié.

Ce dernier avait répondu en éludant notre demande et nous avait humiliés en nous faisant parvenir quelques milliers de livres, envoyées comme une obole. La France était plus généreuse. Aux souverains dans le malheur, elle ouvrait ses frontières. Respectueux de cette tradition, le Régent nous avait offert de résider en Alsace, non loin des Deux-Ponts, et nous avait assuré de subsides honorables. Parmi les villes suggérées, mon père avait choisi Wissembourg, une cité frontière au nord de Strasbourg où il comptait quelques amis.

Notre arrivée avait fait sensation. La ville était fière d'abriter un roi, et les habitants impressionnés avaient pompeusement baptisé notre maison « la Cour ». Elle n'avait rien d'un palais, pourtant. L'hôtel Weber, du nom de son propriétaire, n'était qu'une grosse bâtisse avec deux ailes. D'un côté, une cour pavée, fermée par une grille, de l'autre, un très beau jardin ouvrant sur la campagne. L'ensemble était assez vaste pour nous abriter ainsi que nos serviteurs et notre suite dont le nombre s'était fortement réduit. Notre installation était modeste et cinq longues années s'étaient écoulées dans la rigueur et l'économie, au rythme des volées de cloches qui appelaient à la prière aux différentes heures de la journée. Wissembourg était pour moi le bout de la route, et je ne voyais mon avenir que dans l'un de ses couvents. Quel autre destin pour une princesse sans dot ?

Plusieurs tentatives de mon père pour me marier noblement avaient échoué lamentablement et m'avaient fait connaître le goût amer de l'humiliation. La plus cruelle fut celle infligée par la margrave de Bade qui m'avait acceptée pour son fils et m'avait accueillie dans sa principauté afin de mieux observer mes qualités. Le jour de la noce avait été fixé, mais on apprenait soudain qu'une princesse allemande venait de perdre son frère, héritant du même coup d'une énorme fortune. J'avais été congédiée dans l'heure, sans plus d'égards que pour une servante.

Pétrifiée de honte, j'avais regagné notre humble maison de Wissembourg. Avec le temps j'avais digéré l'affront. Je n'avais plus d'ambition, cependant, et me serais contentée du jeune marquis de Courtenvaux, colonel des Cent-Suisses, que le Régent de France nous avait envoyé à la tête d'une petite garnison, afin d'assurer notre sécurité. Il se plaisait en ma compagnie, louait ma conversation et semblait m'aimer. Il me voulait telle que j'étais. Peu lui importait que je n'eusse rien, il avait une quantité de biens. Avec mon consentement, il s'était enhardi à demander ma main. Mon père avait pris deux jours de réflexion avant de répondre :

– A défaut de prince, je veux bien un duc. La princesse Marie-Charlotte, petite-fille du roi Jean Sobieski, est aujourd'hui duchesse de Bouillon, reçue à Versailles. Le rang de marquise ne peut convenir à ma fille, la princesse Marie Leczinska.

Courtenvaux s'en était allé sur-le-champ à Paris, chez le Régent. Petit-fils du grand Louvois, il ne doutait pas un instant de se faire accorder un duché-pairie. Mais il n'était pas revenu, et j'entendais un peu plus tard que le Régent l'avait débouté, alléguant « qu'il y allait de l'honneur de la France et des têtes couronnées de ne pas laisser descendre une fille de roi jusqu'à un simple particulier [1] ».

Mon dernier espoir était anéanti. J'étais restée de longs mois à regretter le séduisant colonel qui ne manquait pas d'esprit et dont le regard tendre avait touché mon cœur. Avec lui, toute chance d'amour s'en était allée. Du moins, j'en étais persuadée, et toute allusion de mon père à une union prometteuse s'était heurtée à une telle indifférence de ma part, qu'il s'était résolu à ne plus m'en parler. Il n'en poursuivait pas moins ses intrigues, écrivant à longueur de journée d'interminables missives que des courriers s'empressaient de porter ici et là dans les cours respectables de l'Europe. Tant de fébrilité à mon sujet m'attristait. Je n'avais plus de désirs, plus d'illusions. Notre vie bien réglée dans le calme de Wissembourg me suffisait. Les tâches nombreuses chassaient l'ennui et chaque jour nous apportait les petites joies qui nous faisaient oublier notre grandeur perdue.

Des sonnailles, soudain, brisèrent le silence, interrompant le cours de ma méditation. Une voiture de poste s'arrêta devant notre maison. Un homme en

1. Authentique.

sortit, vêtu d'un manteau noir et d'un chapeau à larges bords. D'une main il portait son bagage, de l'autre un chevalet. Il hésita un moment devant la façade austère, la cour d'entrée sans ornements, puis se retourna vers le cocher en demandant :

– Suis-je vraiment chez le roi de Pologne ?

Sa voix forte résonna sur le chemin désert. Un claquement de fouet avait lancé la berline, et l'attelage s'était évanoui dans les flocons serrés. Le voyageur inquiet n'avait plus de choix. Il revint vers la grille et vit alors notre portier qui courait vers lui et le saluait en disant :

– Bienvenue à l'hôtel Weber. Sa Majesté vous attend.

Une bourrasque ondula le bord de son chapeau et je vis sur son visage une stupeur qui ne pouvait me surprendre. D'autres visiteurs, avant lui, avaient eu le même sursaut, déçus de constater toute absence de fastes exotiques. Nous vivions dans une simplicité extrême, voisine du dénuement. De notre fortune passée, il ne nous restait que des titres. L'ex-roi de Pologne, sans royaume et sans pouvoir, n'était plus qu'une marionnette couronnée que l'on venait voir pour s'en amuser. Il est vrai que mon père était un personnage hors du commun. Bavard, gai, affable, et d'un optimisme indestructible. Il ne perdait jamais confiance et s'en remettait à la volonté de Dieu.

Ce jour-là, n'essayait-il pas de la forcer ? La suite des événements lui donnera raison. Pour l'heure, je mourais de curiosité de rencontrer le visiteur au chevalet. Et lorsque Mockzinska, ma vieille gouvernante, vint gratter à ma porte pour me dire que mon père me demandait dans son cabinet de travail, je ne pris qu'un instant pour rosir mes joues d'un pincement de doigts et lisser mes cheveux nattés d'un coup de main hâtif. Je me précipitai dans l'escalier qui menait au rez-de-chaussée, et trouvai le roi de Pologne près de sa cheminée. En veste de drap fané, et bottes mouillées par la neige, il touillait son feu comme un homme de la terre qu'il restait au fond de son cœur. Il redressa vivement sa haute stature et vint à ma rencontre. Un sourire jovial éclairait son visage que le grand air avait fortement coloré, et son œil d'un bleu vif pétillait de contentement. Il regarda le voyageur en manteau noir qui l'observait d'un air respectueusement ahuri, et prit un ton de cérémonie pour m'annoncer :

– Vous pouvez constater, ma fille, que je ne mentais pas. Voici Monsieur Gobert qui va faire votre portrait. Il est membre de l'Académie royale de peinture, et fort apprécié par les dames de la Cour.

L'artiste s'inclina aussitôt dans une profonde révérence exécutée avec une aisance qui prouvait une longue pratique. Un je ne sais quoi flottait autour de lui. Une odeur, un frémissement. Il bougeait comme l'on danse et parlait comme l'on chante. Il venait assurément de ce pays brillant et inimitable qu'était le Palais de Versailles. « Ce qu'on y distingue le plus, m'avait dit mon père, c'est le ramage étincelant d'une espèce d'êtres frivoles qui ne seraient rien s'ils cessaient d'être étourdis et volages. » Il en savait quelque chose, lui qui, dans son jeune temps, avait eu, comme tous les fils de magnats polonais, son voyage éducatif en Europe. Lorsqu'il s'était présenté à la Cour de France, on s'était souvenu de son bisaïeul, Grand Trésorier de la Couronne, qui, à la tête d'une délégation rutilante, accompagnée d'une cavalcade non moins étonnante, était venu chercher la princesse Louise de Gonzague pour l'emmener à Varsovie où l'attendait un mariage avec le roi de Pologne [1]. Et le jeune comte de Lesno qu'était mon père, bénéficiant des liens étroits qui unissaient les deux royaumes, avait eu le privilège de saluer Louis XIV dans l'éclat de sa magnificence, sous les lustres étincelants de la galerie des Glaces.

Plus de mille fois j'avais entendu le récit de cette aventure parmi tant d'autres que mon père ne se lassait pas d'évoquer, tirant de chacune les leçons qui étayaient ses convictions et lui permettaient de m'enseigner une certaine philosophie basée sur la résignation chrétienne et l'humilité. Préceptes difficiles à appliquer lorsque des rêves fous s'emparaient de mon esprit et que montaient en moi les émotions les plus diverses, et les plus vives. Un caractère se trempe comme l'acier d'une lame. Mon « cher papa » n'avait cessé de me le répéter. Et pour lui obéir, j'avais trempé de larmes l'exubérance de mon tempérament.

Monsieur Gobert ne me quittait pas des yeux. Son regard tour à tour m'enveloppait, me scrutait, me transperçait. Je me sentais jaugée, soupesée, décortiquée, mise à nu en quelque sorte. Le rouge de la honte empourpra mes joues. Mon cœur battait à se rompre et je baissai la tête pour cacher mon embarras. Avec ma robe en droguet de laine grise qu'ornait un col de batiste brodé de mes mains, je me sentais

1. Voir *Reine par Amour*, du même auteur, chez le même éditeur.

bien anodine pour un homme habitué à d'autres élégances, et me demandais avec inquiétude comment il allait me peindre. Avais-je assez de charme et de piquant pour l'inspirer ? La voix de mon père vint me rassurer :

– Il faudra vous mettre à votre avantage, Marychna. Chez votre mère, vous trouverez aisément les ornements qui vous conviennent.

Se tournant vers l'artiste, il ajouta :

– Point de choses compliquées, Monsieur Gobert. Je sais que la mode est à l'Antique mais, voyez-vous, ma fille ne peut être ni Diane, ni Vénus, ni Junon. Toute sa grâce est dans son naturel et la douceur de son regard.

Tandis que je me retirais discrètement, j'entendis quelques bribes *mezza voce* de la réponse du peintre :

– La finesse de ses mains... L'éclat de son teint... Son Altesse Royale la princesse Marie ne déparerait pas dans les salons de Versailles.

Ces derniers mots me troublèrent. Aurait-on imaginé de me marier à un prince de la Cour de France ? J'en frémissais d'inquiétude et refusais tous les rêves insensés prêts à m'assaillir. Un simple coup d'œil sur mes pantoufles défraîchies me ramenait à ma vérité. Dans le palais le plus merveilleux de l'Europe, il n'y avait pas de place pour cette paysanne qu'était aujourd'hui la fille de l'ancien roi de Pologne.

J'étais fort perturbée lorsque j'entrai chez ma mère, et m'arrêtai, perplexe, près de la porte. L'agitation qui régnait dans ses appartements me saisit d'étonnement, bien plus encore les transports qu'elle manifesta à mon égard. La mort de ma sœur et notre exil dans ce coin perdu de Wissembourg l'avaient rendue amère, peu encline aux marques d'affection. Et soudain, plus de lamentations. Je la voyais rayonnante et enjouée, comme au château des Deux-Ponts quelques heures avant le bal, entourée de ses dames d'honneur qui jacassaient de façon inaccoutumée. La présence de Monsieur Gobert sous notre toit avait mis la ruche en ébullition.

– Marie, dit-elle en me serrant dans ses bras, l'occasion est inespérée. Un peintre de l'Académie royale ! Puisse le ciel être assez clément pour nous aider à vous établir comme vous le méritez !

Ces propos confirmaient mes soupçons, et je répliquai aussitôt :

– Eh quoi, maman, c'est en m'éloignant de vous que vous croiriez me rendre heureuse ? Il me sera toujours bien plus doux de partager vos disgrâces que de jouir loin de vous d'un bonheur qui ne serait pas le vôtre [1].

Peu lui importait ce que je pensais. Elle ne prêta aucune attention à ma réponse et m'entraîna vers sa chambre où les servantes avaient apporté les malles qui contenaient les hardes précieuses des temps glorieux. Avec d'infinies précautions, on en sortit une jupe de brocart feu et son corps brodé d'émeraudes et de rubis, qu'ornaient aux manches des bouillonnés de dentelles.

– Ma robe de cour à la polonaise, dit-elle sur un ton plein d'emphase. Je la portais le jour de notre couronnement.

– Et voici, Majesté, le manteau qui l'accompagne,

1. Authentique.

dit la dame d'atour qui tenait à bout de bras une cape de velours doublée d'hermine.

Le regard de ma mère brusquement s'assombrit, et l'amertume pinça son visage.

– Il vous faudrait quelques pierreries, murmura-t-elle en laissant échapper un long soupir.

Tous ses diamants étaient en gage chez un banquier juif de Francfort. Ce qui nous permettait d'attendre avec plus de sérénité les pensions de France dont les versements, depuis la mort du Régent, se montraient capricieux et tendaient même à se raréfier.

– N'en parlons plus, s'écria ma grand-mère qui sortait de sa chambre en martelant le parquet du bout de sa canne. C'est pour nous éprouver que Dieu nous prend ce qu'il nous a donné. Remercions-Le, plutôt que de pleurer. Mareszka se passera de pierreries. La pureté de son âme a bien plus de prix.

J'aimais cette vieille dame d'une rare beauté que les ans avaient à peine fanée. Si ma mère, Catherine Opalinska, descendait d'une des plus anciennes familles de Pologne, celle de mon père était une Jablonowska, fille du Palatin de Russie Noire qui avait guerroyé aux côtés du grand roi Jean Sobieski. Elle aussi avait eu son lot de grandeurs et de décadences qui, loin de l'avoir aigrie, lui avaient appris le bonheur de vivre l'instant. « Les bijoux vont et viennent, me disait-elle souvent, seuls les souvenirs restent. Nul ne peut les dérober. » Elle chantait à ravir les romances de son enfance, et ses récits truffés de combats épiques, de bals et de cavalcades, de senteurs et de rires, m'avaient pétrie de cette Pologne qui palpitait dans mes veines, peuplait mes songes et m'emplissait de nostalgie.

– Un peu de distraction, enfin, dit-elle en prenant place dans un fauteuil. Allons, Mesdames, amusons-nous.

J'essayai divers atours. La robe de cour semblait faite pour moi. Mockzinska dénoua mes cheveux et les ordonna en boucles serrées, comme étaient coiffées la comtesse du Bourg, épouse du gouverneur de Strasbourg, ou la comtesse d'Andlau, grande amie de ma mère, lorsqu'elles nous honoraient d'une visite. Je me laissais poudrer mais refusais le rouge ou tout autre artifice, expliquant que l'eau froide me donnait une coloration plus naturelle. En me regardant dans le miroir, j'eus du mal à me reconnaître. Dans ces falbalas si chatoyants, je n'étais pas ce que l'on appelle une beauté, mais je n'étais plus tout à fait la même, et l'ensemble me parut séduisant. La taille bien prise, ni grande, ni petite, j'étais plutôt mince. La poudre avait cendré mes cheveux châtains ; le brun de mes yeux était doux, les dents belles et les lèvres bien ourlées. Une seule ombre me désolait : mon nez un peu fort, héritage des Leczinski. Le peintre aurait-il la bonté d'en estomper les contours ? Mon regard s'attarda sur ma gorge dénudée. Mes joues s'empourprèrent subitement et je me détournai de mon image en pensant que la vanité m'égarait. Qu'allais-je imaginer ? Le portrait était pour mon père, ainsi l'avait-il annoncé. Et pour lui plaire, je me plierai à ce que nous appelions son « caprice ». Quant à ma mère qui se berçait d'espoir, pourquoi la décevoir ? J'étais loin de me douter de ce que le destin nous réservait.

Ce jour-là et tous ceux qui suivirent passèrent à la vitesse de l'éclair. Dans la lumière du matin, puis de l'après-midi, je posais pour Monsieur Gobert, étouffant toute illusion que faisait naître un mot jeté ici ou là. L'événement ne devait être qu'un jeu, un divertissement voulu par Dieu pour égayer notre solitude.

Au début de mars, le tableau fut terminé. Notre Cour au grand complet manifesta son admiration, et mon père remercia le maître d'une si belle œuvre en le couvrant d'éloges :

– Vous avez compris à merveille les aspects séduisants de ma fille : fraîcheur des carnations, les yeux bons et candides, le maintien simple, non dénué de grâce ni de noblesse... Tout cela est traduit avec finesse et délicatesse. Vous me comblez, Monsieur.

L'artiste ravi reprit le chemin de Paris, emportant avec lui le portrait qu'il avait promis de déposer chez un ébéniste de Strasbourg afin de le faire encadrer. Notre existence, alors, retrouva le rythme de ses activités dans le silence ouaté de l'hiver que brisaient d'heure en heure les carillons des églises ou des couvents. Les semaines passèrent et l'on ne parla plus de Monsieur Gobert dont la présence avait interrompu notre monotonie et semé le trouble dans mon esprit. Son talent de conteur avait fait entrer Versailles dans nos murs, et je l'avais écouté, fascinée. Mais avec le temps, j'oubliais les bals et les feux d'artifice, le roi qui aimait chasser et l'Infante d'Espagne, sa fiancée, trop jeune encore pour l'épouser. L'étude, la prière et les œuvres de charité meublaient mes journées. Je chantais parfois, pour me divertir, en jouant de la vielle, de la guitare ou du clavecin.

Un matin, les crocus et les perce-neige firent leur apparition. J'accompagnais mon père dans les allées du parc et m'inquiétais de son humeur morose. Son regard était triste et ses propos, un flot de bile. Contre la Cour de France qui n'envoyait plus de pensions depuis deux mois et l'enfonçait dans les dettes ; contre Auguste qui refusait de lui rendre ses terres ; contre ceux, enfin, qui lui faisaient miroiter un retour sur le trône de Pologne et le laissaient sans nouvelles. Croyant le dérider, je lui parlais du portrait et m'étonnais que l'ébéniste ne l'ait pas encore renvoyé. Un coup de main tranchant l'espace fut sa réponse. Je compris que le « caprice » avait perdu de son attrait et rejoignait la cohorte des aigreurs. L'affaire était claire. Le prince qu'il m'avait choisi n'avait pas donné suite. Et je lui sus gré de ne m'en avoir soufflé mot, m'épargnant ainsi une autre humiliation. Loin d'en être déçue, je me sentais soulagée. Pâques approchait. J'attendais avec impatience la fin de la Semaine sainte et de ses pénitences, pour annoncer la décision que j'avais prise et qui me semblait la meilleure : me consacrer au Seigneur qui avait triomphé de la mort et me guiderait sur le chemin de ma propre résurrection.

Le deuxième jour d'avril, j'avais rejoint ma mère dans ses appartements et pris ma place dans le cercle de ses dames. Les travaux d'aiguille, comme à l'accoutumée, nous réunissaient, et je brodais une nappe d'autel. Ma grand-mère fredonnait et les dames babillaient si fort en actionnant leurs métiers que j'entendis à peine le galop d'un cavalier puis le crépitement des sabots de son cheval sur les pavés de la cour. Pourquoi m'en étonner ? Des courriers venaient chaque jour pour le roi de Pologne. Une dame d'honneur raconta une anecdote et soudain, dans l'éclat de rire qui suivit, l'a porte du boudoir s'ouvrit avec fracas. Une dépêche à la main, mon père s'écria :

– Catherine !... Marychna !... Tombons à genoux et remercions Dieu !

Je me précipitai vers lui en demandant :

– Seriez-vous rappelé au trône de Pologne ?

– Le Ciel nous est bien plus favorable, ma fille. Vous êtes reine de France [1] !

---

1. Dialogue historique.

II

La stupeur fut grande et le silence figea le temps. L'assistance s'agenouilla, et j'écoutai les paroles d'actions de grâces sans pouvoir en prononcer une seule. Le doute et le désarroi emplissaient mon esprit. Reine de France ! Les mots n'en finissaient pas de marteler ma tête en feu. Comment croire à une telle folie ? Le roi de Pologne, mon père, torturé par nos malheurs sans nombre, avait-il perdu la raison ? Je me tournai vers lui, inquiète. Il s'épongeait le front en cherchant son souffle, mais le regard dont il m'enveloppait irradiait de bonheur. Je lui répondis par un sourire. L'instant d'après, nous étions dans les bras l'un de l'autre, et je crus étouffer de son étreinte.

– Un miracle, ma fille, balbutiait-il. Oui, c'est un miracle !

Ma mère et ma grand-mère à leur tour m'enlacèrent en exultant de joie. Quant aux dames de notre Cour, elles me saluaient avec respect, prononçaient mille louanges et formulaient mille vœux, retrouvant les usages de notre étiquette polonaise qui, devant la simplicité de notre vie, s'était peu à peu effritée. Les effusions passées, mon père réclama notre attention afin de nous lire le texte de la lettre qu'il venait de recevoir, écrite par le duc de Bourbon-Condé, Premier ministre du roi. La demande en mariage était formulée au nom du souverain, mais devait rester confidentielle tant que l'Infante d'Espagne était sur le sol de France.

Les récits de Monsieur Gobert se bousculèrent dans ma mémoire, et mon cœur se serra en pensant à la petite Marie-Anne Victoire qui vivait au Palais du Louvre depuis trois ans déjà. Elle allait bientôt fêter son septième anniversaire, et le royaume tout entier attendait la célébration des fiançailles royales qu'accompagnerait une série de manifestations brillantes. Que s'était-il passé qui ait pu modifier la décision du jeune roi ? Je vacillai et fis quelques pas pour ne point défaillir. Ce même roi qui venait de demander ma main, ne pouvait-il encore changer d'avis ? Et tout d'abord, comment avait-il eu vent de mon existence, et pour quelle raison, s'il connaissait notre dénuement dans ce trou de province, voulait-il m'épouser ? N'y avait-il dans les autres Cours de l'Europe aucune princesse assez belle et fortunée qui fût plus digne du tout-puissant roi de France ?

Toutes affaires cessantes, je voulais une réponse à chacune de mes questions. Je suivis mon père dans son cabinet de travail. Si Dieu avait ses raisons que l'homme ne pouvait connaître, je ne doutais pas que le roi de Pologne en savait long sur ce « miracle » qu'il évoquait sur un ton de satisfaction que je reconnaissais : celui qu'il adoptait lorsque le succès couronnait ses intrigues.

– Père, il est temps de m'éclairer, dis-je, adossée à la porte que je venais de fermer.

– Comme vous, je m'interroge, soupira-t-il en s'effondrant dans son fauteuil. Je vois bien à votre air que vous ne me croyez pas. Et pourtant, je saurai bien vous convaincre lorsque je vous avouerai que je me suis évanoui là, au milieu de cette pièce, quand j'ai reçu la dépêche. Le roi de France !... J'ai bien failli être foudroyé. Je pourrais être mort à cette heure.

De nouveau, il s'épongea le front et me jeta un regard de noyé qui, en d'autres temps, m'aurait amusée. Je restai de marbre et vins m'installer en face de lui sans le quitter des yeux. Il remua divers papiers épars sur la grande table en acajou qui lui servait de bureau, saisit un dossier et, d'un revers de main, dégagea son écritoire ainsi que son nécessaire en argent doré, dernier vestige frappé de la couronne de Pologne.

– Marychna, reprit-il, je ne pouvais me résoudre à vous laisser vieillir auprès de nous, dans l'inconfort et la pauvreté. Eh bien, oui, sans rien vous dire, j'ai intrigué pour vous établir auprès d'un prince de la Cour de France. Notre ami le Chevalier de Vauchoux m'y a aidé, je l'avoue. Il fréquente les salons de Paris où il rencontre des habitués de la Cour, et entend mille choses. Je m'apprêtais à pressentir le duc de Charolais, quand il apprit que la duchesse de Bourbon voulait marier son fils Henri qui était veuf et ne pouvait le rester depuis qu'il avait reçu la charge de Premier ministre après la mort du Régent. Par Vauchoux, j'entrai en contact avec quelques personnes d'importance, bien décidées à défendre votre cause.

Il ouvrit le dossier qu'il pressait de son coude.

– Voyez la quantité de lettres que j'ai reçues. Trois années de correspondance dans l'unique but de soutenir vos intérêts. Je ne pouvais rêver mieux pour vous que « Monsieur le Duc », deuxième personnage du royaume et descendant du vainqueur de Rocroi. Comme vous le savez, ma fille, le grand Condé aurait pu régner sur la Pologne si la reine Louise de Gonzague avait été plus habile dans ses machinations [1]. Mais les Polonais, ma famille en tête, attachés à leur sacro-sainte liberté, rejetèrent violemment toute idée de monarchie absolue. Et voilà que les aléas du destin nous ont conduits en France et nous ont soumis au gouvernement de ce pays. L'important n'était-il pas de vous établir au mieux ? Un Bourbon-Condé me semblait digne d'une princesse de Pologne.

– Une princesse sans dot, donc sans attrait, ai-je répliqué d'une voix coupante. Votre bonté vous rendrait-elle candide ? Je le crains parfois, mon cher papa.

– Comme vous y allez, Mareszka. Certes, mes coffres sont vides, mais je ne manque pas d'espérances. La Pologne ne m'est pas interdite à jamais. Un retour reste envisageable. Je reprendrai mes domaines, mes châteaux, mes gens, mes revenus et mes rentes… et peut-être aussi le trône… Tant que je vis, tout est possible. Avec la grâce de Dieu.

1. *Reine par Amour* (déjà cité).

– Et qu'a répondu Monsieur le Duc à cette profusion de mirages ?

– Rien. Pas une ligne, pas un mot. Cette dépêche est le premier spécimen de son écriture qui me tombe sous les yeux.

Je réfléchis un instant et demandai :

– Est-ce lui qui a mandaté Monsieur Gobert avec mission de me peindre ?

Mon père toussota un moment, ce qui lui permettait d'ajuster sa réponse :

– Une dame très influente, la marquise de Prie, amie, m'a-t-on dit, des Bourbon-Condé, s'était portée garante d'obtenir une décision favorable de Monsieur le Duc qui, affirmait-elle, n'était pas insensible aux perspectives polonaises que je lui offrais. Il m'aurait bien aidé à reprendre mon trône afin d'en hériter. La marquise menait l'affaire avec dextérité et s'impatientait de son issue. C'est alors qu'elle eut l'idée de faire réaliser votre portrait. Le résultat l'enchanta et sa lettre me donna les meilleures espérances. Et puis, plus rien. Le silence, et mon désespoir. Jusqu'à cette missive inattendue que je ne peux expliquer. Le Maréchal Comte du Bourg est en route avec de plus amples détails et nous devrons lui confier notre réponse sans tarder.

– Il s'agit de mon avenir, rétorquai-je aussitôt. Je demande un temps de réflexion.

Mon père sursauta :

– On ne refuse pas le trône de France, Marychna.

Je baissai la tête pour cacher le sentiment de révolte qui empourprait mon visage. Au moment de me lier pour une vie entière, disposer de ma personne m'était interdit. Je devais plier, accepter la volonté de mon père comme un acte de soumission à celle de Dieu. Il est vrai que mon sort n'était pas seul en jeu ; mes parents bénéficieraient eux aussi de ma position à la Cour de France. Je répondis d'une voix sourde :

– J'épouserai donc un enfant, ainsi vous retrouverez les honneurs perdus.

Le regard de mon père s'assombrit et sa voix prit un ton bourru :

– Louis XV est jeune, certes, mais c'est un homme. Et son royaume est le plus puissant du monde.

J'eus beaucoup de mal à m'endormir cette nuit-là. Je ne savais toujours pas comment le roi m'avait choisie, ni pourquoi. Et j'aurais bien aimé retrouver cette mendiante rencontrée quelques mois plus tôt sur un chemin de campagne. Dans ses bras gémissait un enfant malade. Je lui avais donné ce que je possédais : un louis que mon père venait tout juste de m'offrir.

– Vous serez reine de France ! m'avait-elle dit en guise de remerciement.

J'avais ri, alors, en pensant que l'effigie du roi sur ma pièce de monnaie avait influencé la raison de la pauvre femme. Aurait-elle prédit d'autres choses, si je l'avais écoutée avec plus d'attention ? Le visage de Louis s'imposa à mon esprit. Je ne voyais plus que lui, tel qu'il avait été reproduit par les gazettes au moment du sacre, un visage juvénile que toutes les provinces vénéraient. Et je me souvenais d'avoir prié pour lui, qui était notre bienfaiteur, avec tant d'émotion que j'en avais pleuré.

Le roi de France était aujourd'hui un adolescent âgé de quinze ans. Certains affirmaient qu'il était le plus bel homme du royaume. Une inquiétude terrible s'empara de moi. J'avais plus de vingt et un ans. N'allait-il pas me trouver trop vieille ? Étais-je assez jolie pour lui plaire ? Saurais-je me montrer à la hauteur ? Versailles me paraissait un monde bien étrange et la Cour un enfer. Je craignais d'être gauche et timide, et de ne savoir me conduire en reine. J'avais peur tout simplement de quitter le calme de Wissembourg et de me perdre dans un tourbillon d'intrigues. Les récits de nos visiteurs me revenaient en mémoire, et je frémissais d'horreur de toutes ces perversions « embellies avec art », qu'ils décrivaient avec délectation. Je me faisais du mal en imaginant le pire, et j'accusais Dieu de m'abandonner. Pourquoi me poussait-il vers des honneurs encombrés d'embûches tandis que je lui offrais modestement ma vie ? Dans le silence de la nuit, j'entendis que tel était mon destin. Ainsi en avait décidé le puissant Roi du Ciel.

Le lendemain, le Cardinal Prince de Rohan, évêque de Strasbourg, arrivait en grand cortège, accompagné du gouverneur, le Maréchal Comte du Bourg. Pour les habitants de Wissembourg, leur visite n'avait rien d'extraordinaire. On connaissait les attelages de Leurs Seigneuries et la vieille amitié dont bénéficiait le roi de Pologne. Devant notre petite Cour en modeste apparat, ils confirmèrent la demande royale.

– L'Infante a quitté Versailles, précisa le cardinal, mais nous devons attendre qu'elle ait franchi les frontières. Alors seulement Sa Majesté fera une annonce officielle. Jusque-là, nous serons soumis au secret absolu. Quelques jours tout au plus.

Il se tourna vers moi, et je compris qu'il voulait m'entendre. Depuis le matin j'avais préparé ma réponse, et m'inclinai en déclarant :

– Je suis pénétrée de reconnaissance, Monsieur le Cardinal, pour l'honneur que me fait le roi de France. Ma volonté appartient à mes parents et leur consentement sera le mien [1].

Mon père ajouta quelques mots, qui redisaient sa gratitude et son émotion, puis il remit une lettre adressée au duc de Bourbon-Condé qu'il m'avait fait lire un peu plus tôt et qui se terminait ainsi :

« Puisque la sainte Providence l'a tellement décidé et que votre incomparable sagesse le juge ainsi, Votre Altesse Sérénissime sait que je suis voué à Elle avec toute ma famille ; qu'Elle dispose d'un bien dont je l'avais rendue maître. Je vous cède mon droit de père sur ma fille, en remplaçant celui d'époux qui vous était destiné. Que le Roi, qui la demande, la reçoive de vos mains... Plaise au Seigneur Tout-Puissant qu'il en tire sa gloire, le Roi son contentement, ses sujets toute la douceur et Votre Altesse Sérénissime, la satisfaction de son propre ouvrage ! [1] »

– N'oubliez jamais, avait-il murmuré près de mon oreille, de qui vous tenez votre élévation.

Il avait insisté sur ce point et j'eus le tort, quelques mois plus tard, de vouloir payer ma dette. Mais l'heure, en cet instant, était aux félicitations et aux embrassades. Tout se déroula selon la coutume, jusqu'au banquet servi à la polonaise dans notre salle à manger illuminée d'une quantité de bougies. J'appris alors ce qui avait provoqué les bouleversements auxquels je me trouvais liée : un problème dynastique qui n'existait pas, mais qu'il fallait éliminer avant

1. Cette réponse de Marie est authentique ainsi que le texte de la lettre écrite par Stanislas au duc de Bourbon-Condé.

qu'il ne se présentât. Louis d'Orléans, fils du défunt Régent, avait épousé une princesse allemande dont il avait déjà deux enfants. Louis XV, de son côté, devait attendre quelques années avant que l'Infante fût en mesure de lui donner une descendance.

– Si l'héritier du Roi-Soleil mourait entre-temps, expliqua le cardinal, les Orléans reviendraient sur le trône avec une lignée assurée. Monsieur le Duc ne pouvait le supporter. Il en était malade. Il a bien fait, ce me semble, de brusquer les choses.

– Le roi serait-il en mauvaise santé ? demandai-je inquiète.

– Que Votre Altesse se rassure, répondit aussitôt le comte du Bourg. Sa Majesté a la stature d'un garde suisse et l'appétit d'un ogre, sans compter la souplesse d'un faune, le visage d'un ange et une grâce en tous points parfaite. Il déborde d'une vitalité qui le tient des journées entières à chasser le cerf ou le sanglier. Exercices qui l'épuisent et lui donnent la fièvre lorsqu'il ne tombe pas en syncope. Il est temps pour lui de prendre femme, en effet.

Ce que l'on attendait de moi me paraissait clair désormais : ailleurs que dans une forêt, je devrais être monture ou gibier, ou les deux à la fois, susciter les ardeurs et retenir les fougues jusqu'à un hallali indispensable que serait la naissance d'un Dauphin. Cette pensée me rendit muette. De fureur et de dépit. Mon âme slave avait imaginé d'autres romances. Je m'esquivai dès la fin du repas en me demandant s'il y aurait un peu d'amour dans tout cela.

A la fin du jour, j'entendis les cris des cochers et les claquements de fouet. Le cortège regagnait Strasbourg dans un joyeux tintamarre. L'instant d'après, on grattait à ma porte. Mon père m'apportait d'autres détails qui me donnèrent un peu d'espoir.

– Marychna, Mareszka, je vais de surprise en étonnement, et je reste confondu par les mystères de la Providence.

– Vite ! Qu'avez-vous appris que je ne sache encore ?

– Vous étiez la dernière sur une liste de cent princesses possibles, et c'est vous que le roi a choisie lorsqu'il a vu votre portrait.

Excès de tendresse ou naïveté ? Sa Majesté mon père n'en finissait pas de me surprendre. Je saisis sa main et la serrai entre les miennes.

– J'ai passé l'âge des contes. La vérité, je vous prie.

Les cent princesses existaient, mais un trait de plume du Conseil royal n'en laissa plus que dix-sept sur le papier, dont on examina le caractère, l'âge et la réputation, ainsi que les avantages soigneusement soupesés. Un autre trait de plume n'en laissa plus que deux : la princesse de Galles et Melle de Vermandois, sœur de Monsieur le Duc. Bien vite, ces deux noms disparaissaient à leur tour. La fille du roi d'Angleterre refusait de se convertir pour épouser le roi de France, et Monsieur le Duc, craignant d'innombrables cabales au sein de la Cour, biffait le nom de sa sœur. Il ne restait plus que moi qu'il avait lui-même écartée de la compétition afin de me garder pour lui. Et mon père de conclure sur un ton réjoui :

– Au risque de se retrouver bredouille et d'être la risée de tout le royaume, il préféra se sacrifier en vous ajoutant sur la courte liste qui fut présentée au souverain, et parla de vous en exhibant l'œuvre de Monsieur Gobert. Le roi, charmé, déclara : « J'épouserai la princesse de Pologne ! »

Je fermai les yeux afin de garder tout entière cette vague chaude qui m'enveloppait le cœur et me laissait dolente, la tête pleine de rêves. Louis m'avait choisie. Je n'étais pas seulement un nom sur une feuille de papier, mais un visage, une silhouette qu'il avait contemplés. De lui, je n'avais rien, mais je l'imaginais dans sa force et sa beauté. Aurait-il pour moi plus que de la galanterie ? Ce soir-là, je n'eus aucun mal à m'endormir. Dans le Cantique des cantiques j'avais trouvé les mots doux que je voulais entendre :

« *Mon bien-aimé élève la voix,*
« *Il me dit :*
« "*Lève-toi, ma bien-aimée,*
« *ma belle, viens,*
« *Car voilà l'hiver passé,*
« *c'en est fini des pluies,*
« *elles ont disparu.*" »

Dès le matin, en effet, commençait une vie neuve. Le froid s'en allait, emportant les cauchemars des années enfuies. Le soleil réveillait la campagne et sur notre maison soufflait un vent d'euphorie. De la cave au grenier, on s'activait. Toutes affaires cessantes, il fallait me nipper.

– Je veux du beau, disait ma mère. Chez le marchand Richard de Wissembourg, il n'y a que des guenilles.

Elle s'agitait et pérorait comme jamais. La perspective des fêtes la ressuscitait, et les fées semblaient l'assister. A son amie la comtesse d'Andlau, elle demanda de chercher dans tout Strasbourg des étoffes riches et de bon goût, de l'andrienne [1] et des jupons. Pendant ce temps, mon père rencontrait discrètement le comte du Bourg qui lui prêta de l'argent, et notre Grand Trésorier s'en fut à Francfort récupérer ce qui était en gage : notre vaisselle plate et toutes les pierreries.

Tant de bonheur me laissait perplexe. Il ne manquait plus que l'annonce officielle. Deux semaines s'étaient écoulées et, de Versailles, point de courrier. A la fin d'avril, enfin, Monsieur de Vauchoux nous apporta des nouvelles. Ce n'était pas ce que j'espérais, et je crus que tout était perdu. L'Infante avait regagné Madrid et son renvoi déchaînait la colère des Ibères. Paris bruissait de rumeurs et clabaudait. Des libelles circulaient donnant des noms de princesses et l'on pariait sur celui de la future reine. L'Anglaise ou la Vermandois ? Et soudain, on ne parla plus que de la Polonaise. La France allait s'offrir une reine en « ski ». Aussitôt, de la Cour à la Ville, on se mit à chantonner des couplets désobligeants. Sur ma demande, le chevalier nous en donna un échantillon, en me priant d'en excuser les verdeurs :

« *Par l'avis de Son Altesse*
Louis fait un beau lien.
Il épouse une princesse
Qui ne lui apporte rien
Que son mirliton. »

1. Nom d'étoffe, qui s'est perdu avec le temps.

« On dit qu'elle est hideuse
Mais cela ne fait rien
Car elle est vertueuse
Et très fille de bien. »

Devant notre silence, il poursuivit d'un air désabusé :

– Le venin de Paris est connu. Le plus grave est que Versailles ne garde pas ses secrets. On ne sait d'où viennent les fuites. Toujours est-il qu'elles provoquent du dégât.

Frappée au cœur, je crus m'évanouir. Louis allait-il se reprendre et faire de moi la risée de l'Europe ? Plutôt mourir sur l'heure que de vivre un tel affront.

– Expliquez, Vauchoux, s'écria mon père offensé dans sa dignité. Faut-il annuler ce qui était avancé ?

– Non, Sire. Sa Majesté n'a pas entendu les rumeurs, ou feint de les ignorer. Il n'a jamais été aussi gai et chasse plus que jamais, de préférence sous la pluie, car rien ne l'amuse autant que de voir sa suite trempée. Monsieur le Duc, lui, s'inquiète car d'autres cabales prennent de l'ampleur et, pour les contrer, il lui faut quelques assurances de votre part.

Les derniers mots m'effleurèrent. Je ne gardai que les premiers qui apaisèrent mes craintes. Louis se riait des commérages et malmenait ses courtisans. Il avait de la volonté et de la personnalité. C'était bien un homme, et non un enfant, qui serait bientôt mon époux. Le reste était sans importance. D'une oreille distraite, j'écoutai la suite de l'entretien qui portait sur les commentaires insensés d'une gazette. Un dénommé Marais, ou Barbier, je ne sais plus, avait eu l'aplomb d'écrire :

« Nous verrons les suites de ce mariage… Le roi Auguste, électeur de Saxe, qui est du corps de l'Empire et vrai roi de Pologne, va être fâché contre nous de ce que nous prenons pour reine la fille de son compétiteur et pourra nous faire des affaires avec l'Empereur. Le roi d'Espagne s'y joindra, et voilà peut-être une guerre affreuse dans toute l'Europe contre nous [1] ! »

Rouge de colère, mon père s'écria :

– Une machination d'Auguste, je le sens. Ses agents sont partout. Rien ne peut l'arrêter dans ses pratiques scélérates.

– Monsieur le Duc vous en offre le moyen, Sire.

Vauchoux sortit un document de sa manche et le lui présenta. Mon père blêmit en balbutiant :

– Ma renonciation au trône de Pologne ?

L'instant était grave et je gardai le silence, évitant de croiser le regard de cet homme que j'aimais tant. Je ne doutais pas du sacrifice qu'il allait faire. Pour assurer mon avenir, il devait arracher de son cœur les quelques espoirs qui lui restaient encore. Ce n'était pas le trône qu'il regretterait le plus, mais la terre de ses ancêtres, cette Posnanie qui gardait ses souvenirs et la Pologne qu'il ne reverrait plus. Son visage se crispa. Il saisit sa plume et signa. Très digne, il rendit l'acte et eut la force de sourire en déclarant d'une voix solennelle :

– Assurez Monsieur le Duc de mon dévouement le plus absolu.

Vauchoux s'inclina et se tourna vers moi :

– Il nous reste un dernier point à régler. Pardonnez-moi, Altesse, mais il s'agit cette fois de votre santé.

1. Authentique.

La repartie fusa, aussi rapide qu'une salve :

– Excellente, Chevalier, comme vous pouvez le constater.

– Monsieur le Duc a reçu des lettres anonymes. Les unes certifient que vous avez les doigts palmés et des humeurs froides, d'autres, que vous tombez du haut mal [1] et que la reine votre mère vous emmène chez une religieuse de Trèves qui guérit cette maladie. Le roi de Sardaigne, grand-père de Sa Majesté, accuse Monsieur le Duc d'agir contre les intérêts du roi de France, et réclame une enquête.

Une telle accumulation de calomnies relevait du délire et je pris le parti d'en rire. Vauchoux eut un air gêné pour m'annoncer la visite imminente de deux médecins des hôpitaux royaux, chargés de m'examiner. Je m'empressai d'accepter, impatiente d'en finir avec ces corvées sordides qui retardaient ma rencontre avec mon futur époux. Après dix longs jours, enfin, la consultation eut lieu en présence d'un praticien de Strasbourg qui me suivait depuis que nous habitions l'hôtel Weber. Messieurs Duphénix et Mougue m'inspectèrent de la tête aux pieds, dans le moindre détail, jusqu'à la couleur de mes règles et leur périodicité. Un rapport complet fut rédigé, certifiant que j'étais bien conformée et ne présentais aucune défectuosité ni dans les membres, ni sur les dents, ni dans les yeux. J'étais saine de corps et d'esprit, et promettais une bonne descendance. Les dignes représentants de la Faculté regagnèrent Paris, pleinement satisfaits.

Deux semaines plus tard, le 27 du mois de mai, Louis déclarait, à son petit lever, qu'il m'épousait.

---

1. Epilepsie.

Le premier gentilhomme de la Chambre, respectant l'étiquette, passa dans l'Œil-de-Bœuf, et la Cour apprit alors avec stupeur ce que la rumeur colportait, et que l'on répétait sans y croire, à seule fin de se divertir. Cette fois le mariage devenait public, et nul, désormais, ne pourrait l'entraver. D'une voix grave, le marquis de Gesvres se mit à lire ce que le roi venait d'annoncer :

« J'épouse la princesse de Pologne... Née le 23 juin 1703, elle est fille unique de Stanislas Leczinski, comte de Lesno, Palatin de Posnanie, élu roi de Pologne au mois de juillet 1704, et de Catherine Opalinska, fille du Castellan de Posnanie, qui viennent l'un et l'autre faire leur résidence au château de Saint-Germain-en-Laye. »

Le matin suivant, une estafette, venue de Versailles ventre à terre, nous délivrait un courrier officiel ainsi qu'une lettre que m'adressait le duc de Bourbon :

« Votre mariage avec le roi n'étant pas déclaré, je n'ai pas osé jusqu'à présent vous écrire et je me suis contenté de supplier le roi votre père de vous assurer du désir que j'avais de voir sur le trône de France une princesse dont les vertus retentissent dans toute l'Europe... ; mais aujourd'hui que le roi vient de rendre publique cette grande et importante affaire, ce serait manquer à mon devoir, si je différais un moment de vous marquer ma joie d'avoir été assez heureux pour qu'il se trouvât, durant mon ministère, l'occasion de rendre à ma patrie le service le plus essentiel qu'elle pût attendre de moi. [1] »

---

1. Authentique. La lettre est aux Archives Nationales, carton des rois.

Le bonheur m'aveuglait, et je ne sentis aucune perversité derrière ces lignes. Tout au plus en avais-je éprouvé une once d'agacement devant leur insistance à me rappeler ce que je devais, et qui en était le magicien. Me prenait-on pour une ingrate ? Un temps viendrait pour m'acquitter. Pour l'heure, loin de me douter de toutes les embûches qui m'attendaient, mes remerciements allaient au divin Maître de l'univers qui venait de sceller mon destin.

Dès lors, notre vie devint un tourbillon. Notre Grand Chambellan, le comte de Tarlo, s'en fut à Versailles afin d'élaborer le contrat de mariage et fixer l'ordre des cérémonies. Pendant ce temps, à Wissembourg, on ne parlait que du trousseau. Dans les ateliers de Paris, une armée de couturières y travaillait avec ardeur, et notre ami le chevalier de Vauchoux, qui prenait tout en main avec autorité, leur fit parvenir en hâte mon tour de taille et ma hauteur de jupe. Mais lorsqu'on demanda l'un de mes souliers pour connaître la mesure de mon pied, je fus bien mortifiée d'avouer que je n'en avais qu'une paire, et dus me résoudre à livrer une pantoufle sans imaginer une seconde en quelle quantité de merveilles elle allait se changer.

Des cavalcades envahirent les routes, faisant vibrer l'air d'une fièvre sans pareille que la pluie ne pouvait calmer. De Versailles à Wissembourg, les courriers se multipliaient. On se bousculait, on s'agitait, on s'invectivait. Les têtes tournaient, les langues déviaient et les raisons vacillaient. Ce mariage rendait fou du nord au sud de la France, et l'Europe entière faisait des commentaires. De la Lorraine à la Sardaigne, de l'Autriche à l'Espagne et de l'Angleterre à ces principautés allemandes qui naguère m'avaient ignorée, on se gaussait à en perdre haleine, criant partout à la mésalliance et au scandale. Le roi de France épousait une « demoiselle », et cela ne s'était jamais vu. Entre un roi héréditaire et un roi élu, on faisait la différence. Sans lignée, sans état, sans fortune, la princesse de Pologne n'était qu'une simple « particulière ». Versailles en étouffait de honte, et les Cours voisines persiflaient de rage.

Loin de m'en émouvoir, je gardai mon calme et me coupai volontairement de l'agitation qui s'emparait de notre hôtel Weber. Mille personnes décidaient de ce qui devait être fait, de quelle manière et dans quel ordre, ce que je devais dire ou porter, comment je devais marcher, m'asseoir ou saluer. La reine par-ci, la reine par-là... J'étais lasse déjà de cette future reine qui allait prendre mon corps et ma tête, agir comme une mécanique douée d'une bonne mémoire et sourire à la demande comme les automates de foire. Dans mon cœur plein de romances, je n'étais que Marie, et je pensais à Louis, mon énigme, ma crainte, mais aussi mon espoir. Je savais qu'il était pieux, guidé depuis l'enfance par Monsieur de Fleury, évêque de Fréjus, qui lui avait inculqué le goût de l'étude et le respect de la religion. J'avais reçu de mon père la même éducation et ne doutais pas que nous pourrions nous comprendre. Dieu nous y aiderait. Enfermée dans ma chambre, je concentrais tous mes soins au présent de fiançailles que je lui préparais : un livre d'heures dans lequel j'avais écrit de ma main, dans une calligraphie ronde et appliquée, l'Évangile de Saint Jean, les Actes des Apôtres, l'Apocalypse et une Histoire abrégée du

Nouveau Testament en petits vers français, que j'avais traduite, spécialement pour lui, du polonais. Le tout venait d'être relié à Strasbourg, dans un maroquin vert de la plus belle qualité, commandé à Paris et frappé aux armes de France. Le résultat me semblait magnifique. Serait-il assez parfait pour Louis ?

Mon père me l'assura :

– Tout ce qu'on fait, dit ou pense, sera pesé dans la balance. N'ayez crainte, ma fille, le roi appréciera de trouver en vous une personne aussi cultivée que lui.

Monsieur de Vauchoux se chargea de faire parvenir l'ouvrage. Monsieur le Duc l'avait mandé à Compiègne où il se trouvait alors en compagnie du roi de France qui assistait à des manœuvres militaires et passait en revue les meilleurs régiments du royaume.

Le premier jour de juillet, Wissembourg se réveilla dans un immense charivari. Plusieurs brigades de carabiniers royaux, en tuniques bleues galonnées d'argent, traversèrent la ville et se rassemblèrent autour de notre maison. Ils avaient reçu l'ordre de nous escorter jusqu'à Strasbourg où aurait lieu le mariage par procuration. L'hôtel Weber entrait désormais dans mon passé. Celui d'une princesse exilée qui se croyait au bout de sa route. J'en sortais en souveraine, acclamée par tous ceux qui avaient côtoyé notre misère et ceux, plus pauvres que nous, que nous avions pu aider. De ma vie je n'oublierai ces cinq années de solitude à l'école du dévouement et de la charité. Plus d'une fois, je me raccrocherai à leur souvenir et retrouverai cette force dont elles m'avaient enseigné le secret : Au plus profond de la détresse, nous devons creuser en nous-même. Il y reste toujours quelque chose à donner.

En costume de voyage gris de lin et chapeau orné d'une gaze mauve, je traversai la cour, saluée par des soldats en armes. Au-delà des grilles grandes ouvertes sur le ciel d'été, un long cortège de carrosses et de cavaliers m'emporta vers mon destin.

III

STRASBOURG m'accueillit au son du canon et les tambours de la garde saluèrent mon entrée dans la ville. Une foule dense s'était massée tout au long des rues, contenue par des cordons de troupe qui faisaient une haie. Des bouquets de bras s'agitaient aux fenêtres et l'air vibrait de clameurs :

– Vive la princesse de Pologne ! Vivent Leurs Majestés polonaises !

Je n'étais pas accoutumée à tant d'honneurs. Touchée au cœur, je me penchai à la portière et saluai de la main ceux qui m'acclamaient. Le geste était timide, mais avec le temps il prendrait de l'assurance. Ma vie de reine commençait à peine, elle allait durer plus de quarante années. Sur la banquette qui me faisait face, mes parents, bouleversés, ne retenaient plus leurs larmes, et ma grand-mère remerciait Dieu de lui accorder un tel bonheur avant de mourir.

Au palais du gouvernement, j'ouvris le ban de toutes les cérémonies à venir. Le cardinal de Rohan, à la tête du clergé, me présenta ses hommages. Puis ce fut le tour du Maréchal comte du Bourg et des corps constitués. On parla du mariage et j'insistai pour que ce fût le 15 août, fête de la Vierge à laquelle je voulais consacrer cet événement. Monsieur le Duc fut informé de la date et fit accélérer les préparatifs. Le contrat était sur le point d'être signé. Deux ambassadeurs avaient été nommés, qui devaient nous en rendre compte. La Cour, qui avait tant jasé, pliait bagage afin de se mettre en route. La Rhénanie, la Bavière, le Wurtemberg en faisaient autant. Et l'Alsace tout entière se ruait sur sa capitale qui devenait soudain le centre de l'Europe.

Pendant ce temps, aux côtés de mes parents, je vivais des jours inoubliables. Le comte et la comtesse d'Andlau, amis très chers, nous avaient reçus dans leur magnifique hôtel situé hors de Strasbourg, et nous comblaient de ce qui nous avait manqué jusqu'alors : pique-niques délicieux dans le parc immense où s'exhalaient tous les parfums d'été, dîners aux mille bougies sous les lambris dorés, bals et mascarades sous les charmilles ensorcelantes... J'allais de fête en fête et goûtais les plaisirs d'une société brillante qui m'enchantait. Les plus nobles familles d'Alsace avaient empli la ville pour se mettre à mes pieds. On me vénérait, on m'adulait, on louait ma conversation et ma danse pleine de grâce. J'étais heureuse et m'enivrais.

C'est alors que Madame de Prie se fit annoncer. Mon père exulta de joie de connaître enfin cette « bonne fée » qui avait poussé nos intérêts depuis tant d'années. Les yeux de Chinoise de la marquise l'envoûtèrent. Il est vrai que tout en elle fascinait. Son teint de neige, sa taille bien prise, son élégance et sa verve piquante. Je fus moi aussi sous le charme. Comme je m'inquiétais de son logement, elle s'écria :

– Un coin de garde-robe de Son Altesse Royale me serait bien plus agréable que la plus magnifique maison.

De ce jour, elle ne me quitta plus, et je pris goût à sa compagnie. Elle m'offrit des bijoux qu'elle appelait « bagatelles », ainsi qu'un lot de chemises d'un luxe inouï. Devant mon air perplexe, elle s'empressa d'expliquer :

– Elles ne sont pas dignes d'une reine de France, mais je serais très honorée que vous les acceptiez.

– Je ne manque pas de linge, chère marquise.

– Elles vous permettront d'attendre dignement votre trousseau, dit-elle en s'inclinant.

Elle eut un petit rire pour ajouter :

– Ce que l'on trouve dans nos campagnes...

La remarque me déplut et je toisai la marquise d'un sourire glacé :

– La princesse de Pologne s'en est contentée, Madame. Je vous remercie néanmoins de vos bontés.

– Pardonnez-moi, murmura-t-elle en s'inclinant avec humilité.

Je la relevai aussitôt, et son esprit alerte inventa une pirouette pleine de gaieté qui nous fit oublier ce que je prenais pour une maladresse inconsciente. L'avenir me révélerait d'autres ruses, mais l'heure était à l'indulgence. Je la trouvais séduisante et me réjouissais de l'avoir pour amie.

A mon père, elle avait remis une lettre de Monsieur le Duc qui précisait sa mission auprès de nous : nous instruire de ce qui se passait dans « ce pays-ci », c'est-à-dire dans le palais de Versailles.

« Je suis sûr du secret de Madame de Prie, et l'ai chargée de ne rien cacher, croyant qu'il y a des choses que notre reine future serait peut-être bien aise de savoir. Ce sera à Votre Majesté d'en juger, et toute la grâce que je lui demande est de les garder pour elle seule et pour la princesse sa fille. [1] »

Remerciant le Ciel de m'envoyer des guides si précieux, je suivis avec attention les mises en garde sur certains personnages importants qui côtoyaient le roi, et ceux qui, malgré les apparences, n'étaient rien.

– Monsieur de Fleury est un maniaque un peu grincheux, précisa-t-elle. Il couve son élève comme une mère poule, quand l'heure est venue pour Sa Majesté de régner seul. Vous rencontrerez bientôt l'évêque de Fréjus. Il sera votre Grand Aumônier.

Sur un ton de légèreté qui me confondait, elle évoqua les clans et les coteries, et me suggéra qu'il était de mon intérêt de soutenir Monsieur le Duc qui avait si bien travaillé à mon élévation. Devant mon air songeur, elle passa bien vite à une autre histoire. Elle avait dans cet art une habileté sans pareille. C'est ainsi qu'elle me fit rêver en magnifiant la beauté du roi, son intelligence, puis m'inquiéta en ajoutant qu'il était d'un naturel peu communicatif, plutôt distant avec les femmes. Aucune, jusqu'à ce jour, n'avait eu le don de l'accrocher.

– Il faudra l'humaniser en quelque sorte, Altesse. Apprivoiser le centaure. Je gage que, par votre dou-

1. Authentique. Archives Nationales.

ceur, vous y parviendrez. Pour le reste, depuis Adam et Ève, nous n'avons rien inventé.

Me voyant pâlir, elle me livra, pour me dérider, quelques confidences sur les nobles dames qui constituaient ma Maison et qui arriveraient sous peu. Un essaim de jolies femmes imbues de leurs titre, rang et qualité, qui avaient intrigué pour obtenir la charge de me servir, et s'apprêtaient à régenter ma vie en se targuant de m'apprendre les bonnes manières. Je frissonnai, inquiète d'être livrée sans défense à un vol de carnassières :

– Votre présence auprès de moi, chère marquise, me gardera de tous les pièges. Je ne doute pas, en effet, que l'on vous ait gratifiée de la plus haute charge, car c'est bien grâce à vous et au portrait de Monsieur Gobert que Monsieur le Duc fut en mesure de guider le choix de Sa Majesté.

Elle prit un air modeste pour m'expliquer qu'elle avait laissé aux dames titrées ce qui leur revenait. Elle serait simplement l'une de mes dames du palais.

– Le Numéro 13, en surnombre, précisa-t-elle avec un sourire désinvolte. Ce qui me permettra d'être à votre service jour et nuit si vous le demandez.

Et pour achever de me rassurer, elle me confia que le secrétaire de mes commandements ne serait autre que Monsieur Pâris-Duverney, un financier de ses amis, dont elle se portait garante quant à l'honnêteté ainsi que la fidélité. Je me souvins alors que cet homme avait aidé mon père quelques années plus tôt et lui avait permis de calmer ses créanciers. A lui aussi nous étions redevables. J'aurais dû suivre le sentiment de méfiance qui naquit en moi en cet instant. Mais la perfide marquise eut le don de m'embobiner. Elle me joua une telle comédie de dévouement et d'amitié que je fus à cent lieues d'imaginer ce que je découvris quelques mois plus tard et qui me valut bien du chagrin.

Dans Strasbourg en fièvre, les cortèges se bousculaient, et la foule éblouie ne se lassait pas d'applaudir. A la fin de juillet, les ambassadeurs extraordinaires furent annoncés. Le duc d'Antin et le marquis de Beauvau-Craon traversèrent la ville dans un carrosse doré que précédait une quantité d'écuyers, de gardes, de pages et de valets de pied en habits d'écarlate galonnés d'argent. J'attendais avec impatience, et redoutais tout à la fois cette arrivée qui déclenchait le tourbillon officiel. Nous avions dû quitter l'hôtel d'Andlau pour nous installer, avec notre suite polonaise, au palais du gouvernement où se tiendraient la plupart des cérémonies.

Dès le début d'août, elles se succédèrent à un rythme précipité, ordonnées selon l'étiquette de la Cour de France. Le 4 fut un grand jour. Le matin, le duc d'Antin se présentait devant mon père, qui le reçut sous un dais de velours cramoisi, le chapeau en tête. Il lut la demande solennelle adressée par le roi de France au roi de Pologne, et ce dernier répondit d'une voix ferme :

– Monsieur, je suis très obligé au roi qui, non content de m'avoir donné asile dans son royaume, me donne encore place dans son cœur, dont je fais plus de cas que de sa couronne brillante qu'il met sur la tête de ma fille [1].

1. Authentique. Archives Nationales.

Les deux ambassadeurs s'inclinèrent ensuite devant la reine de Pologne, ma mère, et le duc d'Antin répéta la demande avec la même solennité. Elle prit le temps de maîtriser son trouble avant de déclarer :

– Je souhaiterais que vous puissiez lire dans mon cœur la sensibilité avec laquelle je reçois le plus glorieux événement de ma vie. Je n'ai point d'autres paroles à vous dire que pour adorer la Providence divine, respecter le choix d'un grand roi et me conformer à ses volontés [1].

Tout cela me fut raconté un peu plus tard dans mes appartements où l'étiquette m'avait confinée. Tandis que se déroulait la séance au cours de laquelle on arrêtait mon avenir, dans le silence et la solitude de ma chambre, je pensais aux devoirs et aux charges qui m'attendaient, aux lourdes responsabilités qui seraient les miennes désormais. Épouser le plus grand roi du monde n'était pas une mince affaire. Aux côtés d'un tel homme, quel serait mon rôle ? Une angoisse terrible m'étreignait le cœur mais je ne pouvais plus reculer. Quelles que soient les difficultés, je devrais m'efforcer de porter dignement ce beau titre de reine de France, et le mériter.

Au début de l'après-midi, je reçus les ambassadeurs de mon futur époux. Monsieur d'Antin me fit un long discours que j'écoutai avec attention :

– Il ne manquait à tous les dons dont le ciel a comblé Votre Altesse Royale qu'un théâtre proportionné pour faire l'admiration du reste de l'Univers. Nous venons, Madame, vous l'offrir avec le cœur et

1. Authentique. Archives Nationales.

la main du plus grand roi du monde. Nous avons obtenu le consentement du roi et de la reine de Pologne, et nous nous flattons que Votre Altesse Royale ne nous refusera point celui que nous avons l'honneur de lui demander [1]...

La suite se perdit dans les bourdonnements de ma tête et les coups qui résonnaient dans ma poitrine. Puis ce fut le silence et les regards anxieux de la délégation posés lourdement sur moi. On attendait ma réponse. L'émotion fut si vive que je crus m'évanouir, mais j'eus la force de sourire et de dire tout simplement :

– A la déclaration de Leurs Majestés, je n'ai rien à ajouter sinon que je prie le Seigneur afin que je fasse le bonheur du Roi comme il fait le mien, que son choix produise la prospérité du Royaume et réponde aux vœux de ses fidèles sujets [1].

Le duc d'Antin m'annonça que le mariage officiel aurait lieu à Fontainebleau le 5 septembre, et me remit, de la part du roi, quelques bagues, pendants d'oreilles et colliers de pierreries qui emplissaient un coffret.

– Ceci n'est rien, me dit-il, 50 000 écus tout au plus. D'autres bijoux vous attendent auprès de Sa Majesté pour une valeur de 300 000 livres. Ils vous appartiendront ainsi que toutes les autres parures que vous recevrez par la suite. Le contrat vous assure en outre une pension annuelle de 20 000 écus ainsi qu'une somme convenable pour les dépenses de la Chambre et l'entretien qui convient à une reine.

---

1. Textes authentiques. Archives Nationales.

Tant de chiffres m'étourdissaient quand un seul écu avait été jusque-là une fortune inespérée que je partageais aussitôt. Je me voyais soudain sur une montagne de richesses et me demandais ce que j'en ferais. Mais je réalisai bien vite que j'aurais autour de moi des centaines de gens dont il me faudrait payer les gages : Maison, servantes et chambrières, officiers de bouche, médecins, musiciens, valets, cochers et palefreniers... Une petite armée serait bientôt à mon service et m'enfermerait dans une cage dorée. Pour l'heure, je voulais être heureuse et penser à Louis en me parant des joyaux qu'il m'avait envoyés. Il y avait un bal ce soir-là, en l'honneur de mon « consentement ». On m'appela « Majesté », et mes parents me cédèrent le pas. Pour la première fois aussi, je soupai à une table isolée, en compagnie de mon père à ma droite, et ma mère à ma gauche. Certes, ma vie de reine commençait. Une reine qui pendant plus de quarante années devrait assurer le spectacle des « grands couverts » devant un public avide de curiosités.

La roue de mon destin tourna de plus en plus vite et j'eus peur de perdre la tête. Je m'enfermais le matin et me consacrais à la prière, implorant Dieu de m'apprendre à aimer celui qu'Il m'avait choisi. Le soir, je rejoignais le monde et ses obligations, écoutant sans fin les compliments de nombreuses délégations. Jour après jour, les cortèges se multiplièrent et le vent de folie souffla sur la ville qui bruissait de clameurs et de chansons, mais aussi de cancans. Versailles était dans Strasbourg et l'emplissait de ragots cruels qui se glissaient jusqu'à mon oreille. On disait dans mon dos que j'étais laide et que le roi, peu enclin à la galanterie, refuserait de s'initier dans mon lit. Et l'on ajoutait qu'il aurait affirmé :

– Si elle n'est pas jolie, je la renverrai !

Tout ceci me rendit malade. J'en perdis le sommeil et l'appétit. Je maigrissais à vue d'œil et l'on dut rajuster mes robes. J'étais morte d'inquiétude, mais continuais à donner le meilleur de moi-même sous des dehors aimables et des propos pleins de douceur. Une nuit de bal, au milieu d'une « allemande », j'entendis soudain une voix d'homme qui disait de moi :

– La beauté lui manque, certes, mais elle plaît au-delà de ce que je peux exprimer.

Ruisseau de miel sur mon âme affolée. J'avais une chance de ne pas être répudiée.

On attendait le duc d'Orléans pour célébrer les fiançailles qui devaient précéder le mariage par procuration. Premier prince du sang, il m'épouserait au nom du roi. Il arriva enfin le 12 août, entouré de fastes impressionnants. La cérémonie eut lieu deux jours plus tard dans les salons du palais du gouvernement où scintillait une forêt de girandoles. Sur les places de la ville, illuminées de torches, autour des fontaines de vin qui coulaient à flots, une population en liesse dansa toute la nuit.

Je m'éveillai avec les premières lueurs de l'aube et me penchai à la fenêtre pour voir blanchir le ciel sur l'infini de l'horizon. En ce jour qui naissait, j'étais encore Marie, princesse de Pologne. Avant qu'il ne finisse, je serais une autre femme et ne m'appartiendrais plus. Dans le boudoir attenant à ma chambre, servantes et caméristes s'activaient déjà autour des malles du trousseau venu de Paris, et sortaient en s'extasiant les atours prévus pour les différentes solennités de cette longue journée. Une série de merveilles qui me ravissaient. Soudain, tandis que l'on m'apprêtait, les clochers de la ville carillonnèrent à toute volée, couvrant les brouhahas de la foule et les crépitements des cavalcades qui se dirigeaient vers la cathédrale.

– C'est l'heure, dit ma mère. Nous ne pouvons être en retard. L'étiquette est formelle.

Sur sa robe de soie pourpre brillaient tous ses diamants, et sur son front était posé le diadème de la reine de Pologne. Elle jeta un dernier regard sur ma robe de brocart d'argent, brodée de roses et autres fleurs, rectifia les plis de la queue et fixa elle-même sur mes cheveux une longue mantille en dentelle d'argent. Elle me contempla en silence, maîtrisant son émotion, et me salua d'une profonde révérence. En se relevant, elle murmura :

– Aujourd'hui, vous êtes la plus belle, ma fille. Vous êtes la reine.

Au pied du grand escalier, mon père m'attendait, arborant la croix et le cordon de l'ordre du Saint-Esprit qu'il avait reçu la veille de son futur gendre. Il s'inclina sur la main que je lui tendis et me conforta d'une voix tendre :

– Vous devenez reine de France, Marychna. Rien dans le monde n'est au-dessus de cette dignité que le bonheur de ne la devoir qu'à votre renommée, et de pouvoir vous dire à vous-même que les seules vertus vous ont donné des suffrages. Songez aussi que l'éclat de votre couronne va vous produire au plus grand jour, que la moindre tache s'apercevra aisément et qu'il ne suffit pas d'éblouir les yeux par le brillant d'extérieurs pompeux [1].

Il me guida vers notre carrosse, et notre cortège s'ébranla. Une longue procession à travers la ville pavoisée, au son du canon qui faisait vibrer les nuées. Les carabiniers caracolaient en tête, précédant les équipages des ambassadeurs. Derrière eux, les Cent-Suisses, la voiture du duc d'Orléans, puis la nôtre, entourée des gentilshommes de notre Cour polonaise. Des milliers de gens se pressaient dans les rues étroites, brandissant des guirlandes et des oriflammes. Sous le porche de la cathédrale, le cardinal de Rohan nous attendait en sa qualité de Grand Aumônier de France, entouré des chanoines-comtes de Strasbourg et du clergé de la ville au grand complet. Tenant la main de mon père et celle de ma mère, je m'avançai vers lui entre une double haie de Cent-Suisses et de Gardes du Corps qui déchiraient l'air de leurs trompettes et de leurs tambours, sur fond de carillons et de salves d'artillerie. Le sol vibrait sous mes pieds et mes jambes vacillaient ; tout mon sang cognait dans mes tempes et mon cœur battait à se rompre.

Je suivis dignement le cardinal dans la nef décorée de tapisseries, surpeuplée de princes, dignitaires et notables, jusqu'à l'autel près duquel se tenait le duc d'Orléans vêtu d'un habit et d'un manteau en étoffe d'or, coiffé d'un chapeau garni de plumes. Les orgues rythmaient nos pas d'une musique éblouissante. Dieu, dans sa toute-puissance, semblait nous assister. Après l'homélie qui honorait notre famille, on bénit

1. Authentique.

l'anneau ainsi que les treize pièces d'or habituelles, puis le cardinal demanda au duc s'il me prenait pour épouse au nom du roi. Lorsque je dus répondre à mon tour à la question rituelle, je me tournai vers mes parents, comme le voulait l'usage, avant de prononcer le « oui » que toute l'Europe était venue entendre. Alors le représentant de Louis glissa respectueusement l'anneau à mon doigt, et le duc de Noailles, capitaine des Gardes du Corps, vint prendre place derrière moi. J'étais reine désormais, et il me servait. La bénédiction nuptiale fut consacrée par une messe pontificale. On me présenta le livre des mariages et, pour la première fois, d'une main tremblante, je signai : « Marie, reine », tandis qu'un Te Deum glorieux retentissait sous les voûtes ornées de vitraux qu'un rayon de soleil faisait chanter.

Je regagnai mon carrosse, acclamée par la multitude en délire que le son du canon rendait ivre.

– Vive la reine, criait-elle sans fin. Vive le roi !

Mais où était Louis en cet instant ? Et que pensait-il de tout cela ? Un flot de tendresse emplit mon cœur. J'avais hâte de le connaître, et caressai l'anneau qui me liait à lui.

Au palais du gouvernement, les délégations affluèrent pour me présenter leurs compliments, et j'accomplis les devoirs de mon état en donnant à chacun le mot aimable qui le comblait. Une armée de princes allemands, rongés de curiosité, piaffait d'impatience de voir de près la Polonaise autrefois dénigrée que le tout-puissant roi de France avait distinguée. La vanité n'a jamais fait partie de mon caractère, mais la circonstance était trop belle et j'accordai à mon amour-propre de goûter aux délices de la flatterie. Je savais au fond de moi-même que ma gloire nouvelle était un présent de Dieu aux yeux Duquel je n'étais qu'un néant.

Dans mes appartements, m'attendait une partie de ma Maison. J'embrassai Melle de Clermont, sœur aînée de Monsieur le Duc, qui était ma surintendante, charge la plus haute, destinée à une princesse du sang. Après les politesses d'usage, elle me présenta la duchesse de Boufflers, ma dame d'honneur, et la comtesse de Mailly, ma dame d'atour. Puis vinrent les douze dames du palais, dont j'essayai de retenir les noms. Je les trouvai plutôt jeunes et charmantes, et les saluai d'un mot de bienvenue, me promettant de les mieux connaître au cours du long voyage vers Fontainebleau. Il y avait aussi le marquis de Nangis, mon chevalier d'honneur, et le comte de Tessé, mon premier écuyer. Tout ce petit monde était à mon service, et je ne pouvais plus faire un pas sans les avoir autour de moi.

Je m'en rendis compte au cours de l'après-midi, lorsqu'après m'être reposée, je voulus me rendre à la cathédrale pour assister aux Vêpres de la Vierge, dont on célébrait l'Assomption, et lui consacrer mon mariage. Ce fut aussitôt le branle-bas dans tout le palais. Les carrosses furent avancés. Gardes du Corps et Cent-Suisses se rangèrent pour les escorter, tandis que je prenais place entourée de toute ma suite. Fini le temps où j'entrais discrètement dans l'église de Wissembourg et m'entretenais tout mon saoul avec Dieu ou ses saints. Une fois de plus j'entrai dans la cathédrale en grande cérémonie, tenant la main de mon chevalier d'honneur et celle de mon premier écuyer, suivie du duc de Noailles et de toutes mes dames. Retranchée dans ma prière, je les oubliai, mais une main impatiente vint frapper mon épaule pour me rappeler qu'il était l'heure de s'en retourner. L'étiquette de la Cour de France était rigoureuse. Toute médaille a son revers, et je devrais m'en accoutumer.

Ce soir-là, je soupai en « grand couvert », assise entre mon père et ma mère, comme je le ferai à Fontainebleau puis à Versailles, entre le roi et les princes du sang.

– L'étiquette, toujours l'étiquette, ai-je murmuré en souriant. Dans « ce pays-ci », rien ne se fait comme vous me l'avez enseigné. Je dois réapprendre tous les gestes.

Je racontai en termes piquants que j'avais été habillée par mes dames en présence d'une foule de gens, coiffée par un barbier à la voix haut perchée, et qu'on avait tenté de couvrir mon visage d'une quantité de fards. J'avais accepté un soupçon de rouge et refusé tout le reste jusqu'aux mouches, en disant :

– La reine de France n'est pas une courtisane !

J'avais entendu dans mon dos les hoquets de stupeur et les rires étouffés. J'avais surtout observé en détail les falbalas compliqués et les artifices provocants des élégantes de Versailles. Et j'avais pris la décision de ne pas les imiter. L'épouse du roi devait être différente, et le serait par sa simplicité.

– Mareszka chérie, dit mon père d'une voix émue, je suis bien aise de vous entendre parler de la sorte. Je voulais néanmoins vous avertir de trois écueils contre lesquels la vertu des plus grands hommes a souvent fait naufrage. Le premier est la dureté du cœur à l'égard des autres, et cet amour immodéré de soi-même si ordinaire à ceux que le Ciel élève à la suprême grandeur. Soutenez votre rang avec autant d'exactitude que de dignité, mais intérieurement, rapportez tout à la gloire du Seigneur. La vraie grandeur consiste dans la noblesse du cœur, la droiture et l'élévation des sentiments, une opposition généreuse aux passions et la victoire sur soi-même.

« Le second écueil est la prospérité, d'autant plus dangereuse à votre égard qu'elle vous est presque inconnue et pourrait vous faire oublier tous les malheurs que vous partagez avec moi depuis votre plus tendre jeunesse. Une grande âme met son bonheur à faire celui des autres et ne s'abandonne jamais aux charmes d'une volupté qui finit bientôt, quand bien même elle durerait toute notre vie.

« Quant au troisième écueil, c'est la flatterie dont les attaques sont inévitables sur le trône. Vous serez entourée bientôt d'un nombre infini de courtisans empressés à plaire et toujours près d'applaudir ou de canoniser vos moindres démarches, fussent-elles criminelles. Peu connaissent la vérité, mais pas un seul n'osera vous la dire. Résistez avec courage à ces enchantements pernicieux, discernez les gens de bien de ces pestes de cour [1].

Il posa sa main sur la mienne et nos regards, complices depuis tant d'années, s'enlacèrent. Une série d'explosions m'empêcha de lui répondre. Derrière les hautes fenêtres du salon, le ciel s'embrasait. Tout le monde rejoignit la terrasse pour admirer le feu d'artifice qui se reflétait dans les eaux

1. Authentique. Le manuscrit de ces recommandations du roi Stanislas à sa fille est à la Bibliothèque polonaise de Paris.

sombres de l'Ill. Après les bouquets et les gerbes multicolores, scintillèrent dans le firmament les armes de France et celles de Pologne. Et soudain, sur la voûte obscure que tranchait la flèche illuminée de la cathédrale, nos deux noms : Louis, Marie. De la ville tout entière montèrent, vibrantes et fortes, des acclamations qui résonnèrent jusqu'à l'infini :

– Vivent le roi et la reine !

Mon cœur se serra et je m'appuyai à la balustrade de pierre en pensant que la reine était là. Mais où était mon roi que je ne connaissais toujours pas ? J'entendis la voix de Melle de Clermont qui me glissa dans l'oreille :

– Un courrier galope à cette heure vers Sa Majesté. Il a quitté Strasbourg dès la messe terminée afin de lui rapporter tous les détails de la cérémonie.

– Quand partons-nous ? demandai-je sans me retourner.

– Après-demain, Madame. Au petit matin.

Je pensai à ma famille que je devrais quitter. Je n'avais plus que quelques heures à lui consacrer. Comment pourrions-nous vivre séparés après tant de malheurs qui nous avaient si fortement unis ? Le jour suivant fut encombré de harangues et de discours que j'écoutais avec ennui, déchirée de perdre tant de précieuses minutes avec des inconnus, quand je voulais m'imprégner encore d'une affection qui m'était chère. Entre deux cérémonies, je pus rejoindre mon père, pour un de ces apartés qui nous étaient familiers et qui allaient nous manquer. Une fois de plus, il apaisa ma peine :

– Je vois votre tristesse, ma fille, mais écoutez-moi : oubliez votre peuple et la maison de votre père. Songez qu'un grand roi devient votre époux, qu'il vous tend les bras, espérant trouver en vous le bonheur de sa vie, une compagne de ses travaux, un soulagement de ses peines, une amie fidèle, en un mot une reine digne de l'être. Répondez aux bontés de l'époux respectable auquel vous allez être unie, par une attention parfaite à sa personne sacrée, une entière soumission à ses volontés, une grande douceur et toute la juste complaisance due à ses désirs. N'oubliez rien de tout ce qui peut être permis pour lui plaire [1].

L'heure du départ sonna. Dans les larmes et la tragédie. J'avais espéré garder auprès de moi deux personnes de notre entourage : Mockzinska, ma gouvernante, et mon confesseur, le père Labiszewski. Ce dernier fut seul autorisé à me suivre, après que l'on ait tout refusé en bloc. Je devais oublier mon enfance et ne pas encombrer de Jésuites polonais une Cour qui se méfiait de la puissance montante de cet ordre au moment où des querelles de religion la perturbaient. Mon père sut plaider ma cause et vaincre les réticences, expliquant que je n'étais ni bigote, ni dévote, comme le répandait la rumeur, mais tout simplement une chrétienne fervente dont la conscience éprouvait souvent le besoin d'être éclairée. Avant la dernière étreinte, il eut le temps de me confier :

– La religion, dont ce royaume est le principal appui, vous regardera comme une puissante protectrice. N'ayez rien à cœur que d'en maintenir les

1. Authentique. Extrait des recommandations du roi Stanislas.

droits et la pureté. Évitez les nouveautés en fait de doctrine, comme le piège le plus funeste qu'on puisse tendre à l'innocence. Soyez simple dans votre foi et corrigez les mœurs par vos bons exemples. Fuyez comme la mort toutes les discussions critiques et curieuses sur ce sujet [1].

Je fis mes adieux à notre Cour. J'embrassai ma grand-mère et me serrai une dernière fois dans les bras de ma mère.

– Souvenez-vous, me dit-elle, de ceux qui vous ont donné le jour et l'éducation, ainsi que des sujets qui nous ont été fidèles au cours de nos adversités. Le nombre n'en est pas assez grand pour que vous les perdiez de vue.

Tous mes gens avaient pris place dans la longue procession de carrosses, berlines et fourgons. Il ne manquait plus que moi pour donner le signal. Le chevalier d'honneur et le premier écuyer s'étaient figés près de ma voiture, la première de la file et la plus imposante, tirée à huit chevaux. Sur le marchepied, je me retournai et regardai une fois encore les visages noyés de larmes que je garderai gravés dans mon cœur. Je m'installai sur la banquette et le cortège s'ébranla. Mon père courut vers moi pour me dire :

– Soyez heureuse, Marychna. Vous partez chez un grand roi.

Il m'était douloureux de m'arracher à mon passé. Certes, je n'avais eu ni confort ni fortune, mais un bien autrement plus estimable : l'amour de mes

1. Autre extrait des recommandations du roi de Pologne à sa fille.

parents. Au bout du long parcours à travers un pays qui m'était inconnu, comment serait Louis ? Saurait-il aimer ? Je réalisai soudain que j'ignorais presque tout de celui qui m'attendait dans le plus prestigieux palais du monde.

IV

On m'avait dit que la France était belle. En cette première journée de voyage, elle ne m'inspira aucune curiosité. Mon cœur lourd s'attardait en Alsace et ma mémoire rassemblait ce que je ne voulais pas oublier de ces années modestes, frappées du sceau de l'infortune. Aucune gloire ne me les ferait renier, car elles m'avaient enseigné la juste valeur des choses et leur relativité. J'essayais surtout de comprendre pourquoi Dieu m'avait catapultée sur un trône aussi brillant auquel je n'avais pas été préparée. Qu'attendait-Il de moi dans cette Cour vouée aux plaisirs et aux perversités ? J'entrevoyais déjà les luttes de mon amour-propre contre l'orgueil et la vanité, défauts principaux des gens de ma race. Les Slaves ont un sang fier qui, s'il n'est pas maîtrisé, les mène aux pires folies. Alors, qu'adviendrait-il de moi si, par malheur, je ne plaisais pas au roi ? Les dames de ma suite m'enlevaient toute certitude. Elles avaient une aisance et une légèreté que je leur enviais. Elles savaient se mettre à leur avantage et jouer de leurs charmes, mais la futilité de leurs propos finissait par me lasser. Si c'était là ce que Louis espérait trouver en moi… L'angoisse me coupait le souffle, et je me penchais à la portière pour ne plus les entendre.

Sous le ciel gris, chargé de nuages prêts à éclater, la campagne se désolait. Des pluies diluviennes avaient noyé les champs et les vergers. L'été pourri avait anéanti les récoltes. Oubliant la misère qui marquerait leur hiver, les paysans accouraient vers le cortège en brandissant des banderoles et s'agenouillaient au bord de la route transformée en bourbier. Ils me saluaient en chantant des cantiques et s'écriaient :

« Notre malheur
Par cette heureuse hyménée
Notre malheur
Changera bientôt de couleur.
Et même aussi dès cette année
Il s'en ira en fumée. »

La reine qui leur venait de l'est, là où le soleil se lève, leur apportait l'espoir. Que n'étais-je une fée, ou une sainte, pour changer d'un geste ou d'un mot leur triste sort ? Je n'avais auprès de moi qu'une cassette remplie d'écus que Melle de Clermont m'avait remise au moment du départ en me disant :

– Le roi connaît votre générosité et vous en offre les moyens.

Sans hésiter, j'y plongeai la main et jetai des poignées de pièces. J'avais fait le bien quand je n'avais rien. Si Dieu soudain me comblait de richesses, n'était-ce pas pour donner sans compter ? Ainsi ma vie retrouvait un sens, la logique de son cours. Derrière les privilégiés de la Cour, il y avait le peuple de France qui avait besoin d'un secours. Cette pensée me fit chaud à l'âme et m'emplit d'une sérénité qui chassait tous les doutes. Non, je ne serai pas une reine-potiche, une reine-objet qui se laisse aduler, mais une reine utile, aidant le roi à faire le bonheur de ses sujets.

A deux lieues de Saverne, notre prochaine étape, un cavalier sortit d'une forêt et fonça sur mon carrosse, mettant en émoi les gardes de l'escorte. Le duc de Noailles, inquiet, vint à ma portière, et je le rassurai. Au premier coup d'œil, j'avais reconnu la silhouette de mon père et son galop à nul autre pareil. Cette apparition inattendue me fit craindre un malheur, mais c'est en riant qu'il me serra dans ses bras.

– Mon cœur saignait de vous voir en pleurs, Marychna. Je n'ai pu résister au désir de vous réconforter une fois encore.

L'espace d'un instant, il n'y eut plus de reine, mais une enfant émue retrouvant celui qui l'avait toujours protégée.

– Vous auriez pu vous tuer, mon papa [1]. Et j'en serais morte de douleur.

– Allons, ma fille, qu'est-ce que huit lieues à toutes brides pour le guerrier qui a traversé le quart

1. C'est ainsi que Marie appela son père jusqu'à sa mort.

de l'Asie à la barbe des Cosaques et des troupes d'Auguste !

Il avait senti mon désarroi et m'apportait, par sa présence, la chaleur de son amour.

– Je voulais surtout réparer un oubli, ajouta-t-il. Il me reste à vous rappeler une règle qui, pour vous, doit être la première : Évitez, autant que vous le pourrez, d'entrer dans les affaires du gouvernement. Ne vous en mêlez jamais, sauf si vous avez à défendre la religion, la charité ou la justice [1].

Du revers de sa manche, il tira une feuille de parchemin soigneusement pliée.

– J'ai consigné par écrit toutes mes recommandations. Gardez-les précieusement et relisez-les souvent. Je vous ai souligné les pièges de cette Cour où règnent le caprice et l'intérêt. N'ayez ni favorite ni confidente. Écoutez cependant les bons conseils, et songez que la voix du peuple est la voix de Dieu.

L'ancien roi élu ne parlait pas à la légère. Je regardais le paysage en soupirant :

– Aujourd'hui même, j'ai vu la souffrance, et je n'ose me réjouir du bonheur qui m'attend.

– Jugez de tout sans passion, Marychna, et soutenez le mérite par les récompenses. Mais souvenez-vous que trop de bonté autorise le crime. Quant à la générosité, poussée à l'excès, elle devient profusion et s'attire le mépris. Voilà bien les deux seuls vices que je vous connaisse, ma fille, et qu'il vous faudra contrôler.

– Puisque vous me le demandez, je vous promets d'y veiller.

---

1. Autre extrait des recommandations du roi de Pologne à sa fille.

Dans son palais de Saverne, le cardinal de Rohan nous reçut avec magnificence. Les liens de l'amitié et de l'affection primèrent sur l'étiquette, et les gens de ma suite s'effacèrent pour me laisser seule en compagnie de mon père qui me comblait d'une tendresse dont je serai privée pour un long temps. Au matin, il suivit le cortège et caracola près de ma portière comme l'un de mes gentilshommes. Et puis je ne le vis plus. Il s'était esquivé sans rien dire afin de ne pas me voir pleurer, emportant son chagrin derrière les rideaux de brume qui annonçaient la pluie.

Le voyage se poursuivit dans les cahots sur des chemins défoncés. Nous avancions lentement, et j'étais lasse d'être secouée. Pour me distraire, les villages et les bourgs alignaient leurs fanfares et leurs arches de verdure, tandis que les places fortes m'ouvraient leurs portes au son du canon. Les villes pavoisées m'offraient leur hospitalité ponctuée de harangues et de banquets. Je saluais de la main, je souriais et je remerciais, touchée au cœur d'être ainsi fêtée par le peuple de France qui manifestait un tel enthousiasme à mon égard. Partout on me portait aux nues et je m'empressai d'écrire à mon père :

« Je voyage dans le royaume des fées, et je suis sous leur empire magique. Je subis à chaque instant des métamorphoses plus brillantes les unes que les autres. Ici, j'ai les vertus d'un ange ; là, ma vue fait les bienheureux ; hier, j'étais la merveille du monde ; aujourd'hui, je suis l'astre aux bénignes influences. Chacun fait de son mieux pour me diviniser, et sans doute que demain je serai placée au-dessus des immortels. Pour faire cesser le prestige, je me mets la main sur la tête et aussitôt je retrouve celle que vous aimez et qui vous aime tendrement. [1] »

L'accueil de Metz surpassa tous les autres. J'y arrivai de nuit, et mon cortège, qui mesurait une lieue, entra dans la ville à la lueur de mille flambeaux, salué par des salves d'artillerie et les carillons de tous les clochers. La pluie soudain avait cessé. Une population dense encombrait les rues pavoisées, mêlant ses acclamations aux sonneries des trompettes, fifres et tambours, jusqu'à la cathédrale bruissante de monde où, le corps moulu de fatigue, je dus entendre un Te Deum pompeux avant de pouvoir enfin me reposer. Les festivités furent nombreuses. Deux longues journées à écouter les discours interminables du Parlement, des juridictions, des corps constitués, en m'efforçant d'avoir le mot juste, le geste gracieux et le sourire aimable. Je découvrais par l'expérience que l'état de reine exigeait une pratique rigoureuse à laquelle je devrais m'exercer avec minutie. Metz répétait les cérémonies de Strasbourg avec festins et feux d'artifice, et je m'y serais ennuyée s'il n'y avait eu le spectacle insolite que m'offrit la communauté hébraïque. Elle vint me surprendre sous mes fenêtres avec une cavalcade étincelante de cent cinquante cavaliers vêtus de velours noir et de vestes orientales brodées d'or et d'argent. Il y eut des danses, un concert de violons, et les compliments du rabbin qui voyait en moi la force de Judith et les charmes d'Esther. Sur un ton inspiré, il conclut en disant :

---

1. Authentique.

– Vous êtes la reine de Saba se rendant chez Salomon.

Ce soir-là, comme la sultane orientale, je rêvais d'amour, et non de ruse, lorsqu'on m'annonça le marquis de Maillebois, maître de la garde-robe du roi. Il arrivait tout droit de Fontainebleau et me remit en grande cérémonie une lettre de Louis. L'émotion me fit rougir et je le congédiai d'un mot poli. Je voulais être seule pour lire le premier billet que m'envoyait mon mari :

« La nouvelle que je viens d'apprendre, Madame, de la célébration de mon mariage est la plus agréable pour moi que j'ai encore reçue depuis que je règne. L'empressement que j'ai de recevoir Votre Majesté répond parfaitement à tout ce que je me promets du lien que je forme avec elle. Soyez sûre, Madame, que je ne chercherai jamais mon bonheur que dans le plaisir que je prendrai toujours à faire le vôtre. Je compte tous les moments de votre arrivée auprès de moi, et j'attends Votre Majesté pour partager avec elle la joie de mes peuples qui jugeront, par le choix que j'ai fait, du désir que j'ai de les rendre heureux. [1] »

La missive était datée du 19 août, et nous étions le 23. Près de mille fois je relus ces quelques lignes. J'en pleurais de bonheur et mon cœur se déchaînait. Moi aussi je comptais les jours et j'avais hâte de le voir. Je dormis peu cette nuit-là. J'imaginais une voix douce répétant des mots tendres qui me berçaient. Au matin, toutes affaires cessantes, je pris ma plume et répondis au roi de France en l'assurant de mes

1. Authentique. Archives Nationales.

sentiments impatients. Le marquis de Maillebois éperonna son coursier et disparut dans les geysers de boue qui l'accompagnaient. Je le suivis des yeux aussi longtemps que je le pus. Avec lui s'en allait une partie de moi-même, vers celui qui mobilisait mes pensées et s'emparait peu à peu de mon âme.

Le cœur dolent, je retrouvai mon carrosse, les secousses, les ornières et la boue sous une pluie qui n'en finissait pas de nous tremper. Des fourgons s'embourbaient, ralentissant notre marche. Je soupirais et me languissais. Dans les villes et bourgades, cependant, je retrouvais le sourire et faisais bonne figure. Verdun, Sainte-Menehould et Reims où m'attendait une autre surprise. Certes, je ne manquais pas la cathédrale où, depuis Clovis, de nombreux rois de France avaient été sacrés, et me fis raconter dans le détail ce qui s'était passé pour Louis. Fille d'un roi élu par une Diète, et qui avait reçu sa couronne au cours d'une messe solennelle dans la cathédrale de Varsovie, je voulais connaître les symboles qui distinguaient le « monarque de droit divin » qu'était mon époux. Et je fus impressionnée d'apprendre tous les rites chargés de sens mystique auxquels il s'était plié. Dans la lueur de la Sainte Ampoule, sept onctions au Saint Chrême avaient fait de lui « l'Oint du Seigneur », le roi que Dieu donnait à la France. Tout comme David, premier roi d'Israël, que l'huile sacrée versée sur lui par le Grand Prêtre Melchisédech avait sanctifié. Il avait ceint la couronne et l'épée de Charlemagne ; il avait reçu la Main de Justice, le Sceptre, les Éperons. Il avait ensuite prêté serment en latin, les deux mains posées sur les Évangiles, promettant à son peuple, au nom de Jésus-Christ, d'assurer la paix et le respect de la religion, d'empêcher toutes rapines et de faire observer la justice dans les jugements. « *Vivat Rex in aeternum !* » avait alors clamé l'assemblée du clergé et des princes, et l'ovation avait été reprise par la foule immense qui piétinait au-dehors.

Ainsi s'était déroulée la cérémonie, trois ans plus tôt, tandis que je m'étais recueillie dans l'église de Wissembourg, en communion avec les habitants de France, et qu'un trouble bien singulier m'avait émue aux larmes. Intimidée au plus haut point par tout ce que je venais d'entendre, je m'agenouillai dans le chœur, à l'endroit même où s'était dressée l'estrade sur laquelle s'était tenu le jeune roi âgé de douze ans, et je m'isolai dans une prière fervente pour ce « Fils aîné de l'Église » dont j'allais partager le destin. Le doute, une fois de plus, obscurcit mes pensées. Décoré de tous ses titres glorieux, quel homme serait Louis ? Dans la ville, on se souvenait de son sérieux et de sa dignité le jour du sacre, mais on ajoutait sur un ton vibrant d'affection :

– Dans ses habits de novice, il ressemblait à l'Amour !

Louis… Amour… Mon cœur en haleine échafaudait une belle romance, tandis que délégations et corporations déclamaient leurs épithalames et me présentaient fièrement du vin de champagne, des confitures sèches et autres produits de leur terroir que je promettais de goûter. J'étais lasse et sur le point de bâiller lorsque le duc de Mortemart, premier gentilhomme de la Chambre, fit irruption, bousculant l'ordre des choses. Venu de Fontainebleau en grand équipage, il m'apportait un billet cacheté du sceau royal et un paquet enrubanné.

– Donnez, Monsieur, dis-je en rougissant de plaisir. Je brûle de curiosité.

D'un geste rapide, je déchirai les papiers et découvris soudain le portrait de Louis dans un cadre serti de diamants. La surprise fut si forte que je restai sans voix. L'Amour était là devant moi, plus beau que je ne l'avais imaginé, un prince de contes aux cheveux d'or dont le sourire m'ensorcelait. La missive était brève. Quelques mots ardents traduisaient une impatience égale à la mienne. Un flot de bonheur embua mes yeux, et je serrai sur mon cœur le visage que j'allais tant aimer.

Nous étions à la fin d'août et le cortège reprit sa route en direction de Châlons. La distance s'écourtait entre Louis et moi, mais le mauvais temps s'aggravait, multipliant les obstacles et les difficultés. Des pluies torrentielles avaient transformé les chemins en cloaques. Les fourgons s'enlisaient, des voitures se renversaient, et l'on ne comptait plus les essieux brisés. Après Vertus, je crus mourir. Une chaleur lourde et moite nous étouffait et je descendis de carrosse, espérant trouver un peu d'air à respirer. Mais un ciel de plomb pesait sur nous, des nuages si épais et si bas qu'on les eût percés à coups de pistolet. Je marchai un moment pour me détendre et me donner l'impression d'avancer plus vite. Et soudain ce fut la tempête avec les fracas du tonnerre et de longs éclairs qui lézardaient les nuées de leurs tentacules de feu. Je me réfugiai dans mon carrosse en pensant que la fin du monde arrivait et que je ne rencontrerais jamais le roi mon époux. Mais tout finit par s'arranger. La pluie cessa et j'entrai dans Sézanne, entourée d'une suite crottée jusqu'aux yeux.

Un rayon de soleil m'y accueillit en la personne du prince de Conti, premier page du roi, qui s'avança vers moi et m'offrit un splendide bouquet que m'envoyait Louis. Dans les fleurs se cachaient des billets doux, et je m'endormis ce soir-là, fourbue, rompue, moulue, et pourtant la plus heureuse des femmes au monde. L'Amour m'annonçait qu'il viendrait à ma rencontre le 4 septembre dans la forêt de Moret. Nous étions le 1er. Je n'avais plus longtemps à attendre et mon cœur s'enivrait de cette pensée.

Je n'étais pas au bout de mes peines cependant. Si le ciel sembla s'éclaircir au-dessus de Provins, ramenant parmi nous l'enthousiasme et la bonne humeur, après la traversée de la ville, le jour suivant, un véritable déluge s'abattit sur la campagne, et tous les carrosses s'embourbèrent à la fois. Ce fut alors une immense cacophonie. Les montures s'emballèrent. Les dames de ma suite, poussant des cris affolés, s'enfuirent de leurs voitures en relevant leurs robes de cour, et s'enlisèrent à leur tour. Charretiers et palefreniers coururent à leur secours et les emportèrent dans leurs bras pour les mettre en travers des chevaux de harnais, puis dans les fourgons où des bottes de paille leur servirent de coussins.

Pendant ce temps, sous les regards terrifiés de mes gens impuissants, mon carrosse trop lourd s'enfonçait dans l'eau boueuse d'une mare, et j'aurais péri noyée si des paysans bâtis comme des colosses n'étaient venus me dégager. Ils me déposèrent dans la berline de ma surintendante, une voiture plus légère dans laquelle je retrouvai ma dame d'honneur ainsi que ma dame d'atour. On s'occupa de moi et Melle de Clermont m'annonça :

– Monsieur le Duc vous attend à Montereau, Madame. Nous l'avons fait prévenir. Il va nous envoyer des chaises de poste, des lanternes et des flambeaux. Des vivres s'il le faut.

L'interminable cortège était paralysé, à demi englouti au milieu des champs inondés. Le jour baissait et nous grelottions dans nos vêtements mouillés. Nous étions dans un triste état, mais trouvions encore l'esprit d'en rire. Les fuites éperdues de ma jeunesse m'avaient accoutumée à des situations plus tragiques, et je déclarai sur un ton amusé :

– Je croyais assister à l'enlèvement des Sabines.

– Si Don Quichotte était passé par là, intervint ma voisine, il aurait trucidé tous les fourgonniers en les traitant de ravisseurs, djinns et autre mauvaise engeance.

On rappela quelques détails piquants, et j'eus l'idée de fixer pour la postérité cette mémorable journée.

– J'en commanderai le tableau à Monsieur Gobert, dis-je.

Melle de Clermont suggéra que pour ce genre de « Pastorale », Monsieur Lancret serait plus approprié. Les mérites de l'un et l'autre peintre animèrent la conversation tandis que la berline, tirée par des chevaux supplémentaires, se frayait un chemin. A onze heures de la nuit, nous arrivions enfin à Montereau et je rencontrai celui que mon père avait espéré me faire épouser. Je réprimai du mieux que je pus un sentiment de malaise voisin du dégoût. Monsieur le Duc était borgne. Un accident de chasse, m'expliquera Melle de Clermont. Je le trouvai d'une laideur sinistre, maigre, haut sur jambes et la mine dure. Mon père savait-il qu'il s'était choisi pour futur gendre un cyclope monté sur des pattes de héron ?

Derrière mes sourires de convenance, je frémissais d'horreur et remerciais le Ciel d'avoir si habilement détourné le cours des événements. Je ne pouvais oublier cependant que le duc de Bourbon-Condé était le Premier ministre, qu'il m'avait donnée au roi et que je lui devais mon élévation. Honnête et naïve, je répondis à ses amabilités, parlai de mon père, de Mme de Prie, et l'assurai de mon amitié, pensant que cela suffirait. Je découvrirai trois mois plus tard ce qu'était l'intrigue. Elle me fut assénée sans ménagements.

Cette nuit-là, je m'endormis avec le portrait de Louis tout près de mes lèvres et murmurai :

– A demain, Amour !

Le 4 au matin, lorsque je m'éveillai, je ne comptais plus que les heures. Le grand jour était enfin arrivé. La rencontre était prévue pour l'après-midi, et je refusai toute activité qui ne serait pas liée à ma toilette. Je voulais m'apprêter au mieux pour surprendre Louis en essayant d'être plus belle que sur la toile de Monsieur Gobert. J'avais si peur de ne pas lui plaire et de le décevoir que pour la première fois de ma vie, j'étais littéralement obnubilée par les fanfreluches, artifices et colifichets, le blanc, le rouge, chemise, jupon, quelle robe et quels souliers... J'en perdais la tête, mais Dieu me rappela à l'ordre. Avant toute chose, je dus recevoir mon Grand Aumônier venu tout spécialement pour m'être présenté et prendre sa charge.

Une fois de plus, je fus partagée entre la crainte et la curiosité. Si les propos de Mme de Prie me revenaient en mémoire et me mettaient sur mes gardes, j'attendais cette entrevue avec intérêt. Monsieur de Fleury avait été le précepteur de Louis et devait bien le connaître, ayant depuis l'enfance guidé ses lectures et ses pensées. N'avait-il pas été un père pour le petit orphelin âgé de cinq ans que le Grand Roi lui avait confié sur son lit de mort ? Je devinais l'affection qui avait pu se développer et l'inquiétude qu'il devait éprouver à mon sujet, puisque j'allais partager la vie du jeune souverain auquel tant d'années l'avaient attaché. J'avais eu la chance de grandir dans l'amour d'une famille et je comprenais ce qu'il devait ressentir. Je décidai de le rassurer et de m'en faire un ami.

Il avait l'air d'un vieil ours débonnaire avec ses gestes courts et sa silhouette ramassée. Mais le visage auréolé de cheveux blancs restait immuable et son œil aigu se vrilla dans les miens jusqu'à me transpercer. Il était toute méfiance et je devais le désarmer. J'usai de douceur et de simplicité pour le remercier de m'assister dans le respect de Dieu et de la religion. Son visage s'éclaira d'un léger sourire.

– Allons prier pour le bonheur de Vos Majestés, dit-il d'une voix feutrée.

Je suivis mon Grand Aumônier à la collégiale et assistai à la première messe de sa charge à mon service sans savoir que, durant seize longues années, il allait me tyranniser.

Pendant ce temps, une foule de dignitaires avaient empli la ville et l'air frissonnait de mille conciliabules. Nul ne voulait manquer la rencontre historique des « époux royaux » et je remarquai dans le va-et-vient des courtisans le jeune chroniqueur appelé Daudet. Il était venu de Paris avec Melle de

Clermont pour suivre mon cortège depuis Strasbourg, et nous avions échangé quelques propos au cours des multiples péripéties du voyage. L'écritoire suspendue autour de son cou, il n'en finissait pas de prendre des notes, et son souci du détail m'amusait. J'écartai les Gardes de la manche qui me serraient de près et lui permis de m'approcher, curieuse de savoir où en était le grand récit qu'il préparait.

– Ma chère reine, j'en ai fait imprimer trois cents exemplaires, et vous donnerai le numéro 1.

– N'oubliez pas de terminer sur l'apothéose du mariage à Fontainebleau.

– Il emplira un deuxième tome, Majesté, et, ne vous en déplaise, je ne vous lâcherai pas d'une semelle.

Je l'abandonnai à sa désinvolture pour m'en aller dîner en hâte et changer d'atours. Il ne me restait plus beaucoup de temps avant le départ. Mais chacune de mes dames assuma son rôle et tout fut parfaitement ordonné dans le déroulement de ma toilette. Il avait été décidé que je me présenterais en mariée devant le roi et l'on m'habilla de la robe de brocart d'argent que je portais à Strasbourg. La duchesse de Boufflers, ma dame d'honneur, fixa sur mes cheveux, comme l'avait fait ma mère, la longue mantille en dentelle d'argent, et je me parai de tous les diamants que j'avais reçus de Louis : collier, bague, pendants d'oreilles et bracelets. N'était-ce pas trop ? La dame d'honneur me répondit sèchement :

– Vous offenseriez Sa Majesté en ne les portant pas.

J'étais si nerveuse que je pâlissais, puis rougissais, et ne savais plus si je devais mettre un peu de blanc ou beaucoup de rouge. Tout le monde parlait à la fois et je n'entendais plus rien. Une peur terrible s'emparait de moi et ma tête bourdonnait comme dans le pétrin qui m'avait sauvée des sabres effilés des Cosaques. Oui, j'avais peur de rencontrer le roi de France et de le décevoir. J'avais peur surtout d'être laide et de le laisser indifférent. Joignant mes mains, j'implorai le Seigneur. Le calme revint dans mon cœur et je décidai d'être moi-même en toute simplicité.

A la sortie de Montereau, mon carrosse s'enlisa de nouveau dans le sol détrempé. Cette fois, je fus au désespoir. Les mauvais génies de la forêt s'étaient-ils conjurés pour me ridiculiser ? Jamais, au grand jamais, je n'oserais me présenter dans une robe maculée de boue. J'entendais déjà les moqueries de la Cour, et voyais la réprobation de Louis dans un regard furieux me poignardant de honte... Le duc de Noailles hurla soudain que le roi n'était qu'à une lieue. De tous côtés, les hommes s'agitèrent en vociférant. Trente chevaux de harnais furent attachés en divers points de l'attelage, et j'appelai Dieu à mon secours, Le suppliant d'ouvrir devant moi la mer Rouge et de me conduire à ma terre promise.

Le carrosse s'ébranla et je fermai les yeux. Pas de larmes, pas de crainte ! Mais comment être calme lorsque je vis la campagne couverte de monde. Des paysans endimanchés accouraient de partout. Au lieu dit Froidefontaine, ils se pressaient au bord de la route et sur les branches des arbres. Ils dansaient dans la prairie au son des violons et des tambourins, jetant à tous les échos le nom du roi et le mien. Un rayon de soleil déchira les nuages. Un arc-en-ciel surgit à l'horizon, et j'aperçus alors sur le sommet de la colline une calèche immobile entourée de cavaliers. A son bord, les plumes d'un chapeau ondulaient dans le vent léger. Louis était là.

L'instant d'après, une longue cohorte dévalait la pente et s'arrêtait à quelques mètres de mon carrosse. Un chemin de tapis magnifiques nous reliait, et je ne voyais que le carreau de velours bleu fleurdelisé sur lequel, selon l'étiquette, je devais m'agenouiller en m'inclinant devant le roi, mon époux. Mon cœur battait à se rompre et ma tête s'embrouillait, mais je gardai contenance. De l'impression ressentie en ce moment pouvait dépendre notre avenir.

Intimidée à en mourir, je m'avançai dignement, les yeux baissés, ne regardant que le bout de mes souliers. Je touchai le coussin et mis un genou en terre. Deux mains sur mes épaules me relevèrent aussitôt, et je fus dans les bras de Louis, le nez sur sa poitrine. Il était si grand qu'il dut se pencher pour m'embrasser, ce qu'il fit avec effusion, sur les deux joues. Je vis alors son visage aux traits délicats, ses cheveux d'or bouclés jusqu'au creux des reins et ses yeux bruns au regard si doux qui me contemplaient avec ravissement.

– Vous voilà enfin, Madame. J'ai cru que vous n'arriveriez jamais. Je suis désolé de toutes les fatigues que vous avez endurées.

– Ce n'était rien, Sire. Le bonheur de cet instant me les fait oublier.

Il me parla encore de ses inquiétudes au sujet de mon voyage et de son impatience à me connaître. Avec une élégance et une prestance qui me subjuguèrent, il me présenta les princes et princesses du sang qui l'avaient accompagné depuis Fontainebleau, et me donna la main pour me ramener à mon carrosse où il prit place à côté de moi. En grande pompe, au son des trompettes et des tambours, Cent-Suisses et mousquetaires noirs en tête, et sous un lâcher de fauconnerie, le cortège suivit la route de Moret. Je devais y passer la nuit, tandis que Louis s'en retournerait à Fontainebleau où se préparaient le mariage et les festivités.

J'allais de surprise en surprise. Ce roi que l'on disait distant, hautain et peu communicatif, était bavard comme une pie. Je remarquai son intelligence, sa finesse et fus étonnée par son érudition. A ses questions, je répondis avec naturel et il me complimenta sur mon français, ajoutant que ma légère pointe d'accent le charmait. Et je l'écoutai sans me lasser, ensorcelée par sa voix un peu cassée qui mettait ma chair en émoi. Et lorsqu'il posa sa main sur la mienne, mon corps tout entier frissonna. Les secousses du carrosse me confirmèrent que je ne rêvais pas. Je levai les yeux vers lui. Il me regardait, et son visage s'illuminait d'un sourire merveilleux. Une lame de feu brûla mon cœur, et je compris que mon bonheur désormais serait de voir Louis aussi rayonnant qu'en cet instant.

Au château de Moret, il voulut rester seul avec moi dans mes appartements. Il m'entretint longuement de sa vie de roi et de celle qui m'attendait à ses côtés. Avant de prendre congé, il me serra dans ses bras en disant :

– Vous me plaisez, Madame, infiniment.

– Oumilovany, murmurai-je en me pressant contre lui.

Devant son air surpris, je lui expliquai que ce mot avait une signification tendre dans la langue de mon pays. Par pudeur, je n'osai lui avouer la traduction exacte, « mon cher amour », qui était le fond de ma pensée. Il prit ma main et la baisa en chuchotant :

– Venez vite, Marychna. Ne tardez pas.

Il se retourna et s'en alla, me laissant muette d'étonnement. Comment connaissait-il ce prénom familier que me donnait mon père ? Je m'effondrai dans un fauteuil en pleurant de bonheur. Il m'aimait, et j'étais folle de lui.

V

Le soleil montait sur l'horizon lorsque je sortis de Moret, entourée d'une escorte que le roi avait doublée. Je m'étais levée en hâte et n'avais revêtu qu'un grand négligé de satin fourré de soie et bordé de cygne sur une chemise aussi légère que la brise. Cheveux lâchés, tout juste brossés, j'avais rejoint mon carrosse dans l'air vif du petit matin. Le ciel était d'un bleu limpide et la campagne, nettoyée de frais par les orages, scintillait de tous ses verts et de mille autres couleurs. Je louai le Créateur pour tant de beauté, et Le remerciai de ce jour qui changeait définitivement ma vie en me conduisant dans les bras de Louis.

Tout au long du trajet, Melle de Clermont m'expliqua le déroulement des cérémonies, l'étiquette particulière des mariages royaux, et me rappela les ordres de préséance dus aux plus titrés de la Cour.

Règles strictes, imposées par le Grand Roi, auxquelles le jeune souverain se pliait, respectueux en tous points des volontés de son bisaïeul et de la tradition monarchique sur le trône de France. La surintendante se pencha soudain vers moi avec un sourire amusé :

– Savez-vous, Madame, que vous avez un pouvoir sur Sa Majesté ? Nous ne le reconnaissons plus. Vous l'avez transformé.

– Retirez ces flatteries, répondis-je en rougissant. Je ne veux les entendre.

– Je vous révèle ce que ses plus proches et bien d'autres ont constaté. Notre statue couronnée s'est animée. Je ne sais ce qui l'a le plus ému dans votre personne. Toujours est-il qu'il est amoureux. Et cela ne fait aucun doute.

Malgré la terrible envie que j'avais d'entendre d'autres confidences, je préférai m'en tenir aux conseils de méfiance de mon père, ne sachant pas encore si je devais ranger cette noble dame parmi les pestes de Cour qu'il me faudrait éviter. L'imposant château surgit devant nous et le cortège entra dans la cour du « Cheval blanc ». Dans le bruit assourdissant que faisaient les cavaliers de l'escorte et le roulement des voitures, j'admirai la façade avec ses tours, ses fenêtres à meneaux et le bel escalier du Fer à cheval au bas duquel on m'arrêta. Je sortis du carrosse, et réalisai que ma tenue d'alcôve avait quelque chose d'incongru dans la magnificence d'un tel décor. Je me sentais presque nue avec ce négligé ourlé de cygne que j'enroulai autour de moi d'un geste pudique en jetant un regard inquiet vers l'aile qui me surplombait sur ma droite. Je vis alors le visage de

Louis derrière une vitre. Il m'observait à la dérobée et semblait se divertir de mes timidités embarrassées. Ses beaux cheveux d'or brillaient comme un soleil. De la main il me fit un signe tendre et ses lèvres articulèrent un mot en silence. Je suivis leur mouvement et devinai qu'elles disaient :

– Marychna !

Je lui répondis d'un sourire espiègle en agitant discrètement deux doigts. Le chevalier d'honneur et le premier écuyer, déjà, m'encadraient, ainsi que les dames de ma suite qui m'emmenèrent vers mes appartements situés au premier étage. Le geste de Louis m'avait rendu mon assurance et je pus affronter, comme si je l'avais fait depuis ma naissance, la foule de princes et princesses du sang, dames titrées et dignitaires qui avaient le privilège d'assister à ma toilette. Ils m'attendaient en habit d'apparat et piétinaient d'impatience. Comme des automates bien réglés, ils s'inclinèrent d'un même mouvement, dans une révérence profonde à laquelle je commençais à m'accoutumer. Dès cet instant, je n'eus plus une seconde à moi. La grande horloge de l'étiquette comptait inexorablement les minutes et je devais m'y conformer, le premier devoir d'une reine, ainsi que d'un roi, étant l'exactitude.

Mais Louis sema le trouble en débarquant par surprise dans la ruche enfiévrée. En long manteau de chambre jeté sur ses vêtements de nuit, il s'inclina sur ma main qu'il effleura de ses lèvres et s'installa près de moi, tandis qu'un Figaro expérimenté s'emparait de mes cheveux et les ordonnait en grandes boucles à l'aide de petits fers chauffés. Élégant et souverain, il badina un long moment, sans rien perdre des opérations qu'il suivait d'un air curieux, puis se leva en déclarant qu'il devait, lui aussi, prendre le temps de s'habiller. Le regard qu'il posa sur moi me pénétra jusqu'à l'âme. Un regard qui m'enveloppait de son désir et déjà me possédait. L'émotion me fit rougir, et Melle de Clermont me susurra derrière son éventail :

– Cette fois, la chose est claire, le roi est très amoureux. Soyez heureuse, Madame, et n'ayez pas de crainte.

Je n'en avais aucune. J'étais même étonnée de constater avec quelle facilité je m'adaptais à ma nouvelle situation. Je n'avais qu'à me laisser rafraîchir, parfumer, pommader, poudrer. La surintendante dirigeait le ballet qu'exécutaient les douze dames du palais assistées d'autant de caméristes. Chemise, bas, jarretières et jupons passèrent de main en main avant de m'être ajustés. Puis ce fut la jupe de velours violet, bordée d'hermine et semée de fleurs de lis brodées au fil d'or. J'enfilai ensuite le corps de même étoffe qui complétait le costume. Le devant était constellé de pierreries, et sur les manches étaient des agrafes en diamant. Dans le miroir, je me trouvai grande allure. C'est alors que Monsieur le Duc vint me saluer, suivi du garde du Trésor royal qui déposa sur la table de toilette deux bourses emplies de pièces d'or. Le duc de Mortemart lui emboîta le pas, ayant auprès de lui l'intendant de l'argenterie et des Menus Plaisirs qui me présenta, sur un carreau de velours, la couronne de diamants fermée d'une double fleur de lis.

– De la part de Sa Majesté, déclara-t-il.

J'entendis l'admiration de l'assistance lorsque le Figaro empressé fixa sur l'édifice de mes cheveux le joyau splendide et impressionnant qui avait coiffé les reines de France avant moi. Et tout le monde recula pour laisser passer le manteau royal en velours violet fleurdelisé qui fut posé sur mes épaules. Il était doublé d'hermine, mesurait neuf aunes de long, et trois princesses du sang avaient été désignées pour en tenir la queue. Melle de Clermont n'en finissait pas de sortir sa montre. Des cliquetis et des bruits de bottes emplissaient les couloirs. L'heure approchait de se mettre en route pour la cérémonie. J'étais prête enfin, et jetai un dernier coup d'œil dans le miroir, regrettant que mes parents ne pussent me voir dans ma gloire nouvelle. Strasbourg n'était rien, comparé à toutes les somptuosités dont j'étais comblée.

La couronne pesait sur ma tête, et le manteau sur mes épaules. Entre mon chevalier d'honneur et mon premier écuyer, je trouvai aisément la cadence dù pas lent et mesuré qui convient à la majesté royale. Louis m'attendait dans son grand cabinet, plus radieux que jamais, en habit de brocart d'or boutonné de pierreries, et manteau en point d'Espagne d'or avec collet. Il portait le cordon bleu et le collier de ses ordres ainsi qu'une parure de diamants parmi lesquels on reconnaissait le « Sancy ». Sur le bord relevé de son chapeau, qu'ornait un bouquet de plumes blanches, brillait le « Régent ». Il était vraiment l'Amour, mon prince de contes aux cheveux d'or, le plus bel homme du royaume. J'étais éblouie et ne pus cacher mon admiration. Lut-il dans mon regard l'approbation qu'il recherchait ? Je vis dans le sien que je le surprenais aussi et qu'il me trouvait assez de prestance et de grandeur dans mes atours de reine.

Une horloge en vermeil sonna la demie de midi, et la musique de la Chambre donna le signal. Au son des trompettes, fifres, tambours et hautbois, les Cent-Suisses en tête brandissant leurs hallebardes et leurs enseignes, le cortège se mit en marche dans la galerie François Ier que bordait une double rangée de Gardes du Corps, et je le vis défiler sous mes yeux avant d'y prendre ma place. Le grand maître des cérémonies avançait avec ses hérauts d'armes, puis venaient deux à deux les grands officiers du Saint-Esprit bardés de leur cordon, tous les chevaliers de l'ordre, les princes du sang, les Gardes de la manche du roi, ses huissiers porte-masse et le colonel des Cent-Suisses sabre au clair qui ne manqua pas de me saluer avec un respect tout particulier. Je reconnus le marquis de Courtenvaux et dissimulai ma surprise derrière un sourire poli autant que satisfait. Il ne m'avait pas oubliée, mais qu'avait-il fait naguère pour gagner la bergère que j'étais alors ?

En cet instant, mon amour-propre triompha. Louis avançait à son tour, magnifique et majestueux, entouré de ses écuyers et de gardes écossais qui portaient la pertuisane et la cotte d'armes brodée. Derrière lui étaient tous ses gentilshommes. Monsieur le Duc et le duc d'Orléans s'approchèrent et prirent place à mes côtés. Mon tour arrivait, et c'est en tenant leurs mains que je m'engageai dans l'éblouissante cohorte avec les princesses du sang qui soutenaient la queue de mon manteau et la foule de dames titrées qui me suivaient depuis le matin, coiffées en boucles et portant de longues mantes.

En entrant dans la Chapelle admirablement décorée de panneaux de velours bleu, frappés aux armes de France, j'eus un moment de nostalgie. Mes parents n'étaient pas là pour me soutenir, comme à Strasbourg, et me donner leur consentement d'une inclinaison de tête. J'étais seule, de plus une étrangère, pour traverser l'assemblée la plus persifleuse de France qui retenait son souffle et me détaillait, à l'affût du moindre sujet de raillerie. Je ne regardais que le chœur tendu de tapis de Perse d'une rare beauté dans la lumière des lustres et des girandoles, et me laissai guider vers le dais de velours qui surplombait nos deux fauteuils et nos prie-Dieu montés sur une estrade habillée de pourpre fleurdelisée. Devant les marches, je m'arrêtai un instant. Le bout de mon manteau était encore à la porte. Mon horrible timidité commençait à me paralyser ; mais la main de Louis s'offrit à la mienne pour m'aider à monter vers lui, et je vis dans ses yeux un trouble bien particulier. Notre union se présentait sous les meilleurs auspices. Il ne restait plus qu'à demander la protection du Seigneur et sa consécration.

Le cardinal de Rohan, vêtu d'habits pontificaux, sortit de la sacristie entouré d'évêques et de prêtres. Selon la tradition, nous dûmes descendre vers l'autel garni de cierges immenses et de fines dentelles afin d'entendre son homélie, à genoux sur un carreau de velours. En sa qualité de Grand Aumônier de France, il loua les mérites du Grand Roi et s'adressa directement à Louis en disant :

– Il ne manquait à votre bonheur, Sire, qu'une épouse digne de vous, et il n'appartenait qu'à Dieu de vous la donner. Les honneurs et les richesses, selon l'expression de l'Écriture, viennent par succession, mais une femme prudente et sage est un don spécial du Seigneur. Vous la Lui avez demandée, Sire, dans des sentiments de foi et de piété. Vos vœux ont été exaucés. Dieu vous a envoyé une princesse qu'Il a formée selon son cœur... Elle augmentera votre bonheur par le plaisir que vous aurez de le partager avec elle, sa piété animera la vôtre, et dans vos peines, elle sera votre consolation. Répondez, Sire, aux desseins de Dieu sur vous, qu'un amour également chrétien et solide vous tienne tendrement et inviolablement attaché à une épouse qui doit réunir et fixer vos inclinations [1].

Le prélat observa une pause et se tourna vers moi :

– Et vous, Madame, plus sensible au choix du monarque qu'à l'éclat de la couronne, regardez votre auguste époux, contemplez les grâces qui l'accompagnent et la gloire qui l'environne, et reconnaissez par vous-même que ce que l'on a pu dire est au-dessous de ce que vous voyez. En vous engageant son cœur et sa foi, il vous donne tout ce qu'il est. Que ne doit-il pas attendre de votre tendresse, de votre respect et de votre reconnaissance ? Puissiez-vous goûter longtemps ensemble les douceurs d'une union qui comble de joie vos sujets... Puissions-nous, pour le bonheur de la France, voir naître bientôt des princes qui seront les héritiers de vos vertus et les transmettront à une glorieuse postérité [1].

Musique céleste, vapeurs d'encens, ma vue se brouillait et les sons s'éloignaient. J'entendis cependant la question rituelle du cardinal et la réponse ferme de Louis. Je résistai au tournis qui m'emportait, afin de dire à mon tour le « Oui » qui m'enga-

1. Authentique.

geait devant Dieu et devant les hommes. Ma voix ne fut qu'un murmure, et je perdis connaissance. Était-ce l'émotion, la chaleur de l'endroit ? Tout simplement le fait que j'étais à jeun depuis la veille en prévision de l'Eucharistie que j'allais recevoir aux côtés de Louis. Elle unirait nos âmes avant que nos corps n'aient eu le temps de se découvrir dans l'intimité de la nuit. Le malaise fut bref, à peine visible. Quelques gouttes d'eau de mélisse me ranimèrent et Louis glissa à mon doigt l'anneau qui venait d'être béni avec les treize pièces d'or.

Les cérémonies de Strasbourg se répétaient. On y ajouta celle du cierge incrusté de vingt louis d'or que chacun de nous dut offrir au cardinal, après avoir baisé sa bague, en signe de soumission de notre couple à l'Église. Un peu plus tard, à la fin de la messe pontificale magnifiquement chantée par les musiciens de la Chapelle royale, Louis me donna la main et me ramena près de l'autel pour un autre rite. Tandis que nous étions agenouillés sur nos coussins de velours, un grand poêle de brocart d'argent fut étendu au-dessus de nos têtes, et ce geste symbolisait l'union fidèle sous la bénédiction du même toit.

Ces rituels et discours resteront gravés dans ma mémoire. Jamais je ne les oublierai, ce qui ne sera pas le cas de Louis. Et pourtant, à sa façon, il ne cessa de m'aimer. Avec le temps et les circonstances, un couple évolue et se transforme, mais le détachement apparent qui peu à peu se manifeste, ne traduit pas toujours la vérité profonde des liens secrets qui continuent à vivre, et que nul ne peut détruire.

Ce jour-là était celui des serments, des promesses

et de l'espoir. Quand on nous présenta les registres, je signai « Marie » à côté de « Louis », et Monsieur Couperin fit éclater le Te Deum de Monsieur de La Lande que chantait la chapelle de musique rassemblée dans la tribune. L'oraison pour le roi termina la cérémonie qui avait duré plus de quatre heures et, tandis qu'au-dehors les hérauts d'armes distribuaient des médailles d'argent, le cortège sortit de la Chapelle sur des accents triomphants à la gloire du Seigneur.

Avec la même solennité qu'au départ, je regagnai mes appartements et m'empressai d'abandonner le costume royal qui me brisait le corps et me transformait en statue. Je voulais être aussi légère que mon cœur et donner libre cours à mon bonheur. On m'habilla d'une robe de brocart vert de mer dont la jupe s'ornait de vaisseaux d'argent brodés de fleurs. Un diadème remplaça la couronne, et je gardai ma parure de diamants pour la fierté de Louis. J'avais hâte de le retrouver, de m'enivrer de sa présence et de suivre sur son visage ce que tout son être éprouvait. Je voulais son sourire qui me mettait en joie et sa main sur la mienne qui m'emplissait d'une douce chaleur. Lui aussi troqua son habit de parade avant de me rejoindre chez moi pour un dîner en « grand couvert » en compagnie des princesses de sa famille.

J'espérais un aparté, quelques mots en tête-à-tête, une étreinte rapide comme à Moret. L'étiquette, intransigeante et implacable, déroula son programme de fête sans se soucier de notre humeur ou de nos aspirations. Et je me demandais avec inquiétude s'il était permis à un couple royal d'avoir une intimité. Après le dîner, Louis eut ses obligations et j'eus les miennes. Les dames de la Cour vinrent me complimenter. Mme de Prie était du nombre et je la serrai dans mes bras. Je ne l'avais pas revue depuis Strasbourg d'où elle était partie avant le mariage par procuration. Et soudain je vis s'avancer un reflet de ma chère Pologne. Sous les traits de la duchesse de Bouillon, je reconnus Marie-Charlotte Sobieska, fille de mon parrain, le prince Jacques, et petite-fille du roi Jean III.

– Tant de liens ont uni notre Maison et la vôtre, lui dis-je en l'embrassant. Je ne manquerai pas de vous exprimer plus vivement mon amitié.

A chacune d'entre elles, j'offris, comme le voulait la tradition, les bijoux de ma « corbeille ». C'était bien la première fois de ma vie que je pouvais faire des présents. Une deuxième distribution, le lendemain, m'apporta plus de satisfaction lorsque ce fut au tour des serviteurs de venir en foule afin de recevoir de mes mains un souvenir précieux de la mémorable journée.

Celle-ci était loin d'être terminée. A la fin de l'après-midi, il y eut un spectacle de comédie. On joua du Molière : l'*Amphitryon* et *Le Médecin malgré lui*. Puis ce fut le souper en « grand couvert » avec tous les princes et princesses du sang, et la foule de courtisans qui nous observaient les yeux écarquillés. Nous passâmes ensuite dans la salle des Suisses pour admirer le feu d'artifice tiré au-dessus du parterre du Tibre qu'éclairait une profusion de lampions. Un vent pervers s'amusait à les éteindre dès qu'on les allumait, et soudain une fusée s'abattit sur ma tête. Louis bondit vers moi, terrifié de me perdre, mais je n'avais aucun mal et le rassurai.

Dès ce moment, je le vis nerveux. La fête ne

l'amusait pas, et pourtant elle ne faisait que commencer. Un grand bal s'annonçait qui devait durer toute la nuit. Mais il n'avait qu'une envie : être seul avec moi. Bousculant l'ordre des festivités, il donna le signal du coucher qui fut la dernière cérémonie de la journée, régentée par l'étiquette. Tandis que l'on me déshabillait et que l'on m'apprêtait dans mon lit, Louis dut faire semblant de se coucher dans le sien avant de traverser la galerie en vêtements de nuit, escorté de ses gentilshommes qui ne sortiraient de ma chambre qu'après avoir constaté que le royal époux était sous les draps. Il les congédia d'un geste sec, les privant du plaisir de « tirer les rideaux », et se jeta sur moi en soupirant :

– Seuls, enfin !

Il me serra contre lui en ajoutant tout bas :

– Marychna, mon amour, n'aie pas peur.

Le centaure n'avait nul besoin d'être apprivoisé. Je craignais une inexpérience qui me laisserait déçue et meurtrie. A ma grande surprise, il montra une science certaine, sans timidité ni brutalité. Ses caresses m'enflammèrent et me firent découvrir cette autre partie de moi-même que la pudeur m'avait fait ignorer et qui ne demandait qu'à vibrer. Le matin nous trouva enlacés. Nous étions l'un à l'autre, heureux et merveilleusement fatigués.

– Sept fois, murmura Louis d'une voix ensommeillée. Je vous ai donné sept sacrements, Madame. Pour votre première nuit, êtes-vous contente ?

J'acquiesçai d'un baiser et m'enhardis à lui poser une question indiscrète :

– Me direz-vous le secret de vos prouesses ?

Il se redressa et prit un air grave pour déclarer :

– Je vous ai attendue, Marychna, pour connaître dans vos bras ce qui, en dehors du mariage, est un péché. Quant à la théorie de cette pratique, Monsieur de Fleury avait bien remplacé, dans mon cabinet d'études, les cartes des cinq continents par des paysages bucoliques montrant des bergers et bergères en action, mais je leur ai préféré quelques écrits spécialisés dans la galanterie.

Il se tourna vers moi et suivit de son doigt les contours de mon visage en déclamant :

– « *Bergère qui baissez les yeux,*
« *Pourquoi trembler ? Un amoureux*
« *N'est pas un sauvage farouche.* »

Avec une moue espiègle, je récitai la suite du poème :

– « *Et vous, berger, que votre bouche*
« *Ose lui déclarer ses feux.*
« *Non par des mots, car de votre âge*
« *Les baisers sont le vrai langage.* »

Sa main s'immobilisa sur ma gorge.

– Vous me surprenez, Madame. Ainsi, vous lisez les cuistres galants ?

– Un petit livre traînait dans la bibliothèque de mon père, et je dois avouer qu'il m'a bien amusée.

Nous aurions pu rire et deviser de la sorte pendant des jours et des nuits. Mais nous n'étions pas de simples « particuliers ». L'étiquette vint nous rappeler à l'ordre, et chacun de nous dut jouer sa partition. Sur les coups de dix heures, Monsieur le Duc se fit annoncer avec le maréchal de Villars et les gentilshommes de la Chambre. Rouge de confusion, je remontai les draps jusqu'au menton, et Louis eut un sourire malicieux pour remarquer en chuchotant :

– Le « cyclope » et les singes. Ils sont curieux de savoir si le puceau s'en est bien tiré. Écoutez ce que je vais dire, mais gardez votre sérieux.

Les hommes nous saluèrent en balayant le sol de leurs chapeaux, et Louis sortit du lit en claironnant :

– Sept fois, Messieurs, qui dit mieux ?

Les regards, surpris et fascinés, oscillèrent de l'un à l'autre de nous deux avec une pointe d'envie ou de regret, et j'entrai dans le jeu du roi en prenant un air modeste autant que ravi. Il se tourna vers moi pour me demander de le rejoindre après ma toilette et regagna ses appartements en compagnie de sa suite abasourdie. La nouvelle se répandit dans les couloirs, dans les villes alentour, puis jusqu'aux quatre coins du royaume, et l'on se précipita pour contempler celle qui avait « défrisé » le grand indifférent.

Tous ces gens ne croyaient pas si bien dire. Ce jour-là, en effet, je constatai le premier résultat de notre nuit de noces. Après le dîner, servi en « grand couvert » pour nous deux seulement, je dus m'éclipser afin de recevoir les serments des trois cent cinquante serviteurs et officiers de ma Maison, puis je descendis en calèche vers le Grand Canal pour de nouvelles festivités. Une foule brillante attendait sous le soleil et Louis chevauchait au bord de l'eau entouré d'une cavalcade en habits chamarrés. Il entendit le charivari de mon attelage et brusquement piqua des talons pour galoper à ma rencontre. De façon fort galante, il enleva son chapeau et me salua. Je ne pus alors retenir un cri :

– Sire, vos cheveux !

– Coupés, dit-il sur le ton de parfait contentement qu'il avait eu le matin devant son ministre et ses gentilshommes.

Il baissa le ton et, les yeux rivés aux miens, il ajouta :

– Vous avez fait de moi un homme, Madame. Je porte perruque désormais.

La surprise me laissa sans voix. Si je regrettais le flot de boucles dorées qui balayaient ses reins, je ne pouvais qu'apprécier le geste. Louis venait de me faire le plus beau des compliments.

Chapeau sous le bras, il caracola près de ma portière et me guida autour de la pièce d'eau. Des gondoles dorées emplies de musiciens glissaient sur les miroitements et, jusqu'au fond du parc, résonnaient des airs d'opéra. Le temps était splendide. Les habitués de la Cour se pressaient en foule sur notre passage, exhibant pour la circonstance leurs atours les plus précieux. Je remarquai quelques élégantes qui minaudaient pour attirer le regard du roi. Les pestes de cour approchaient déjà, mais Louis ne voyait que moi et n'en finissait pas de me dire :

– Vous êtes la plus belle, Madame, et je suis fier de vous.

On regarda pêcher le cormoran, et l'on regagna le château pour un concert de musique qui fut donné dans mes appartements : deux actes de l'*Armide* de Monsieur Lully, hymne à la Gloire et à la Sagesse, sans oublier la magie de l'Amour. Comme la veille, nous eûmes un souper en « grand couvert » avec tous les membres de la famille royale et le public habituel de courtisans. En accord avec Louis, je boudai la partie de lansquenet qui devait occuper le reste de la soirée. Prétextant ma fatigue, je me retirai et n'eus que le temps de me déshabiller. On gratta à ma porte, et je vis l'époux que j'attendais se hâter vers mon lit.

Il vint ainsi chaque nuit me prouver sa fougue et son ardeur, et les jours entretenaient notre ivresse dans la fête et le divertissement. Ballets, spectacles français ou italiens, concerts de voix ou d'instruments, jeux de quadrille ou de lansquenet, Louis ne savait qu'ordonner ou inventer pour me plaire. Et je fus bien aise de le surprendre à mon tour en lui montrant que je pouvais partager sa passion de la chasse en amazone experte que j'étais. J'avais de l'aisance et de la grâce, mon père me l'avait assuré, ajoutant, non sans fierté, que plus d'une dame en pâlirait. Lorsque, dans la même journée, je vis l'équipage du roi forcer deux cerfs, puis celui de Monsieur le Duc et enfin celui du prince de Conti, sans rien perdre de mon énergie, Louis en fut émerveillé. Sous les hautes futaies, j'entendis alors les cuivres de la Grande Écurie. Ils jouaient en mon honneur une fanfare que Monsieur de Dampierre venait de composer.

Nous avions aussi de longues conversations qui nous permettaient de nous mieux connaître et de découvrir ce qui nous rapprochait. Une piété sans faille, certes, nourrie d'une foi profonde dans les Écritures, mais aussi le même goût pour la lecture et la réflexion, une curiosité pour l'art et les sciences, et une passion pour l'histoire ainsi que la géographie.

C'est ainsi qu'il me raconta les origines de Fontainebleau, bâti par François Ier sur un château fort dont il me montra le donjon et qui avait appartenu à Saint Louis. Il me récita la généalogie des rois de France jusqu'à l'ancêtre mort en terre infidèle sous l'habit de croisé, et me dit d'une voix émue :

– Savez-vous, Marychna, que vous me rappelez la reine Blanche.

Devant mon air surpris, il ajouta :

– Une grande reine dont vous avez l'éclat et la bonté.

Je devinais son infinie sensibilité et remarquais sa difficulté parfois à se livrer. Lui aussi était timide, lui aussi avait connu la solitude. Il en avait gagné une maturité avancée pour son âge, et plus de méfiance pour ceux qui l'entouraient.

– Avec vous, je me sens bien, affirmait-il d'un air radieux. Vous partagez ma vie, et vous avez ma confiance.

Il ne se lassait pas de ma présence et s'éloignait à contrecœur lorsque son travail de roi le réclamait. Et si, fatiguée de tant d'activités qui ne me laissaient plus le temps de dormir, je restais au lit à l'heure du souper, il annulait le « grand couvert » et bousculait l'étiquette en faisant installer sa table dans ma ruelle. Le bonheur nous enivrait. Une euphorie que nous vivions ensemble, grisés de cet amour, plus fort chaque jour.

La Cour, qui avait tant jasé, se plia aux goûts de son souverain maître, découvrant soudain que j'avais un charme et une grâce qui enchantaient. Chroniqueurs et gazetiers accouraient. Je reconnus Daudet. On me montra Barbier et Marais. Les peintres me croquaient pour me fixer sur leurs toiles, et les poètes en verve d'inspiration me hissaient au rang de déesse. Dans son coin, le pauvre Voltaire se lamentait. Ses pièces n'avaient pas été jouées le soir du mariage et il en pleurait. Mme de Prie, qui le connaissait, voulut me divertir en me le présentant, et je le vis frétiller de plaisir lorsque je lui parlai de sa *Henriade* et lui promis qu'on ne l'oublierait plus. Il me dédia aussitôt sa *Mariamne* en y ajoutant quelques vers de sa plume :

« *Daignez m'accompagner d'un seul de vos regards*
« *Et songez que Pallas, cette auguste déesse*
« *Dont vous avez le port, la bonté, la sagesse,*
« *Est la divinité qui préside aux Beaux-Arts.* »

De tous les coins de France, on vint en délégations pour me submerger de compliments. Et je vis défiler jour après jour le Parlement, les membres du Clergé, puis les députés de la Chambre des comptes, du Grand Conseil, de l'Académie Française, de la Cour des monnaies, ainsi que les échevins de la Ville. On m'avait réservé pour la fin les dames de la Halle. Elles avaient de la gouaille, et je retins mon rire lorsque la dame Gelée me déclara :

– Madame, j'apportons les plus belles truffes à Votre Majesté. Mangez-en beaucoup et faites-en manger au roi car cela est bon pour la génération. Nous vous souhaitons une bonne santé et j'espérons que vous nous rendrez heureux.

Le message était clair : des truffes pour un Dauphin. Je l'assurai de suivre son conseil et les remerciai toutes de leur soutien si chaleureusement exprimé, en leur promettant de réaliser leur souhait dans les plus brefs délais.

Les semaines coulaient comme un rêve éveillé. J'en remerciais Dieu chaque matin, aux côtés de mon époux qui ne manquait jamais d'entendre la messe avant de s'enfermer avec son Premier ministre, ses conseillers et Monsieur de Fleury, son ancien précepteur. Il ne me parlait pas des affaires du royaume, je ne tentais pas de m'en mêler. Par crainte de le fâcher et d'entacher notre entente, je n'osais même pas lui demander si je verrais bientôt mes parents et quelle serait leur résidence. Monsieur le Duc, qui multipliait les égards et me prodiguait mille amabilités, vint enfin me rassurer à ce sujet et j'eus la joie de pouvoir écrire à mon père :

« Mon âme est en paix… Je n'ai de peine que celle de ne pas vous voir, mon chérissime papa, et s'il plaît à Dieu, elle ne durera pas longtemps. On a décidé, dans le Conseil, le cérémonial de votre réception. Sur quelques difficultés que l'on faisait à votre sujet, le roi a dit : "Ce que je ne lui dois pas comme roi, je le lui dois comme gendre." Jugez, cher papa, combien ce propos m'a fait de plaisir. [1] »

Le roi Stanislas et la reine Catherine furent bientôt annoncés. Ils s'arrêtèrent au château de Bourron avant de continuer sur Chambord où le roi de France leur avait permis de s'installer. Ils purent enfin me voir dans toute la magnificence de la pompe royale et Louis, oubliant sa timidité, les accueillit avec une affection qui me toucha. Mon bonheur était presque parfait, il ne manquait plus qu'un Dauphin.

---

1. Authentique.

LE DON D'AIMER

A la fin de novembre, je n'en voyais pas le premier signe. Le temps était venu de regagner Versailles et je pris allégrement la route en pensant que Dieu faisait bien les choses : l'héritier des rois de France serait conçu dans le lit qui avait vu naître Louis. Je me réjouissais de ce voyage en compagnie de mon époux et de tous les fastes qui nous entouraient. Je me réjouissais surtout de connaître les splendeurs d'un palais prestigieux qui faisait rêver les cours d'Europe et m'emplissait de curiosité. Ma vie se déroulait comme dans les contes, et j'étais loin de me douter du piège que l'on me préparait.

VI

L'IMMENSE château sortit de la nuit comme un vaisseau de lumière, flottant sur l'ombre de la terre. Une forêt de torches éclairait la cour de marbre et, sur les façades aux carnations de chair, les hautes fenêtres s'embrasaient des illuminations de l'intérieur. Lustres et girandoles scintillaient d'une quantité de bougies qui palpitaient derrière les vitres et donnaient à tout l'ensemble un effet de mystère qui me fascinait. La féerie de l'endroit exerçait sur moi son pouvoir magique, et je crus voir l'âme de Louis XIV planer sur l'édifice.

Les carrosses franchirent les grilles et s'arrêtèrent un à un devant le porche encombré de gardes et de laquais en livrées galonnées. Louis, arrivé le premier, m'attendait sur le seuil et me donna la main pour me guider vers l'escalier des Ambassadeurs éclairé par une haie de porte-flambeaux en habit d'écarlate postés sur chaque marche. Le décor était cent fois plus somptueux que je ne l'avais imaginé. Il le fut bien plus encore dans le Salon de la Guerre, avec ses portes dorées, ses bronzes, ses marbres et ses fresques. Mais lorsque j'entrai dans la Grande Galerie, brillant des mille feux de ses lustres et torchères, je crus perdre le souffle en découvrant d'un coup ce que toute l'Europe qualifiait de merveille. J'étais au firmament, dans la voie lactée qui mène au paradis. Je regardai Louis que les glaces géantes multipliaient à l'infini dans une mosaïque de reflets nacrés venus des parterres du jardin parsemés de lampions, et des bassins aux eaux jaillissantes. Tout me paraissait irréel, et pourtant, c'était bien le roi mon époux qui marchait auprès de moi, en tête d'un long cortège de courtisans, et me conduisait vers mes appartements. Lorsque je lui exprimai mon ravissement, il me répondit sur un ton un peu distant :

– Cette maison a de la grandeur, en effet.

Son visage s'était immobilisé dans une expression lointaine, et je lui demandai, interloquée :

– Dois-je comprendre que vous ne l'aimez pas ?

– J'y vois trop de gens qui me poursuivent de courbettes et m'assaillent de requêtes enrobées de flatteries. Mon bisaïeul eut raison de les asservir. Ils n'ont en tête que le vice et l'argent.

– Quel sombre tableau vous me faites de votre Cour !

Un rictus moqueur pinça ses lèvres. Retrouvant sa voix enrouée de séducteur, il poursuivit :

– Mais vous êtes là, Marychna, et je vais entendre votre rire dans ces pièces vouées à l'obscurité depuis tant d'années.

Nous étions arrivés dans le Salon de la Paix où commençaient ce qu'il était convenu d'appeler « les appartements de la reine ». La pièce suivante était une chambre immense dont les murs s'ornaient de tapisseries splendides, sorties des Gobelins. Louis expliqua :

– La duchesse de Bourgogne, ma mère, s'est éteinte dans ce lit deux ans après m'avoir mis au monde. Depuis ce jour, personne n'a vécu en ces lieux. Ils sont à vous désormais.

L'austère majesté du décor m'intimida. Un courant d'air glacé me fit frissonner et je regardai avec inquiétude la hauteur impressionnante des plafonds.

– Tout cela est un peu sévère, j'en conviens, reprit Louis qui m'observait avec attention. Nous avons tenté cependant d'apporter quelques nouveautés susceptibles de vous plaire.

Je remarquai alors sur la toilette l'ensemble le plus élégant qui fût au monde : flacons, bougeoirs, flambeaux, corbeille à gants, boîtes à poudre et boîte à mouches, pots à onguent, jattes en forme de nacelles dont la proue et la poupe portaient un dauphin entouré d'amours, pot à l'eau aux armes de France et de Pologne, aiguière ornée de motifs marins, chocolatière et sucrier pour le déjeuner… Cinquante pièces en vermeil, au milieu desquelles trônait un haut miroir couronné du double écusson. Sur le bas-relief qui le soutenait, Vénus à sa toilette était servie par les Grâces. Tout cela était d'une grande finesse et du goût le plus exquis. Aucun détail ne m'avait échappé. Chacun avait son message qui m'allait droit au cœur. Je me tournai vers Louis en cherchant les mots pour le remercier. Le sourire radieux que j'aimais illumina ses traits, et il me confia :

– Je l'ai commandé pour vous à M. Germain, le meilleur orfèvre de Paris. Je reconnais qu'il a fait merveille, et suis heureux de voir que vous l'appréciez.

– Il me dira chaque jour combien vous m'aimez.

Après le Grand Cabinet, qui serait mon salon d'audience pour les visites et les présentations, venait l'antichambre où les tables étaient dressées pour notre souper en « grand couvert », toutes portes ouvertes sur la Salle des Gardes, à l'autre bout de laquelle commençaient les appartements de Louis.

– Vous les verrez lorsque vous viendrez à mon grand lever. Le lit de mon bisaïeul ne m'hébergera que pour répondre aux exigences de l'étiquette. Mes nuits, vous le savez, seront dans vos bras.

Une lueur de désir alluma ses yeux de velours qu'il plongea dans les miens en ajoutant :

– Reposez-vous et soyez belle pour moi. Vous l'êtes chaque jour un peu plus, moja sarenka [1].

Depuis notre rencontre près de Moret, Louis s'était piqué d'apprendre le polonais.

– Une langue très difficile, lui avais-je répondu en riant. Vous y perdrez votre latin.

Mais il s'était entêté. Doué d'une mémoire prodigieuse, il ne lui avait fallu que quelques jours pour en savoir assez et me dire en public ce que j'étais seule à comprendre. J'avais été la première étonnée de cet exploit, la Cour bien plus encore, et Louis avait jubilé :

– Nous avons un code, pour vous et moi seulement.

1. Ma biche.

Ce goût du secret, qui allait se développer au cours des années, avait été l'unique motivation de ses efforts. Quant au polonais, nous l'avons souvent parlé. Il donna plus de fougue à notre intimité, plus de complicité aux années de fidélité, et revint au travers des tempêtes pour resserrer ce qui paraissait distendu. Un mot simple jeté ici ou là dont le son, à lui seul, évoquait les temps heureux de notre amour.

Pour mon arrivée dans le grand palais, on avait cuisiné des mets raffinés, et je les dégustai avec un plaisir que je ne pouvais dissimuler, en écoutant le chant allègre des violons. Le public, qui nous observait, ne m'importunait plus. Je m'y étais accoutumée, comme je le fus bientôt aux multiples usages de « ce pays-ci ». Un peu plus tard, s'étant plié à l'étiquette, Louis vint me rejoindre dans ce lit témoin de l'Histoire, où une autre reine, puis une Dauphine, avaient aimé, accouché et rendu l'âme ; dans son mitan était né mon époux, comme naîtraient bientôt les dix enfants que j'allais donner à la France.

Versailles m'imposa ses rites, et je me pliai au cérémonial rigoureux qui réglementait l'emploi du temps de nos journées. Un ordre immuable voulu par Louis XIV, auquel je me soumettais avec une volonté pointilleuse, ne m'accordant ni droit à l'erreur ni dérogation. Le roi avait décidé de ne rien changer aux traditions de ses ancêtres, et la reine devait obéir, comme le plus humble des sujets. En étrangère que j'étais, j'eus à cœur de connaître aussi bien que Louis l'étiquette compliquée qui régentait les préséances et permettait aux souverains de se faire respecter. Les gens de la Cour, imbus de leurs privilèges, en prenaient souvent à leur aise, et il m'arriva plus d'une fois de leur rappeler ces règles qu'ils feignaient d'oublier, gageant de mon ignorance. Une réplique bien envoyée, accompagnée d'un sourire, les ramenait en douceur à leur juste place. Avec le temps me viendra cette maîtrise. Pour l'heure, j'apprenais, je découvrais, et je mourais de peur de me tromper.

Les jours qui suivirent furent un enchantement. Je me réveillais dans les bras de Louis. En maugréant, il s'enfuyait vers la chambre de son bisaïeul où l'attendaient ses valets. Je me levais à mon tour et m'agenouillais dans l'oratoire où la duchesse de Bourgogne avait prié. Une servante allumait le feu, et je m'installais près de la cheminée pour prendre mon chocolat dans la douce chaleur qui caressait mes jambes et m'emplissait de rêveries. Puis venait l'heure de la toilette devant les princesses et dames titrées qui encombraient le Grand Cabinet. Elles babillaient et commentaient les nouvelles de la Ville, glissant ici ou là un ragot ou une médisance. Je les écoutais à peine, prêtant plus d'attention à l'agencement de mes boucles, au choix de mes atours et de mes bijoux. Je voulais être belle pour assister au lever de Louis. Mon goût pour la simplicité lui plaisait, ainsi que la dignité de mon maintien qui, disait-il, imposait le respect. En robe de cour et suivie de mes dames qui soutenaient la queue, tenant la main de mon chevalier d'honneur et de mon premier écuyer, je traversais la Salle des Gardes et entrais chez le roi devant lequel je m'inclinais dans une profonde révérence. En grand cortège, je le suivais vers la Chapelle pour y entendre la messe et communier, unie à lui dans une même foi et une même ferveur. Il disparaissait ensuite jusqu'au soir. Il travaillait en compagnie de ses ministres et de Monsieur de Fleury, puis s'échappait dans la forêt et chassait jusqu'à l'heure des Vêpres. Il rentrait alors, crotté, suant, soufflant, la mine rougie par le froid de décembre, et si je m'inquiétais de sa fatigue après tant d'excès, il me répondait avec une moue de gamin fier de ses prouesses :

– Je me suis bien secoué. C'est bon pour la santé.

A courre le cerf ou le sanglier, il secouait en effet le carcan de la Cour et se libérait de ses obligations de souverain pour les mieux affronter le lendemain. Il était bien le centaure lorsqu'il galopait sous les hautes futaies et disparaissait dans les brumes de pluie à la recherche d'un autre lui-même dont il ramenait chaque soir une parcelle. Je le notais dans son regard animé d'une vivacité nouvelle. Si nous avions notre code, pour nous deux seulement, il avait aussi un jardin secret dont je ne parviendrai jamais à découvrir l'entier mystère.

Pendant ce temps, je jouais mon rôle de reine. En compagnie de mes dames, je visitais mon nouveau domaine : le parc, la ménagerie, les serres. Je me fis conduire au petit château de la duchesse de Bourgogne peuplé d'animaux rares et d'oiseaux des Îles. J'allai aussi à Trianon, et poussai jusqu'à Meudon d'où je vis Paris qui s'étendait au loin. J'accordai des audiences à ceux qui les sollicitaient et reçus dans mes appartements les divers membres de la famille royale. Mon ambition était simple : mieux connaître chacun et me faire connaître, gagner des sympathies et ne froisser personne. Dans cette Cour divisée par les cabales et les rivalités, j'essayais d'encourager l'harmonie et la sérénité, plus que la discorde et la haine. Je ne voulais susciter ni reproche ni critique, et paraître la tête haute aux côtés de Louis lorsque nous traversions les salons illuminés pour les festivités.

Noël approchait et les premières neiges tombèrent sur le parc. Je regardais les parterres se couvrir du grand manteau blanc qui avait accompagné mon enfance en Pologne, l'exil aux Deux-Ponts et le dernier refuge à Wissembourg. Je pensais à notre détresse dans le dénuement et la solitude, à cette prospérité soudaine qui était devenue mienne, à laquelle je m'étais si bien accoutumée. Je n'oubliais pas cependant que je la tenais de Dieu sans qui rien ne se fait. Mme de Prie vint habilement me rappeler que je la devais aussi à Monsieur le Duc, et qu'il était temps de savoir le remercier.

Depuis que j'étais à Versailles, elle avait multiplié ses attentions à mon égard, cherchant tout ce qui pouvait me plaire. J'aimais, je l'avoue, sa vivacité, sa conversation piquante et ses reparties pleines d'ironie auxquelles je répliquais d'une saillie mordante. Elle savait me divertir par ces joutes de l'esprit fort prisées dans les salons de Paris dont elle nous rapportait les échos, et parfois un poète. Sa longue correspondance avec mon père, son rôle dans l'accomplissement de mon mariage et les liens d'amitié noués à Strasbourg lui avaient attribué une primauté sur les autres dames de ma Maison, ce qui lui permettait quelques libertés. C'est ainsi qu'elle me prit en aparté pour me confier d'un air soucieux :

– Monsieur le Duc souhaiterait s'entretenir avec Sa Majesté. Tête à tête, sans Monsieur de Fleury. Ne pourriez-vous intervenir et obtenir cette petite faveur ?

La demande me laissa perplexe, et je répondis :

– Pourquoi n'adresse-t-il pas sa requête directement ?

– Sa Majesté refuse de recevoir quiconque en dehors de la présence de l'évêque.

Cette fois, j'étais bien embarrassée. L'affaire n'était pas de mon ressort. En outre, sur les conseils de mon père, j'avais pris la résolution de ne jamais entrer dans les affaires du gouvernement. Je ne pouvais cependant être ingrate à l'égard de ceux qui avaient œuvré à mon élévation.

– Comptez sur moi, chère marquise, dis-je en l'embrassant. Je trouverai bien un moyen d'arranger cela.

Ses yeux de Chinoise se plissèrent et son visage s'éclaira d'un sourire. Sur un ton charmeur, elle ajouta :

– D'un homme qui l'aime, une femme obtient tout ce qu'elle veut. Usez de vos armes, Madame. Elles sont puissantes.

Je me trouvais soudain devant un problème dont Monsieur Corneille aurait fait une tragédie. Élevée dans le culte de la franchise et de la loyauté, je souhaitais vivement prouver ma reconnaissance envers ceux que je considérais comme mes bienfaiteurs, sans pour autant risquer de mécontenter Louis et perdre le bonheur qui nous entourait. Il m'aimait, je n'en doutais pas. Sa tendresse augmentait de jour en jour, autant que son empressement. Il débordait d'attentions, même en public, et avait supprimé quelques « grands couverts » pour des soupers intimes dans mes appartements. Mes découvertes quotidiennes et mes commentaires le distrayaient de ses soucis habituels. Je connaissais sa hantise des requêtes et son mépris pour ceux qui les présentaient. Il m'avait donné sa confiance, certes, mais elle était fragile, et j'étais moi-même trop souvent intimidée. La moindre erreur pouvait nous briser. Je lui demandai donc s'il aimait Monsieur de Fleury.

– Beaucoup ! me dit-il.

– Et Monsieur le Duc ?

– Assez.

Je me contentai d'en rester là de mon enquête. Le terrain était glissant. Je devinais la rivalité entre le duc et l'évêque, et de quel côté penchait Louis. En bonne épouse et reine loyale, je n'avais que le choix du roi. Les recommandations de mon père martelaient ma mémoire, et je m'étais efforcée jusqu'à ce jour de m'y conformer :

« Vous ne devez plus penser que d'après lui et comme lui, ne plus ressentir de joies et de chagrins que ceux qui l'affectent, ne connaître d'ambition que celle de lui plaire, d'autre plaisir que de lui obéir, d'autre intérêt que de mériter sa tendresse. Vous devez, en un mot, ne plus avoir ni humeur ni penchant ; votre âme tout entière doit se perdre dans la sienne. [1] »

Avec de telles maximes, je ne voyais pas de solution, et mon drame s'aggravait. Une moitié de mon cœur allait dans le sens du roi et l'autre se révoltait de ne pouvoir s'acquitter à l'égard de mes bienfaiteurs. Comment avouer mon impuissance à Mme de Prie ? Monsieur le Duc en personne vint me sup-

1. Authentique. Extrait des recommandations du roi de Pologne à sa fille.

plier, mais je n'eus pas le courage de lui répéter ce que Louis m'avait dit. Devant mon trouble, il expliqua qu'il devait remettre au roi un document secret de la plus haute importance que lui seul devait lire. La marquise vint surenchérir, soulignant mon passé misérable à Wissembourg et ma fortune présente. Leur insistance me déchirait. Je subissais une véritable torture que j'épanchais en secret dans la solitude de mon oratoire.

Lasse d'être traitée d'ingrate, je finis par céder au stratagème que la marquise avait imaginé. Le duc vint chez moi et mon chevalier d'honneur alla chez le roi afin de le prier de passer dans mes cabinets. Louis arriva aussitôt, sourire aux lèvres, et se figea devant son Premier ministre qui lui tendit une lettre. Son visage était de marbre et son regard glacé. Je ne reconnaissais plus l'homme que j'aimais. J'en fus effrayée et voulus me retirer. Mais le duc intervint en disant que le roi trouverait bon que je fûs présente. J'obéis à l'ordre de mon époux et suivis la scène en retenant mes larmes. Je sentais un piège, mais j'ignorais le contenu du texte. Louis le lut en silence et le rendit sans un mot. Le duc, inquiet, lui demanda ce qu'il en pensait, et la réponse tomba aussi tranchante qu'un couperet :

– Rien.

– Votre Majesté ne donne aucun ordre ?

– Que les choses demeurent comme elles sont.

– J'ai donc eu, Sire, le malheur de vous déplaire ?

– Oui.

– Votre Majesté n'a plus de bontés pour moi ?

– Non.

– Monsieur de Fleury a seul la confiance de Votre Majesté ?

– Oui [1].

Le duc se jeta aux pieds du roi en protestant de sa fidélité et demanda humblement pardon. Louis le fixa un moment et dit :

– Je vous pardonne.

Il sortit d'un pas nerveux, jetant sur moi un regard qui me terrifia. Je m'effondrai dans un fauteuil, et demandai au duc :

– Qu'y a-t-il dans ce document ?

Il me montra une lettre de délation contre l'évêque de Fréjus, signée par le cardinal de Polignac qui l'avait expédiée de Rome.

– Nous sommes perdus, Monsieur le Duc, m'écriai-je d'une voix éteinte. Moi, plus que vous.

Livide et penaud, le ministre borgne bredouillait des excuses dont je n'avais que faire. S'il perdait sa charge, il continuerait à vivre, mais si je perdais Louis, il ne me resterait plus qu'à mourir. Il disparut dans l'antichambre et revint soudain l'air triomphant :

– La place est libre, Madame. Monsieur de Fleury est rentré chez lui, dans sa maison d'Issy. Il se retire. Bon débarras !

Le cyclope avait la vue courte. L'affaire était loin d'être terminée. Apprenant que le roi s'entretenait avec le Premier ministre dans mes appartements, le rusé prélat s'était présenté à ma porte, mais le duc avait ordonné de n'ouvrir à personne. Monsieur de Fleury avait alors réclamé son carrosse et s'en était allé après avoir laissé sa démission sur le bureau du roi.

---

1. La scène et le dialogue sont historiques.

– Que dit Sa Majesté ? demandai-je atterrée.

– Confiné dans sa chambre, il pleure et peste de rage.

Le vide s'ouvrait sous mes pieds. Je connaissais l'affection de Louis pour son vieux précepteur dont il appréciait la probité et respectait les conseils. N'allait-il pas me reprocher d'avoir favorisé ce départ qui le bouleversait ? Je réalisais l'ampleur de ma faute et redoutais le châtiment qu'il me faudrait subir. Comme autrefois dans le pétrin qui m'avait sauvée des Cosaques, je me réfugiai dans mon oratoire et tremblai de peur en implorant le Seigneur de m'aider à me justifier. Je gardais encore l'espoir que Louis comprendrait mes raisons et ne me repousserait pas.

Il y avait spectacle ce soir-là. Je choisis pour m'habiller une robe que le roi aimait, et me parai de tous mes diamants. Il fit irruption à la fin de ma toilette et chassa mes dames afin de me parler à son aise. Il tournait en rond dans ma chambre et marchait à grands pas, l'air courroucé.

– Auriez-vous, Madame, la prétention d'œuvrer contre moi ?

Son regard courroucé me paralysait, mais j'eus la force de répondre :

– Où est le mal, Sire, lorsqu'un Premier ministre désire s'entretenir tête à tête avec son roi ?

– J'avais mes raisons de le lui refuser. Et je regrette infiniment que vous ayez accepté de vous prêter à une manœuvre aussi basse.

Je tombai à ses pieds, secouée de sanglots :

– Permettez-moi de m'expliquer.

– Sachez, Madame, qu'on ne chasse pas Monsieur de Fleury. J'ai donné l'ordre à Monsieur le Duc d'aller le chercher et de me le ramener. Abstenez-vous, à l'avenir, de ce genre de maladresse qui m'est odieuse, venant de vous.

Il me tendit la main et m'aida à me relever.

– Séchez vos larmes, dit-il de sa voix coupante. On nous attend pour le théâtre.

Je le suivis aussi tremblante que sainte Blandine marchant vers la fosse aux lions. Les couloirs du palais bruissaient de murmures. On racontait déjà notre dispute, et certains courtisans, se targuant d'être dans le secret, annonçaient notre séparation. Dans le Salon de Vénus archicomble, le rideau se leva sur *Britannicus*, et vint le moment où Narcisse déclara :

« *Que tardez-vous, Seigneur, à la répudier !* »

Sans pudeur aucune, l'assistance se retourna pour me dévorer de sa curiosité maligne. Je gardai contenance en agitant mon éventail, tandis que Louis, feignant d'ignorer le mouvement de la salle, continuait à se divertir du spectacle de la scène.

Ce soir-là et ceux qui suivirent, il me bouda. Mais Noël arrivait et je priais Dieu de nous réconcilier en ce jour béni. La veille, je crus être exaucée lorsque je vis Louis toucher les malades qui lui présentaient leurs écrouelles. Il avait auparavant assisté à la messe et communié des mains de mon Grand Aumônier. L'âme purifiée, sanctifié par les sacrements, il usait de son privilège royal de guérir les malheureux, et je ne doutais pas qu'il m'offrirait ensuite le baiser du pardon. Monsieur de Fleury était revenu. Il avait repris sa place aux côtés de son jeune maître et affichait à mon égard une onctueuse courtoisie. L'ordre des choses n'avait pas été bouleversé, et le « Travail » du roi s'était poursuivi dans sa routine habituelle.

Hautain et glacé, Louis garda ses distances. Les trois messes de minuit et la grand-messe pontificale du matin de Noël ne changèrent en rien son attitude, ni son humeur. J'espérai encore pendant les Vêpres magnifiquement chantées. Les pages et les musiciens de la Chapelle se surpassaient en ce jour de la Nativité. Ils jouèrent en mon honneur les oratorios fameux de Monsieur Charpentier. Dieu m'envoyait une caresse que me refusait Louis.

Tant de froideur me désemparait, et je n'avais personne autour de moi à qui me confier. Ni favorite ni confident, m'avait dit mon père. Mais il n'était pas auprès de moi pour me donner le conseil que je cherchais désespérément, quand le roi fuyait toute explication. J'eus alors l'idée de m'en ouvrir au maréchal de Villars qui avait servi Louis XIV et suivi l'adolescence de mon époux. Son grand âge lui avait acquis de l'expérience et de la psychologie. Je lui exposai ce qui me tourmentait :

– On ne peut laisser Monsieur de Fleury jouer au despote. Le Premier ministre a bien le droit de parler seul avec le roi. En soutenant la cause de Monsieur le Duc, je n'ai d'autre motif que de lui rendre service. Comment m'y prendre pour le faire entendre au roi ?

– L'affaire est délicate, me dit-il. Il faut avant tout le persuader que vous n'avez d'autre désir que de lui plaire. N'insistez que lorsque vous le verrez disposé à prendre ce que vous lui direz comme venant de ce sentiment-là.

De ce jour, je cherchai toute occasion de me rapprocher de Louis. Mais ce temps de fête fut un véritable calvaire. Le 1er janvier, debout auprès de mon époux qui m'ignorait, je dus recevoir les vœux de la Cour, avoir le mot aimable et sourire de bonheur, tandis que mon cœur se tordait de chagrin. Le lendemain m'apporta un peu de joie lorsque le comte de Tarlo, Grand Chambellan et cousin de mon père, reçut le collier de l'ordre du Saint-Esprit. Louis honorait ma famille et je le ressentis comme un signe d'affection malgré le regard absent dont il me gratifia.

Le départ pour Marly renforça mon espoir. Louis aimait cet endroit moins solennel que Versailles, et je pensais qu'il nous aiderait à nous expliquer dans une plus grande intimité. Le château me plut, malgré ses courants d'air et ses cheminées qui fumaient. Peu m'importait le froid, les distractions abondaient. Chasses au cerf, au sanglier, battues de lapins, jeu de mail et courses de traîneaux. Je m'amusais de ces divertissements, affichant une joie feinte pour cacher la tristesse qui me rongeait. Louis persistait dans son indifférence. Le maréchal de Villars était du nombre des invités, et je lui confiai mon désarroi en pleurant. Avec son calme habituel, il me répondit :

– Le roi est très éloigné de ce qu'on appelle l'amour, ce qui est plus heureux pour Votre Majesté. La froideur naturelle est moins cruelle que l'infidélité. Ne montrez pas votre crainte d'un changement dans ses sentiments. Tant de beaux yeux qui le lorgnent s'empresseraient de l'attirer.

Loin de m'apaiser, il aggravait le mal, laissant entrevoir un danger que j'étais loin d'envisager. Il ajouta cependant que je devais m'expliquer avec Monsieur de Fleury. Ce que je fis sans tarder. Le prélat me reçut avec cérémonie, m'écouta avec attention, et me dit sur un ton paternel qu'il comprenait mes raisons de favoriser Monsieur le Duc dont il fit l'éloge, tout en regrettant qu'il eût pour conseillers Mme de Prie et M. Pâris-Duverney qui faisaient partie de ma Maison.

– Des personnes dangereuses pour Votre Majesté, et qui vous causent le plus grand tort.

Qu'osait-il insinuer à l'égard de ceux qui me servaient ? Piquée dans ma loyauté, je rétorquai :

– Les disgrâces de ces gens-là, dont je suis contente, me feraient de la peine.

Le prélat prit un air recueilli pour me répondre :

– Il faudra en venir là.

Son regard aigu ébranlait mes certitudes. Le trouble me gagnait, et je ne pus m'empêcher de lui avouer ce qui me tenait à cœur : l'affection du roi qui déclinait de jour en jour. En était-il la cause ? Il répliqua sèchement :

– Je n'en suis pas coupable.

Je sortis de cet entretien plus tourmentée que jamais. Monsieur de Fleury voyait en moi une ennemie soutenant son rival. Il avait de l'influence sur le roi et pourrait bien me noircir pour garder son emprise. Il me faudrait le ménager afin de regagner sa confiance ainsi que celle de Louis. Mais je n'avais plus de patience. On m'accusait en calomniant ceux qui me servaient. J'étais seule, sans ami, sans amour, au milieu d'une Cour qui n'acceptait pas mon mariage et souhaitait ma chute. Il faisait froid dans mon cœur, bien plus qu'au-dehors où l'hiver gelait les rivières.

Ce soir-là, pour tromper mon désespoir, je jouai gros au lansquenet et perdis d'un coup plus de cent mille livres. Le lendemain, je fis de même, et me ruinai pour le reste de l'année. On se gaussa autour de la table, mais Louis en sursauta, stupéfait, et me fixa d'un air inquiet. Il vint me rejoindre dans ma chambre, juste après le souper, et voulut savoir comment je paierais ma dette. J'éludai sa question pour enfin me justifier. Son regard s'adoucit.

– Vous êtes victime de votre bonté, Marychna. Je sais qu'il n'y a en vous aucune perversité et que votre seul souci est de me suivre aveuglément. Soyez prudente à l'avenir. N'acceptez pas que l'on puisse se servir de vous pour entraver mes volontés.

– Pourquoi tant de froideur ? J'ai pensé que vous ne m'aimiez plus.

– Ne doutez jamais. Je serai parfois obligé de me conduire d'une façon que vous ne comprendrez pas. Je ne peux tout expliquer. Je dois me protéger de l'intrigue, et vous protéger tout autant. Le feu couve encore, mais nous l'éteindrons peu à peu.

Il m'honora de sa fougue, me combla de sa tendresse, et je m'endormis dans ses bras, heureuse et rassurée. Marly me souriait, et je rendais grâce au Seigneur de ce bonheur retrouvé. Le séjour tirait à sa fin. Aux côtés de Louis, je regagnai Versailles, et j'entendis soudain les rumeurs qui agitaient Paris. La Ville grondait contre Monsieur le Duc. On lui reprochait une fiscalité abusive, la répression brutale de la mendicité et le prix du pain qui avait triplé. On racontait aussi que Mme de Prie et les frères Pâris-Duverney avaient gagné des fortunes considérables en faisant revenir des blés français de l'île de Jersey où, selon toute apparence, ils avaient été en dépôt. Et dans les couloirs du palais, on se gobergeait des fantaisies érotiques de la marquise en rappelant qu'elle avait poussé le duc, son amant, à manigancer mon mariage avec le roi, afin de se servir de moi pour gouverner la France.

Ragots abominables auxquels je refusais de croire. Mais s'ils étaient vrais, alors Monsieur de Fleury avait raison. Et je comprenais sa méfiance à mon égard s'il supposait que j'étais de la partie, complice d'une bande d'escrocs. J'en tremblais de honte et fis mander Mme de Prie. Sommée de s'expliquer, elle jura de son honnêteté et s'enferma auprès de son époux, ne venant au palais que pour son service. Elle maigrit et son humeur changea. Pourtant, le calme sembla revenir autour du Premier ministre et Versailles reprit ses habitudes.

Le 11 juin 1726, Louis partit chasser comme à l'ordinaire. A la fin de l'après-midi, Monsieur de Fleury vint m'annoncer que Monsieur le Duc était renvoyé à Chantilly sur ordre du roi ; M. Pâris-Duverney, secrétaire de mes commandements, était mis aux arrêts à la Bastille pour malversations financières, et Mme de Prie était exilée dans ses terres de Normandie. En s'inclinant respectueusement, il me remit une lettre de Louis, qui me figea de stupeur :

« Je vous prie, Madame, et, s'il le faut, je vous l'ordonne, d'ajouter foi à tout ce que l'ancien évêque de Fréjus vous dira de ma part, comme si c'était moi-même. [1] »

Je blêmis et regardai le prélat d'un air hébété. Devais-je comprendre que la reine de France tombait, elle aussi, sous la disgrâce du roi ?

1. Authentique.

VII

QUE de larmes, que de sanglots ! La mort m'eût semblé plus douce que cette lame de feu qui me déchirait l'âme et me torturait dans ma dignité. De l'homme que j'aimais avec passion, je recevais l'ordre de me soumettre à un autre que lui. Où était sa confiance ? Où était son amour ? Ma tête tournait et ma raison vacillait. Les pensées les plus noires assaillaient mon esprit. Dans ma douleur, je haïssais le prélat trop courtois qui avait manœuvré dans l'ombre, et l'imaginais menant les complots les plus vils afin de me nuire dans le cœur de Louis. Je me souvenais des mises en garde de Mme de Prie et me demandais soudain si Monsieur de Fleury n'avait pas lui-même inspiré les cabales contre Monsieur le Duc et ses amis. Il s'était vengé de son rival qui avait tenté de l'évincer, et il avait gagné. Sans remous, sans éclat. Hypocrisie onctueuse plus sournoise, plus mortelle qu'un franc coup d'épée. L'homme était dangereux. Il fallait le craindre. Mais que faisait Louis dans tout cela ? Le roi était-il le maître lorsqu'il rédigeait ses ordres, ou restait-il soumis à l'autorité de son ancien précepteur ?

Deux jours plus tard, Louis revint de Rambouillet, heureux d'avoir couru de beaux cerfs, et me donna quelques éclaircissements. Les termes de sa missive étaient secs, il en convint et s'en excusa sans se soucier du choc que j'en avais ressenti. Et lorsque je l'interrogeai sur ma disgrâce, il se récria :

– Pour quelle raison, grand Dieu ! Je ne savais pas que vous étiez si sensible, Marychna.

J'aurais voulu me jeter dans ses bras et lui dire combien je l'aimais, à la fureur, et combien il m'avait fait souffrir. Mais il avait un air un peu hautain qui m'intimidait. L'affaire semblait le gêner plus que moi et je n'osai insister. Il ajouta cependant :

– Ne soyez pas surprise des ordres que j'ai donnés. Mon cousin a commis de graves erreurs qui menaçaient la stabilité de mon trône. Quant à ses conseillers, ils méritaient d'être châtiés. Des gens cupides et sans morale dont la présence auprès de vous était nuisible à votre réputation, et donc à la mienne. Je vous veux irréprochable et sans tache, Madame. Voilà pourquoi je vous demande de ne rien faire sans en référer à Monsieur de Fleury. J'ai foi en lui et en ses conseils qui ne m'ont jamais trompé.

Je m'inclinai dans une révérence profonde en déclarant :

– Je vous obéirai, Sire. Mon vœu le plus cher est que vous soyez content de moi.

Il me releva en souriant et je vis dans son œil une lueur de gaieté tandis qu'il répliquait :

– Ainsi, j'aurai l'esprit en paix lorsque j'irai chasser. Monsieur de Fleury est dans son cabinet à toute heure de la journée.

Il se pencha pour m'effleurer d'un baiser léger et pivota sur ses talons en disant :

– Oubliez vos inquiétudes, Marychna, et croyez en moi.

Je sentis en cet instant combien il était insaisissable. Il portait en lui ce mystère dont il s'entourait et qui allait s'épaissir avec les années. Il m'avait dit en peu de mots ce qu'il avait à me dire, juste ce qu'il fallait pour me faire entendre que mon domaine avait ses limites et que je n'avais plus droit à l'erreur. Pourquoi tant d'insistance à vouloir me soumettre et m'ôter toute idée d'interférer dans ses affaires ? J'avais appris la leçon de façon cuisante : pas de femme en politique dans le bon royaume de France. Et la reine moins qu'une autre. Comme si j'en avais eu la moindre velléité en essayant de rendre service à ceux qui m'avaient sortie de la misère ! Si mon amour-propre souffrait encore de mon échec, un sentiment bien plus cruel ne cessait de me ronger. Fille d'un roi en exil réfugié en Alsace, princesse sans dot ayant vécu des bontés de la couronne de France, je n'étais pas un brillant parti dont le roi pouvait s'enorgueillir, et la Cour avait une désobligeante façon d'en rappeler le souvenir.

Une pensée me rassurait, cependant. Louis n'avait manifesté à mon égard ni rancune, ni froideur, ni cette indifférence odieuse qui marque la fin d'un amour. Je n'avais pas retrouvé la tendresse des premiers jours, mais je gardais confiance. Je connaissais la vivacité de ses ardeurs et son désir, qui rejoignait le mien, de donner au plus vite un Dauphin à la France.

Le lendemain, Paris explosa de joie. En son Conseil d'En-Haut le roi avait confirmé le renvoi de Monsieur le Duc puis déclaré d'une voix ferme qu'il allait gouverner lui-même, et suivre en tout l'exemple de son bisaïeul :

« Les conseils se tiendront exactement dans les jours qui y sont destinés et toutes les affaires s'y traiteront à l'ordinaire. A l'égard des grâces que j'aurai à faire, ce sera à moi que l'on parlera et j'en ferai remettre le mémoire à mon garde des sceaux, à mes secrétaires d'État et au contrôleur général des finances. Je leur fixerai des heures pour un travail auquel l'ancien évêque de Fréjus assistera toujours... J'attends de votre zèle pour mon service que vous me seconderez dans le dessein où je suis de rendre mon gouvernement utile à mon État et à mes peuples dont le bonheur sera toujours le premier objet de mes soins [1]. »

Le discours de Louis me laissa songeuse. Nul ne pouvait douter désormais qu'il était le maître. Agé de seize ans à peine, il en avait la volonté et l'autorité. Je notai aussi que s'il n'y avait plus de Premier ministre, la fonction et le titre ayant été supprimés, Monsieur de Fleury triomphait par une omniprésence qui venait d'être officialisée. Jusqu'à sa mort, il serait le ministre « absolu » dont le roi ne pourrait se passer. Et pour garder l'amour de Louis, j'allais me sou-

1. Texte authentique.

mettre aux conseils du prélat dans le moindre détail, faire de lui le confident, l'intermédiaire, le messager, lui donnant sur moi tous les pouvoirs. J'espérais ainsi le convaincre de mon amitié et gagner une parcelle de l'affection qu'il réservait à celui qu'il avait formé. Mais il se jouera de moi comme un chat d'une souris et m'imposera les souffrances les plus cruelles qu'une femme, une mère, une reine, puisse supporter. Il se méfiera de moi jusqu'à son dernier jour, craignant que je n'agisse à nouveau contre lui. Il ira même jusqu'à m'éloigner de Louis.

Pour l'heure, on dansait dans les rues de Paris, et des feux s'allumaient sur les places. Dans les églises, on priait Dieu d'éclairer le monarque. La Monnaie frappa une médaille sur laquelle Minerve offrait au roi le globe de la royauté et lui montrait, au-dessus de sa tête, la Renommée tenant le portrait de Louis XIV. Le renvoi de Monsieur le Duc mettait fin aux derniers relents de la Régence. Aux quatre coins du royaume, on espérait un retour aux jours glorieux du Grand Siècle.

A la fin de juillet, le roi eut un malaise au beau milieu de la messe. Il ne voulut en tenir compte et réunit son Conseil comme à l'ordinaire, puis s'en fut à Rambouillet pour y chasser le sanglier en compagnie de son grand-oncle, le comte de Toulouse [1]. A peine y fut-il arrivé que la fièvre le prit, et je le vis revenir à Versailles à demi inconscient. Mon cœur s'affola. Était-il en train de passer ? Les médecins l'avaient saigné et n'osaient se prononcer. Des boutons apparurent, faisant craindre la petite vérole, et

1. Fils légitimé de Louis XIV et de Mme de Montespan.

l'on voulut me barrer sa porte, mais je déclarai avec force :

– J'ai déjà eu cette maladie dans mon enfance. Quant à vos suppositions que je pourrais être enceinte, mes caméristes vous diront qu'à mon grand regret tout part en lessives.

Cet aveu me coûtait plus que les « hippocrates » ne l'imaginaient. Je me désespérais de ne pouvoir annoncer une bonne nouvelle, et voilà que l'on me ramenait Louis dans un état voisin de la mort. Dieu avait-il décidé de me l'enlever ? Je refusai de le croire et m'installai à son chevet. Quatre jours et quatre nuits à le veiller en guettant le moindre signe. Je me souvenais qu'un malaise semblable avait naguère effrayé Monsieur le Duc, provoqué le renvoi de l'Infante et précipité notre mariage. Quinze mois plus tard, l'incident se reproduisait. Allait-il nous séparer pour l'éternité ? Je priais de toute mon âme, agenouillée au bord du lit, dévorée d'un amour si fort que mon unique désir était de mourir avec lui, s'il devait perdre la vie.

Louis revint à lui et se remit de ce qui n'avait été qu'une indigestion accompagnée de piqûres de moustiques. De la Cour à la Ville on se réjouit. On tira des feux d'artifice et le Parlement de Paris fit chanter un Te Deum. C'est alors que je tombai malade à mon tour. Fatigue des derniers jours, émotions des derniers mois ? Le diagnostic était plus que flou, mais la fièvre s'installait, si violente que les médecins désespéraient de me guérir. Leurs saignées restaient impuissantes. Pendant trois longs jours, perdant mes forces et ma raison, je crus vraiment que l'heure avait sonné, et pleurai d'être privée de

Louis. Par crainte d'une contagion, la Faculté lui avait interdit ma chambre. Par deux fois je m'étais confessée, puis je communiai et reçus l'extrême-onction. J'étais prête pour le grand voyage, mais je ne pensais qu'à vivre pour aimer Louis, et dans le même temps j'envoyai à Sainte-Geneviève de Nanterre pour y faire une neuvaine, toucher les reliques avec un de mes linges et promettre un pèlerinage si je m'en sortais. Dieu, ni les anges n'étaient prêts à me recevoir. Le docteur Helvétius finit par me sauver en me donnant de la poudre des Chartreux, une médication à base d'antimoine qui était à la mode et provoqua une évacuation surprenante. Il est vrai que pour fêter le rétablissement de Louis, j'avais mangé cent quatre-vingt huîtres et bu par-dessus quatre chopes de bière. On m'avait dit que, tout comme les truffes, c'était « bon pour la génération ». A tant vouloir un Dauphin, je m'étais presque empoisonnée.

Dès qu'il sut que j'étais hors de danger, Louis vint me voir. Il approcha de mon lit d'un air gêné, sans dire un mot. Était-ce la timidité qui le paralysait, ou ma triste figure qui l'impressionnait ? Peut-être se sentait-il coupable de m'avoir laissée seule avec ma souffrance. Je lui tendis la main en souriant. Il n'y avait plus d'hier. Seul comptait l'instant présent, la joie de contempler son visage adoré et de sentir la douceur de ses lèvres sur mon front.

– Il faut vous reposer, murmura-t-il avant de s'esquiver.

Il passa en coup de vent chaque matin. Un salut rapide avant de disparaître dans la forêt où l'enivraient les senteurs de l'été. Mais dès que je pus me lever, il m'honora d'une longue visite en compagnie de Monsieur de Fleury qui se montra fort courtois et eut quelques mots d'esprit pour me distraire. Je compris, quelques semaines plus tard, les raisons de sa bonne humeur en apprenant que le Pape Benoît XIV lui avait accordé la barrette de Cardinal. Le roi en avait fait la demande afin de récompenser la fidélité de l'ancien précepteur qu'il aimait comme un père. Le lien entre les deux hommes était indestructible, et il me parut clairement que Louis avait besoin de ce vieux roc pour implanter son autorité. Une autre pensée se confirma dans mon esprit : en m'opposant à Fleury, je risquais de jouer contre le roi et de perdre mon époux.

Nous étions au milieu d'août et la Cour plia bagage. Sans attendre la fin de ma convalescence, Louis se mit en route vers Fontainebleau. Ceux qui n'avaient pas été invités à le suivre, gagnèrent leurs terres de province, et je restai seule dans le palais vide, entourée de dames qui regimbaient à me servir, persuadées que le roi m'avait abandonnée puisqu'il était parti avant que ma santé ne fût rétablie. Peu m'importait ce qu'elles pensaient. Le plaisir de Louis passait avant le mien. J'avais hâte cependant d'aller le rejoindre dans ce beau château qui gardait les secrets de nos premières nuits.

Quelques semaines plus tard, j'étais assez forte pour supporter les fatigues du voyage, et quittai Versailles en pensant à mon prince de contes qui m'avait offert ses cheveux d'or pour me remercier publiquement d'avoir fait de lui un homme. Je relisais les lettres du Cardinal dans lesquelles se glissaient toujours, après les conseils et recommandations, des nouvelles du roi et ses messages de tendresse. Je fermais les yeux et rêvais de l'instant où je serais dans ses bras.

Mon cœur tressaillit lorsque je vis les tourelles, le donjon et les fenêtres à meneaux, la Cour carrée et l'escalier du Fer à cheval. Au premier étage de l'aile droite, le visage de Louis n'était pas derrière la vitre. Et je fus bien déçue d'apprendre qu'il chassait dans les bois au lieu de venir à ma rencontre comme il l'avait fait l'année précédente. La vie est un fleuve que l'on ne remonte pas. Son courant est trop fort, et nous emporte vers d'autres rives, sans même nous laisser le temps de nous y attarder. Je cachai ma tristesse et pris le chemin de mes appartements en me disant qu'une reine ne pouvait espérer les joies simples d'une particulière enamourée. Fontainebleau me réservait d'autres surprises qui s'en iraient au fil des ans dans la malle des souvenirs.

Les péripéties de ma jeunesse tourmentée m'avaient appris à ne pas me plaindre et dominer mes humeurs, m'adapter aux situations, offrir le meilleur de moi-même. Jour après nuit, j'avais compris les dualités de Louis, ses embarras et ses incertitudes derrière ses silences, son appétit de vivre tempéré par ses obligations, ses élans que la timidité paralysait. Roi depuis l'âge de cinq ans, il avait mûri dans la solitude et l'étude, ignorant l'insouciance de l'adolescence et la chaleur d'une famille. Il avait un cœur, certes, mais s'effrayait de l'ouvrir. Je devais être patiente et donner beaucoup d'amour, avant d'en recevoir à mon tour.

Quelques instants suffirent pour me rafraîchir et m'habiller d'une robe nouvelle que Louis ne connaissait pas. Je voulais le surprendre et le séduire comme à l'instant de notre rencontre dans la forêt de Moret.

J'entendis son pas dans la galerie et les cliquetis des gardes sur son passage. Il vint me saluer en tenue de chasse, imprégné de l'odeur humide de la terre sous les arbres. Son visage avait la fraîcheur du vent et ses yeux reflétaient les roux de l'automne. Il avait un je ne sais quoi de sauvage et de voluptueux qui me prit l'âme et l'esprit, et me fit oublier tous ces jours ternes que je venais de vivre loin de lui. Ma peau frissonna. D'un regard il m'avait possédée, et je me jetai dans ses bras en balbutiant :

– Oumilovany !

Mon cher amour, oui, mon ivresse, ma folie, mon maître et mon tout, l'homme que j'aimais à la fureur, et que j'aimerais jusqu'à mon dernier souffle.

– Marychna, murmura-t-il, moja sarenka.

Il me serra à m'en étouffer contre sa veste rugueuse et ajouta d'une voix émue :

– Ne tombez plus malade, je vous en prie.

La fougue de Louis n'avait pas de limites et ses ardeurs se renouvelèrent chaque nuit. Le bonheur nous illuminait et les Cupidons du parc nous enviaient. La Cour nous épiait et persiflait. Refusant d'admettre l'évidence, on s'acharnait à répéter que le roi m'abandonnait. Le Ciel envoya son démenti. Cette seconde lune de miel ne tarda pas à produire des fruits. Tant d'espérances avaient sombré, que je n'osais y croire. Après le retour à Versailles, les médecins me le confirmèrent, mais j'attendis le début de l'année nouvelle pour annoncer officiellement que j'étais enceinte. Louis en prit de l'importance, les gens de « ce pays-ci » restèrent prudents, mais aux quatre coins du royaume retentirent des cris de joie, et la France tout entière fut grosse avec moi, espérant ce Dauphin qu'elle désirait tant.

Les mois passèrent dans la sérénité et la ferveur. Je priais Dieu et la Vierge, et rassemblais près de mon lit les statues qui rendaient l'accouchement facile, Notre Dame du Bout du Pont, Sainte Marguerite, et les reliques qui avaient fait naître Louis XIII. J'apprenais aussi le cantique que chantait Jeanne d'Albret en mettant au monde Henri IV. Pendant ce temps, Louis faisait aménager les appartements de l'Aile des Princes et constituait la « Chambre » de son futur enfant en choisissant lui-même les nourrices, remueuses et servantes. La Gouvernante des Enfants de France fut désignée d'office : Mme de Ventadour, sa chère « maman » qui l'avait maintenu en vie quand la mort avait emporté la famille royale, était la seule personne qu'il jugeait digne de veiller sur son propre héritier.

Deux jours avant l'Assomption, j'eus un malaise après souper. Comme je m'étais régalée de figues et d'un melon à la glace, le médecin se moqua de ma gourmandise et parla d'indigestion. Mais à trois heures du matin, je fus réveillée par des douleurs qui n'avaient rien d'un embarras gastrique, et je fis appeler Peyrard, mon accoucheur, installé pour la circonstance dans un appartement tout proche du mien.

– Ce ne sont que les « mouches », me dit-il.

Ces mots déclenchèrent le branle-bas dans tout le palais. La maréchale de Boufflers, ma dame d'honneur, arriva la première et prit les mesures nécessaires pour ce genre de circonstance. Forte de son expérience et de son autorité, elle fit préparer le lit et convoqua mes dames et tous ceux qui devaient être présents à la cérémonie. Évêques et aumôniers se hâtèrent et dressèrent un autel où des messes furent dites en permanence. Dans un autre coin, la « Chambre » installait la table à langer, la corbeille des langes, la cuvette pour le premier bain et mettait à chauffer l'eau « de grattin [1] ». J'observais à demi consciente. On m'avait saignée et les douleurs se rapprochaient. Au petit matin, on appela le roi qui courut vers mon chevet, anxieux et inquiet.

– C'est à cause de moi que vous avez mal, dit-il en prenant ma main.

Il la garda dans les siennes et l'embrassa tendrement. Il se penchait sans cesse pour caresser mon front et renforcer mon courage lorsque la souffrance m'arrachait un cri. J'avais peur de ne plus supporter la douleur, peur d'en mourir et de tuer l'enfant qui poussait dans mon ventre, peur de tous ces médecins qui entouraient ma couche comme une armée de juges, peur enfin des brouhahas qui montaient de la Salle des Gardes, et des vapeurs d'encens qui me tournaient la tête. Je regardais Louis et me perdais dans ses yeux qui m'enveloppaient d'amour.

– Sa Majesté la Reine est dans les bonnes douleurs, annonça Peyrard.

– Le moment est venu d'avertir tous les témoins d'usage, dit le roi.

J'entendis le bruit des portes et les piétinements de la Cour derrière le paravent qui me protégeait des regards curieux. Un froid de glace tordait mes entrailles, tandis que Peyrard commentait ce que tous prenaient pour un spectacle :

1. On appelait ainsi l'eau du premier bain de l'enfant.

– Sa Majesté va accoucher !

Je perdis connaissance, et la voix de Peyrard me réveilla :

– Sa Majesté est accouchée.

Les lèvres de Louis étaient sur ma main.

– Une fille, murmura-t-il.

Le visage de Peyrard sortit du brouillard qui m'entourait et j'entendis qu'il me disait :

– Il y en a un autre.

Je m'évanouis de nouveau, espérant le garçon. Mais ce fut une seconde fille. Je pleurais de déception et redoutais le commentaire de Louis, persuadée qu'il m'en tiendrait rigueur. Il exultait de joie et m'embrassa en s'écriant :

– Vous avez bien travaillé, Marychna, et je suis fier de « mon ouvrage ». Le Dauphin sera pour l'année prochaine. Prenez date avec Peyrard.

Il ne tenait plus en place, allant à grands pas vers la table où l'on habillait ses filles et revenant vers mon chevet. Il rayonnait de bonheur et de satisfaction lorsqu'il s'arrêta près de moi en déclarant :

– On disait que je ne pouvais point faire d'enfant, et j'en ai réussi deux d'un coup !

Aurait-il eu des inquiétudes à ce sujet ? Je comprenais soudain la raison de ses froideurs qui n'étaient que gêne et peur d'être stérile.

Dès qu'elles furent ondoyées, Madame de Ventadour me présenta mes jumelles et je les serrai contre moi avec une tendresse infinie. J'oubliais ce que je venais d'endurer. Elles étaient si jolies, et le visage de Louis s'illuminait de son merveilleux sourire. En ce 14 août 1727, j'étais une femme heureuse, prête à bien d'autres souffrances pour connaître d'autres bonheurs. Louis m'offrit des colliers de pierres précieuses puis, s'adressant à son Capitaine des Gardes, il ordonna d'une voix forte :

– Duc de Villeroy, accompagnez Madame Première et Madame Seconde jusqu'à l'appartement qui leur est réservé !

Le comte de Tessé, mon premier écuyer, fut dépêché à Chambord auprès de mes parents. On envoya des faire-part aux quatre coins du royaume et de l'Europe. Le roi et la Cour chantèrent un Te Deum à la Chapelle du palais, et Paris fit de même à Notre-Dame. Après les fêtes rituelles de l'Assomption et la Procession du Vœu de Louis XIII, on distribua des médailles d'or et d'argent, des prisonniers furent libérés, les impôts diminués, et les réjouissances se multiplièrent. Illuminations, feux d'artifice, fontaines de vin et spectacles gratuits. L'allégresse emplissait les rues. Cela faisait soixante ans que l'on n'avait célébré la naissance d'une Fille de France. La dernière avait été Marie-Thérèse, troisième fille de Louis XIV, née le 2 janvier 1667. Et pour trouver des jumelles royales, il fallait remonter jusqu'aux « bessonnes » de la reine Catherine, nées le 24 juin 1556. Sur le Pont-Neuf, les Parisiens chantaient gaiement :

« Il faudra deux langes,
Il faudra deux bonnets ;
Pour nos deux petits anges,
Il faudra deux hochets ;
A cette belle enfance
Que de deux il faudra,
Ah ! Ciel, que de dépense,
Mais Dieu y pourvoira… »

Comme les gens simples de la rue, je faisais confiance et remerciais chaque jour le Seigneur des bienfaits dont il me comblait. Louis adorait ses filles et ne me quittait plus. Des compliments nous arrivaient de toute l'Europe, et ceux de l'Espagne s'accompagnèrent d'une grande nouvelle : Leurs Majestés Catholiques, oubliant le renvoi de l'Infante, offraient de se réconcilier avec le roi de France. Le meilleur moment fut la visite de mes parents et l'exubérance de mon père devant « ses petites poupées » qui recevraient, le jour du baptême, leurs prénoms : Marie-Louise-Élisabeth et Anne-Henriette. Mon cœur débordait de reconnaissance et mon amour pour Louis n'en finissait pas de grandir. Un soleil merveilleux illumina mon automne et je portai bientôt de nouvelles espérances. Cette fois, j'en étais sûre, ce serait le Dauphin.

L'accoucheur et les médecins étaient formels, et tout fut mis en place pour le cérémonial. A Versailles comme à Paris on retenait son souffle. Le 28 juillet 1728, à huit heures du matin, je mettais au monde une autre fille. Mon désespoir fut à son comble, ainsi que ma déception, mais Louis, toujours tendre et empressé, me consola d'un air jovial.

– Ce n'est que partie remise, Marychna. Prenez parole avec Peyrard pour l'année prochaine. Nous aurons un garçon.

Pour Madame Troisième, il n'y eut qu'un Te Deum à la Chapelle. Toutes les réjouissances furent décommandées. Elles avaient été prévues pour un Dauphin. De la Cour à la Ville, on eut du chagrin, mais on fit bonne mine à mauvais jeu. Dans mon lit, je me rongeais de honte et d'humiliation. Je pensais aux foules enthousiastes qui m'avaient acclamée depuis Strasbourg jusqu'à Moret en réclamant un héritier pour le trône de France. Mais je ne produisais que des filles, et les gazetiers se gaussaient de mon ventre « furieusement porté de ce côté-là ».

Piquée dans mon honneur, je décidai de relever le gant et de me rendre dans la capitale afin de me faire connaître et d'associer le peuple de Paris à mes prières. Une simple visite, sans luxe ni apparat, un pèlerinage que j'avais promis lorsque j'avais cru mourir. C'est ainsi que je présentai mon projet au Cardinal en le soumettant à son approbation afin qu'il ne pût m'accuser d'agir dans son dos, et lui indiquai que j'aurais grand plaisir si le roi ordonnait, ce jour-là, les prières des Quarante Heures pour que Dieu nous accordât un Dauphin. L'argument ne souffrait aucun refus.

Le 4 octobre, j'entrai dans la Ville avec une suite ordinaire : quatre carrosses à huit chevaux, vingt gardes à cheval, quelques pages, le guet et les archers. Les canons tonnaient, ceux de la Bastille et de la place de Grève, les clochers sonnaient avec allégresse, et les rues noires de monde crépitaient d'applaudissements qui redoublaient lorsque je me penchais à la portière et saluais de ma main gantée. Les habitants de Paris me fêtaient comme l'avaient fait les villageois des campagnes. Ils n'avaient pas vu de reine depuis cinquante ans. Sur le parvis de Notre-Dame, les membres du Clergé entouraient le cardinal de Noailles qui m'attendait en habits pontificaux. Tenant la main de mon chevalier d'honneur et de mon premier écuyer, je le suivis dans la nef bondée de gens simples et de bourgeois qui me contemplaient avec émotion. J'entendis leurs murmures élogieux et je vis dans leurs yeux que j'avais gagné leurs cœurs. Tout au long de la messe, leurs prières montèrent dans les nuages d'encens et se joignirent aux miennes dans une même ferveur.

Une foule dense avait envahi la place, et m'offrit un lâcher d'oiseaux lorsque je regagnai mon carrosse. Je serrai des mains, caressai des fronts d'enfants, et le cortège s'ébranla sous un tonnerre de vivats, traînant dans son sillage le flot de tout un peuple qui m'honorait de son escorte bruyante et bigarrée. Fidèle à ma parole, je m'arrêtai à l'église Sainte-Geneviève, de l'autre côté de la Seine, et m'agenouillai devant la châsse, après avoir embrassé un morceau de la Vraie Croix que l'on me présenta ; puis j'allai dans la chapelle de Sainte Clotilde pour toucher les reliques royales et prier devant le tombeau de Clovis.

La fin du voyage fut un merveilleux divertissement. Je visitai le vieux Paris, et frissonnai dans la rue de la Ferronnerie où Henri IV avait été poignardé. J'admirai le Louvre, les Tuileries, la place Louis le Grand [1], et dînai au château de la Muette avant de regagner Versailles, la tête pleine d'acclamations et de mots enthousiastes. Une étrange satisfaction d'amour-propre, douce et bienfaisante, s'insinuait dans mon âme et me faisait oublier ma modestie habituelle. J'étais populaire. Cette journée me l'avait démontré. Paris chantait mes vertus et mes charités. Paris appréciait ma simplicité, mon sourire et mon air de bonté. Avec ce Paris qui m'aimait et me louait, j'avais imploré Dieu et ne doutais plus d'offrir bientôt à la France ce qu'elle attendait de moi.

---

1. Aujourd'hui place Vendôme.

Une semaine plus tard, j'allai rejoindre Louis à Fontainebleau. Je le vis soudain galoper à ma rencontre comme au temps de notre mariage, et bondir dans mon carrosse pour m'enlacer avec fougue. Était-ce mon succès auprès de ses sujets qui le rendait plus conquérant ? Nos retrouvailles en avaient certes plus de chaleur et de piquant. Je m'abandonnai sans réserve à l'émotion de l'instant, et répondis à ses ardeurs avec la certitude qu'un fils nous viendrait sous peu.

VIII

On l'attendait avec trop d'impatience pour qu'il se fît désirer plus longtemps. Le 4 septembre 1729, à trois heures quarante du matin, je mettais au monde un gros garçon joufflu. Une douleur intempestive m'avait réveillée au deuxième coup de la nuit, et depuis ce moment, c'était le branle-bas d'un bout à l'autre des ailes du château. La Cour piétinait autour de mes appartements, et les habitants de Versailles, alertés par les flambeaux qui couraient derrière les fenêtres, s'étaient rassemblés sous les grilles, animés de cette prescience qu'ont les gens de la terre. Vers la fin du travail, je m'étais évanouie en tenant la main de Louis et ne pus entendre son cri de joie lorsque Peyrard lui montra le bébé de sexe mâle qui venait de naître et qui fut déposé dans un bassin d'argent. La Cour voulut manifester son enthousiasme, mais le roi imposa le silence. Je n'avais pas repris connaissance et il redoutait le choc d'une émotion trop vive. Dès que j'ouvris les yeux, il me prit dans ses bras. Son visage transfiguré m'annonça la bonne nouvelle tandis que ses lèvres balbutiaient :

– Un Dauphin, Marychna ! Je n'ai pas de mots pour vous remercier de ce don aussi précieux.

Sa voix se brisa, puis il ajouta :

– Comment vous dire combien je vous aime !

Enlacés l'un contre l'autre, nous pleurions sans nous maîtriser. Larmes d'allégresse qui nous unissaient avec plus de tendresse et tissaient entre nous, comme le feront plus tard les sanglots et le chagrin, des liens plus forts que les ardeurs de nos nuits.

– Je vous aime comme on n'a jamais aimé, murmurai-je à mon tour.

On me présenta mon fils, langé, ondoyé, décoré du cordon du Saint-Esprit, et je le caressai avec tout l'orgueil qu'une mère est en droit de se permettre. Le jour de son baptême, il recevrait le prénom de son père et de ses aïeux. La robustesse de l'enfant qui serrait l'un de mes doigts, l'exubérante fierté de Louis, les compliments empressés du Cardinal et de la Cour me récompensèrent de toutes mes peines. J'étais bien la plus heureuse des femmes au monde lorsque le roi tonitrua :

– Duc de Villeroy, conduisez le Dauphin jusqu'à l'appartement qui lui est réservé.

Je ne m'étais pas privée en vain de suivre les chasses en amazone ou en calèche et d'admirer la hardiesse de Louis traquant les cerfs ou les loups. Je n'étais pas restée seule en vain derrière les vitres du Salon de la Paix à regarder de loin les courses de traîneaux sur la neige et la danse des patineurs habillés à la polonaise en mon honneur. Et surtout je n'avais pas prié en vain. Dieu et la Vierge m'avaient exaucée en m'accordant ce triomphe, et je multipliais mes actions de grâces doublées d'offrandes et de charités. Louis ne fut pas en reste. Plus que pour les jumelles, il manifesta sa générosité. Mais avant que l'aube n'eût blanchi le ciel, il envoya ses messagers à Chambord, aux quatre coins du royaume et jusque dans les Cours étrangères pour y annoncer que le roi de France avait un héritier. Le soleil se levait à l'horizon et couvrait le parc de ses reflets d'or rose lorsque, ce matin-là, le jeune souverain entra dans le lit de son bisaïeul avec un sentiment bien légitime du devoir accompli. La lignée des Bourbons ne risquait pas de s'éteindre.

Il n'eut que le temps de s'assoupir et fut réveillé par un beau tumulte. Tout le peuple de Versailles était sous ses fenêtres à vociférer des acclamations. Il les salua de bonne grâce, jeta des poignées de pièces et s'en fut à la Chapelle pour y entendre la messe et chanter un Te Deum. Puis il vint m'embrasser et m'offrit, comme le voulait la tradition pour les mères de Dauphin, un collier de diamants dont je me parai aussitôt. Il courut voir son fils, au bout de l'Aile des Princes, et réapparut dans ma chambre pour me parler du bébé. Il n'en finissait pas de s'émerveiller et continua son va-et-vient toute la journée, bousculant à tout instant ceux qui avaient charge de le suivre.

Clouée dans mon lit par la Faculté, je souriais béatement, comblée d'une félicité qui me paraissait presque irréelle et m'emportait sur les nuées. Où était Wissembourg et sa princesse exilée, sans dot, que des médecins avaient examinée afin de vérifier ses aptitudes de génitrice ? Le contrat était rempli, et la reine de France trônait à son aise dans ses oreillers de dentelles en exhibant fièrement ses pierreries. Après tant de peines et d'humiliations, je les avais bien méritées.

Ce dimanche fut une véritable folie, ainsi que les jours qui suivirent. Dans l'ordre prévu par l'étiquette, les princes et princesses du sang, les dignitaires et la Cour présentèrent leurs compliments au roi, puis défilèrent dans ma chambre avec les hommages de circonstance qu'ils transportaient ensuite dans l'Aile des Princes pour les déposer aux pieds du berceau où reposait « Monseigneur le Dauphin ». Cérémonie interminable et harassante pour une accouchée soumise par ses médecins à un jeûne de soixante-douze heures.

Pendant ce temps, Versailles exultait, Paris explosait, et la France tout entière se mettait en fête. Elle n'avait pas eu de Dauphin depuis soixante-huit ans. Tambours et trompettes résonnèrent pendant trois jours, les clochers carillonnèrent, on chanta des Te Deum, et les libations durèrent des semaines. Feux de joie et feux d'artifice, bals, fontaines de vin, spectacles et banquets. On ne travaillait plus et tout était gratuit. Il y eut aussi des amnisties, libérations de prisonniers, dégrèvements d'impôts, distributions de médailles et de pièces d'argent. Et le délire fut à son comble lorsque le roi entra dans la Ville en grande pompe. Accompagné de mousquetaires, chevau-légers et fauconniers, oiseau sur le poing, il s'en fut à Notre-Dame pour y entendre un Te Deum à cent voix, offert par le Parlement. La foule en liesse hurlait ses vivats en faisant voler chapeaux et bonnets.

Dès son retour, Louis s'empressa de me raconter le festin de l'Hôtel de Ville, sa promenade au long des rues et des places illuminées, et me dit soudain d'un air rêveur :

– Paris vous vénère, Madame, vous êtes son « Étoile du Nord » et j'ai entendu qu'on appelait notre Dauphin « le Lys de Versailles » ou « l'enfant de l'Europe » [1].

Louis avait un drôle d'air qui me rendit songeuse. Craignait-il une intrigue, une concurrence ? Était-il jaloux de ma popularité ? L'affaire de Monsieur le Duc m'avait guérie de toute tentative. Quant au bébé qui souriait aux anges, il n'était que le fruit de notre amour. D'une voix douce, je minaudai :

– Ils ne savent pas que je vous appelle « Oumilovany ».

Il eut un éclat de rire et me couvrit de baisers. Plus tard, je me souviendrais de cet éclair d'inquiétude que j'avais surpris dans son regard. Pour l'heure, je vivais un bonheur sans pareil auprès d'un époux qui ne s'était jamais montré aussi amoureux, aussi prévenant, séducteur et protecteur, à l'affût de mes désirs. Et lorsque la Faculté nous permit enfin d'autres ébats, dans la fureur de ma passion, je m'écriai :

– Korhanié !

Ce qui, en polonais, signifie « bien-aimé ». J'ignorais que la France l'appellerait ainsi quinze ans plus tard en implorant Dieu de le garder en vie.

Pendant quelques jours encore, la cour de marbre, encombrée de danseurs, paysans et camelots, vit tourner sans fin un nombre infini de carrosses entou-

1. Authentique.

rés de leurs suites à cheval. Princes étrangers, ambassadeurs, visiteurs de marque et corps constitués, bourgeois et corporations, petits métiers et dames de la Halle se présentèrent sans relâche pour complimenter le roi, la reine et le Dauphin. Tout cela faisait un beau remue-ménage, et le château était sens dessus dessous. Le Cardinal en perdait la tête et s'arrachait les cheveux d'avoir à gérer les affaires de l'État au milieu d'une telle cacophonie.

– On est tous fous, disait-il pour cacher son émotion, et peut-être un peu de jalousie.

Lorsqu'il en eut assez de ce désordre, il fit publier au son du tambour que Sa Majesté, « satisfaite des marques de joie de ses sujets, ordonnait à tous de se retirer chez eux et de vaquer à leur travail ». Le calme régna de nouveau aux abords des Grands Cabinets où se tenaient les Conseils, et chacun se plia aux tyrannies de l'étiquette en regimbant parfois, provoquant ainsi une querelle de préséance qui venait rompre la monotonie et permettait à l'un ou l'autre de faire parler de lui.

Auprès de Louis, je roucoulais comme aux premiers mois de notre mariage et la Cour s'ennuyait, fâchée de nous voir aussi unis. Elle le fut d'autant plus qu'à la fin de l'année j'étais de nouveau enceinte et que le roi n'avait d'intérêt que pour moi, n'épargnant aucune attention pour me plaire. L'une d'elles fut la plus sensible à mon cœur quand il reçut mes parents « avec les honneurs dus à Leurs Majestés de Pologne » et les logea au Trianon qui n'avait pas eu d'hôte depuis la visite de Pierre le Grand.

Le 30 août 1730, je mis au monde un second fils en serrant la main de Louis qui bondit de joie devant ce nouveau fleuron à sa couronne. Il le nomma solennellement « duc d'Anjou », le décora du cordon bleu du Saint-Esprit, et m'entoura d'une tendresse sans réserve. La chance m'avait souri, ou tout simplement la grâce divine. Je triomphai une fois de plus. Le Cardinal et la Cour s'inclinèrent devant moi, tenus au respect par cette naissance qui m'auréolait de puissance et de majesté. Comme pour le Dauphin, il y eut des Te Deum et des feux d'artifice. Paris se remit en fête et chanta son allégresse autour des fontaines où le vin coulait à flots :

« *Je veux à mon Maître*
Boire comme un trou.
Il vient de nous naître
Un beau duc d'Anjou.
Vertubleu ! Quel homme que notre bon roi ! »

En remontant les marches du temps, je crois que cette année fut la plus ensoleillée de mon existence. Tout me souriait en effet. J'avais épousé le plus bel homme du royaume, un roi qui venait de célébrer ses vingt ans. Je l'aimais à la folie et lui avais donné, en quatre ans, trois filles et deux garçons, juste retour de ses ardeurs et de sa fidélité. Les propos du maréchal de Villars me revenaient parfois en mémoire, et j'en riais, ne voyant aucune raison de m'inquiéter. Louis avait ses humeurs, son indépendance, le besoin impérieux de bouger d'un château l'autre et de galoper dans les forêts, mais il revenait auprès de moi et son désir ne faiblissait pas.

De longues conversations nous occupaient : l'éducation de nos enfants, leur avenir, comment les établir. Et nous avions entrepris de rénover nos appartements. Les miens furent agrandis de dix petits cabinets que je fis décorer selon ma fantaisie par les meilleurs artistes du temps. On changea le meuble de ma chambre qui fut tendue d'un satin blanc, broché d'or et de soies polychromes, tissé pour moi dans les manufactures de Lyon. J'eus aussi un salon de bain avec des fresques exotiques évoquant les Antilles aux parfums d'épices. Je rêvais que mon bonheur n'aurait pas de fin, et ne me souciais plus de mon avenir puisque les grossesses se succédaient et que Louis en semblait ravi. Une petite fille avait rejoint le cercle de famille au printemps de 1732, et nous avions prévu de l'appeler Adélaïde en souvenir de la mère de Louis. J'avais fait un pèlerinage à Chartres pour demander un troisième garçon, et me trouvais en état de l'espérer.

Soudain, tout bascula. Madame Troisième mourut d'un mauvais rhume au mois de février 1733. Le chagrin faillit me briser, d'autant que j'étais enceinte, et Louis aussi touché que moi s'était éloigné de Versailles pour oublier. Il s'échappait souvent en compagnie de quelques amis dont il aimait la société. Six semaines plus tard, mon petit duc d'Anjou fut malade à son tour. Je le fis installer dans un appartement situé au-dessous du mien auquel j'accédais par un petit escalier, et lui rendis visite plusieurs fois le jour. Je le voyais languir et mon cœur se rongeait d'inquiétude. Une armée de médecins l'entourait. Ils n'y comprenaient rien et n'avaient qu'un remède : la saignée. Le pauvre enfant perdit ses forces. Brusquement, il fut pris de convulsions et ses souffrances me torturaient. Je le vis dépérir et refusai de quitter son chevet. Mais, chaque soir, on m'en arrachait.

– Votre santé, Madame, disait Helvétius. Vous êtes dans votre huit.

– Que ne puis-je lui donner ma vie, répliquais-je.

– Vous la devez à celui que vous portez.

Grosse, lourde, fatiguée, désespérée, j'obéissais en cachant mes pleurs et regagnais mon lit, redoutant de ne plus voir au matin cet enfant que j'aimais tant. Au cours d'une nuit, un pressentiment me réveilla et j'allai à la fenêtre sans déranger Louis qui dormait auprès de moi. La cour était déserte et tout semblait paisible. Le vent frais de l'aube me fit frissonner. J'allais me retirer lorsque je vis un crocheteur près de l'appartement de mon fils et lui demandai :

– Comment va le duc d'Anjou ?

– Il est mort, répondit l'homme sans lever la tête.

Le sol disparut sous mes pieds et je m'effondrai sans connaissance. Au son de mon cri, Louis avait bondi vers moi et m'avait recueillie dans ses bras où je repris conscience. Je m'abandonnai sans force, croyant perdre la raison.

– Marychna, s'écria-t-il en me serrant contre lui, je partage votre chagrin, mais de grâce reprenez courage. Notre duc d'Anjou ne souffre plus et si Dieu a voulu nous le reprendre, acceptons Sa volonté.

– Il ne vous reste que le Dauphin, dis-je d'une voix résignée. Prions pour qu'il ne lui arrive rien.

Une fièvre froide me glaçait les os et je sentis dans mon ventre cette autre vie qui se manifestait. Un petit être s'agitait avec vigueur et, dans mon désarroi, je me pris à espérer que l'enfant perdu revenait en lui et qu'il serait un garçon. Pour lui, je maîtrisai ma douleur en implorant la Vierge qui avait pleuré son fils cloué sur une croix et l'avait vu ressuscité.

Je n'eus pas le droit de voir mon petit gisant et de lui dire un dernier adieu. L'étiquette s'y opposait. Mais avant d'être mis en bière et envoyé à Saint-Denis auprès de sa sœur et de ses aïeux, il fut autopsié, selon la coutume. Ce que j'entendis alors me saisit d'horreur. Ses intestins étaient remplis de terre. D'où venait-elle ? Il n'y en avait pas dans sa chambre, et il était trop faible pour aller se promener dans le parc. On interrogea tous les gens qui l'avaient approché et l'on finit par découvrir le complot sordide. Une chambrière avait mis, dans les potions de mon fils, de la terre qu'elle croyait miraculeuse :

– Elle vient de la tombe de l'abbé Pâris qui a guéri beaucoup de monde et des plus malades, avoua-t-elle en sanglotant.

Abbé ou diacre, avant de mourir six ans plus tôt, ledit Pâris s'était violemment opposé à la Bulle *Unigenitus*. Les défenseurs du Jansénisme en avaient fait leur prophète et n'avaient pas hésité à propager que sa tombe faisait des miracles. Rumeur mensongère qui avait impressionné les foules et leur avait gagné des adeptes. Les gazettes avaient amplifié le phénomène en décrivant des choses surprenantes, qualifiées de surnaturelles. La ville entière s'en fut au cimetière Saint-Médard et, de tous les coins de France, on s'était rué pour toucher la sépulture, parfois s'y coucher, et recueillir une poignée de tourbe. Certains avaient eu des convulsions et s'étaient livrés à des gestes frisant l'indécence et la profanation. Une ordonnance royale avait alors fermé le cimetière afin que l'ordre ne soit point troublé. Le Parlement s'était rebiffé. Une délégation s'était présentée chez le roi qui avait sèchement piétiné la feuille des remontrances que lui soumettait un abbé nommé Pucelle. Loin de s'avouer vaincu, le parti janséniste avait alors décidé de me rallier à sa cause par une action d'éclat : guérir mon fils avec la terre du pseudo-saint. Ses agents croyaient-ils vraiment à son pouvoir miraculeux ? Si la chambrière était persuadée de bien faire, ceux qui l'avaient soudoyée n'avaient eu aucun scrupule et s'étaient bien moqués d'empoisonner le duc d'Anjou. N'était-ce pas ce qu'ils avaient recherché ? En abusant la pauvre femme, ils s'étaient vengés du roi.

Avant de quitter Strasbourg pour rejoindre mon futur époux, mon père m'avait mise en garde au sujet des conflits de religion qui agitaient le royaume de France. Suivant ses conseils, j'étais restée fidèle à ma foi et à l'Église sans prêter l'oreille aux nouveautés en matière de doctrine. Comment aurais-je pu me douter que des fanatiques d'une autre croyance allaient m'attaquer aussi cruellement dans ma chair ?

Nul n'a jamais su qui étaient les vrais coupables. Les exécutants du crime ignoraient leurs noms. Un agent bien organisé, bénéficiant de complicités mystérieuses, avait réussi à s'introduire jusque dans l'entourage le plus proche du duc d'Anjou et s'était volatilisé en laissant derrière lui ses pilules de terre meurtrière avec leur mode d'emploi. Toucher au fils du roi méritait un châtiment sévère. Tout le domestique tremblait, redoutant le pire. Mais qui punir ? Aucune loi du talion n'effacerait mon chagrin et ne me rendrait cette partie de moi-même qui venait de mourir. Je préférais m'en remettre à Dieu, qui jugerait à Son heure, et soumettre humblement à Son feu l'acier de mon âme. Louis approuva mon attitude, et son soutien fut le plus doux des baumes. Devant l'épreuve, nous restions unis.

Par mesure de sécurité, on chassa tout le personnel des Enfants de France. Du dernier valet au capitaine des Gardes du Corps. Les remplaçants furent minutieusement choisis et durent prêter serment de servir fidèlement sous peine d'être mis aux fers. Mille précautions furent prises, et pourtant je n'étais pas tranquille. Les médecins avaient gardé un silence embarrassé quand on les avait questionnés. Leur science s'était révélée impuissante à détecter les anomalies étranges qui avaient affecté la santé de mon fils alors qu'il suivait un traitement destiné à le guérir. D'autres morts mystérieuses me revenaient en mémoire, qui avaient emporté coup sur coup le grand-père de Louis, ses parents et ses deux frères. Une peur terrible s'empara de moi. Je tremblais pour le seul fils qui me restait, pour mes filles, et me demandais avec angoisse comment les protéger. Les médecins, désireux de faire oublier leur carence, vinrent à mon aide en déclarant :

– L'air de Versailles est insalubre, Majesté. Une villégiature au château de Meudon aurait les meilleurs effets sur la santé de Mesdames et de Monseigneur le Dauphin.

La séparation me coûtait, mais je fus soulagée de les voir partir dans un endroit où ils seraient étroitement surveillés. J'entrais dans mon neuvième mois et ne songeais plus désormais qu'à préparer ma délivrance en essayant de retrouver une sérénité que les deuils avaient mise à mal. Je remontais la pente avec courage en offrant mes douleurs au Seigneur, lorsque j'appris que le Dauphin avait la rougeole. Toutes affaires cessantes, je voulus mon carrosse pour courir auprès de lui. Une fois de plus, Helvétius me raisonna :

– Songez au roi, Madame, et au bébé que vous portez.

Il avait raison. Madame de Ventadour le soigna si bien qu'il fut guéri en peu de jours et j'eus le cœur en paix pour mettre au monde celui qui s'agitait avec vivacité. Mais il semblait que les choses ne tournaient plus rond autour de moi. Les difficultés surgissaient là où on les attendait le moins. Dans l'après-midi du 11 mai, lorsque les premières douleurs se manifestèrent, mon accoucheur n'était pas dans ses appartements. Valets, laquais, officiers furent lâchés dans les corridors, et comme on ne le trouvait point, on fit battre tambour. En vain. Peyrard avait disparu et l'enfant s'annonçait. Louis maîtrisa sa colère et me rassura en épongeant lui-même mon front.

– N'ayez crainte, Marychna, votre garde me semble experte en la matière.

Assistée de mon fidèle Helvétius, la jeune femme qui me servait depuis plusieurs années m'accoucha sans problème. Et pour ma déception, ce fut une fille. Louis, qui, tout comme moi, avait espéré un garçon, ne manifesta aucune amertume et promit de faire mieux la prochaine fois. Je n'eus plus qu'un désir, désormais : donner au roi et à la France un autre duc d'Anjou. Pour l'heure, je devais reprendre des forces, voler à Meudon pour embrasser mes chers petits, et suivre avec plus d'intérêt une affaire qui agitait la Cour de France au sujet de mon pays.

Au début de février de cette année 1733, on avait

appris la mort d'Auguste de Saxe, la bête noire de mon enfance qui avait usurpé le trône de mon père et nous avait contraints à l'exil. Les deuils qui m'avaient accablée dans le même temps m'avaient empêchée d'en être touchée et de penser aux conséquences. Mais le torrent des souvenirs avait inondé ma mémoire : la fuite en Posnanie, l'attaque des Cosaques dans la nuit, la peur qui m'avait paralysée dans le pétrin, l'escapade en Poméranie, la famille regroupée à Stockholm, les tueurs lancés à nos trousses jusqu'au refuge des Deux-Ponts, le chantage auprès du Régent pour nous chasser de Wissembourg, et le flot de calomnies sur mon compte pour entraver mon mariage avec Louis. Tant d'humiliations, de souffrances et de privations étaient liées à ce nom d'Auguste, que j'avais accueilli avec un certain soulagement la nouvelle de sa disparition. Et voilà qu'autour de moi, on ne parlait plus que de sa succession. J'entendais même, sans oser y croire, que le nom de mon père rassemblait des partisans. La Diète réunie à Varsovie affichait des préférences pour le Polonais Stanislas Leczinski.

Les rêves les plus fous se bousculèrent dans mon esprit. Ma chère Pologne me submergeait de ses combats épiques, de ses cavalcades et de ses romances que ma grand-mère avait chantées autrefois. Toute mon enfance me prenait au cœur et à la gorge, et j'imaginais mon père sur le chemin du retour, l'entrée triomphale dans Varsovie et le sacre dans la cathédrale, qui lui rendrait sa couronne ainsi que son honneur.

La réalité n'était pas aussi simple. Auguste III, fils du monarque défunt, se présentait en héritier du trône. L'Autriche et la Russie l'appuyaient et massaient des troupes aux frontières, pour l'imposer par la force. La France allait-elle risquer une guerre pour soutenir le père de sa reine ? Monsieur de Chauvelin, chargé des Affaires étrangères, y était favorable, rappelant la théorie de Mazarin : « Il nous faut une alliée à l'est pour prendre l'Autriche à revers. »

Mais le Cardinal émettait des réserves et prêchait la neutralité. Entre ces deux courants, ma position était délicate. Depuis l'affaire de Monsieur le Duc, j'avais observé une extrême prudence et m'étais tenue éloignée de toute affaire politique. Je ne faisais rien sans en référer à Monsieur de Fleury, et respectais scrupuleusement ses recommandations. Nos relations n'en étaient que plus courtoises, parfois même chaleureuses, et je ne voulais, pour rien au monde, briser cette harmonie qui m'assurait la confiance de Louis. Il m'était difficile, cependant, de résister aux sollicitations de tous ceux qui souhaitaient libérer la Pologne d'une nouvelle occupation étrangère.

– Il y va de l'honneur de notre roi de rétablir son beau-père sur le trône, répétait Chauvelin avec insistance.

Il eut gain de cause. Fleury transigea et Louis déclara qu'il défendrait la « République » polonaise en assurant la liberté de l'élection. Mon père arriva de Chambord, ému d'un tel appui, et me confia d'un air soucieux :

– Je connais mes Polonais. Ils me nommeront, j'en suis sûr, mais ils ne me soutiendront pas. Je compte sur vous, ma très chère fille. Vous êtes ma force en cette Cour.

Il embrassa tendrement ses petits-enfants et nous

nous séparâmes dans les larmes. Pour éviter les embûches du voyage et les ruses saxonnes, un homme de sa stature prit officiellement la route de Brest afin d'y embarquer pour Dantzig, tandis que lui-même, déguisé en marchand, partit vers son pays en traversant le Brabant, le Hanovre et la Prusse. Expédition rocambolesque comme celles de sa jeunesse qu'il se délectait à nous raconter. Des messages, codés selon notre grille secrète, me rassuraient. A la mi-septembre, j'étais à Fontainebleau lorsque je reçus la nouvelle de son entrée à Varsovie sous les acclamations de soixante mille seigneurs en armes et d'une foule en délire. Louis fut le premier à me féliciter et m'embrassa devant la Cour qu'il avait réunie dans le Grand Salon. Il m'offrit alors le plaisir de me laisser lire à haute voix la proclamation du Primat de Pologne. Les lignes se brouillaient devant mes yeux embués, mais je réussis à dire :

– Voici ce que Monseigneur Potoçki, archevêque de Gnesne, a déclaré à Varsovie, devant l'assemblée de la Diète :

« Comme il a plu au Roi des rois que tous les suffrages soient unanimes en faveur de Stanislas Leczinski, je le nomme roi de Pologne et Grand-Duc de Lituanie ! »

Les applaudissements crépitèrent et les compliments tombèrent en avalanche. Un bonheur voisin de l'extase faisait battre mon cœur. Je n'étais plus la fille d'un roi détrôné. Louis rayonnait autant que moi, et je devinais, à son air glorieux, qu'il avait souffert dans sa fierté d'être le gendre d'un souverain fictif que l'Europe entière considérait comme un « particulier ».

Une fois de plus, l'euphorie fut de courte durée, et

l'Histoire se répéta, en ajoutant quelques variantes. Avec l'aide des Russes et des Autrichiens, Auguste III envahit la Pologne. Comme l'avait prévu mon père, les Polonais se débandèrent. Une petite armée de partisans eut le courage de le suivre. Il courut s'enfermer à Dantzig. Et bientôt ce fut le siège. Des milliers de Russes avaient encerclé la ville. Ma patrie était occupée et mon père en danger. Allions-nous rester immobiles et attendre, impassibles, la fin du désastre ? Mon angoisse fit place à l'espoir. La Cour et la Ville s'échauffèrent. On battit le rappel. Un corps de débarquement de mille cinq cents hommes prit la mer tandis qu'une armée s'en fut sur le front de l'est, et une autre en Italie. Cette dernière était commandée par le maréchal de Villars et, dans mon enthousiasme, je mis à son chapeau la cocarde blanche de la victoire. J'étais inquiète cependant et l'avouai au roi.

– C'est peu, lui dis-je.

– Un commencement, répondit-il sur un ton agacé. Pour vous, je fais la guerre à l'Autriche. L'Espagne m'appuie et l'Angleterre a promis de ne point bouger.

Mon pressentiment ne m'avait pas trompée. Les messages de mon père se multiplièrent, réclamant de toute urgence des secours importants. La famine était dans la ville et la résistance faiblissait. Mon sang ne fit qu'un tour. Je sortis de ma réserve et suppliai le Cardinal de sauver le roi de Pologne.

– L'affaire est délicate, dit-il de sa voix morne. Nous ferons autant qu'il est en notre pouvoir.

Avait-il décidé d'abandonner mon père ? Devant son inertie, je m'enflammai et réclamai d'autres troupes, des armes, des munitions. Mais Fleury restait laconique :

– Il nous faut mesurer la dépense, Madame, et ne point risquer de mécontenter l'Angleterre.

Une lueur de triomphe passa dans son regard. Comme toujours, il était le maître de la situation et s'amusait à détruire mes espérances. Irait-il jusqu'à laisser tuer mon père et les milliers de fidèles qui croyaient à la France ? Je l'ai pensé en apprenant que nos vaisseaux n'étaient pas arrivés à Dantzig mais à Copenhague, où l'ambassadeur du roi Très Chrétien, outré, leva une armée et vogua vers les assiégés. Louis me montra la lettre du comte de Plélo qui réchauffa mon cœur et m'emplit de gratitude.

« Sire, écrivait-il, nous allons secourir votre beau-père ou mourir à la peine. »

Le vaillant guerrier fit ce qu'il avait annoncé et fut transpercé, pendant que le Cardinal persiflait sur les risques qu'il prenait.

Dantzig capitula et le chagrin me pétrifia. Tant de souffrances, tant de sacrifices pour que triomphe la botte étrangère sur mon pays ruiné. Mon « chérissime papa » ne donnait plus de nouvelles, et j'entendais qu'on le blâmait. Sa tête avait été mise à prix, je le croyais mort, et j'étais enceinte. Louis fit mine de partager ma détresse, mais je le sentais ailleurs. On murmurait dans les couloirs au sujet d'un toast « à l'Inconnue » qu'il aurait prononcé au cours d'un souper en compagnie de ses intimes, et je m'inquiétais de cette rivale dont nul ne connaissait le nom. Existait-elle vraiment ? Le soir du 17 juillet 1734, lasse et fatiguée, je mis au monde une sixième fille en tenant la main de mon époux. Il avait parié le garçon et ne put cacher sa déception. Il se leva vivement et dit sur un ton sec :

– Qu'on me couche !

Il regagna précipitamment ses appartements, me laissant seule avec mon amertume. Le cœur empli de larmes et de désespérance, je m'en remis à Dieu pour garder la force de vivre.

IX

A LA fin de juillet de cette année 1734, le roi fit irruption dans ma chambre au beau milieu de la nuit et s'installa sur la courtepointe en claironnant :

– Marychna ! Votre père est vivant.

Je me redressai en sursaut :

– En êtes-vous sûr ? Où est-il ?

– Un courrier arrivé à l'instant me dit qu'il est en Prusse. On l'a conduit à Köenigsberg…

Ce nom maudit me fit pâlir.

– La forteresse ?

– Le château. Frédérik le reçoit avec les honneurs dus à son rang.

Je poussai un cri de joie et me jetai dans les bras de Louis. Ses larmes se mêlèrent aux miennes dans une même émotion, et je balbutiai :

– Dieu a exaucé mes prières. Remerciez-Le car j'en serais morte de chagrin.

– Voilà pourquoi je n'ai pas hésité à vous réveiller pour vous remettre ce billet.

Je reconnus les armes des Leczinski sur le cachet de cire, et lus les quelques mots griffonnés à la hâte que je déchiffrai selon notre grille :

« Ma seule et unique Marie, ne me blâmez pas. Si j'ai tardé à sortir de Dantzig, je ne suis pas fautif. Je vous ferai savoir jusqu'aux moindres circonstances de cet événement. Pour l'heure, je tiens à vous dédommager de vos peines passées et rendre à la divine Providence l'honneur que je lui dois. C'est elle en effet qui m'a soutenu au défaut de tout secours. Une retraite précipitée aurait ouvert à l'ennemi les portes d'une ville qui résistait par affection pour moi, et j'ai pensé qu'il est du devoir de l'honnête homme de s'oublier en ces moments. »

Cette lecture me bouleversa. Entre les lignes se glissaient tous les reproches que je partageais. Je n'en voulais pas au roi, mais à Fleury qui avait lancé des hommes au feu sans leur donner les moyens de vaincre. Pourquoi tant de duperie ? Était-ce de la parcimonie ou de la pusillanimité ? Je retins mes critiques et me contentai de relire la missive à voix haute à l'intention de Louis. En guise de commentaire, j'exprimai mon admiration pour le héros de mon enfance :

– Du panache, et une âme de chevalier.

Louis prit un air songeur et répliqua :

– Derrière les apparences se cachent d'autres vérités. Nous saurons le dédommager selon ses mérites.

Il resta près de moi cette nuit-là, et je ne posai pas de question qui pût briser cet instant de félicité. Il me serrait contre lui. Son étreinte me faisait oublier les chagrins passés. « Il y eut un soir, et il y eut un matin », dit la Genèse. Mon soir avait duré des semaines, et je m'endormis sur l'épaule de mon bien-aimé en rêvant d'un long matin ensoleillé.

Ce fut une éclaircie avant d'autres orages. Entre la Prusse et Fontainebleau, les courriers se multiplièrent et je connus bientôt l'autre vérité de l'enfer de Dantzig que l'inertie du Cardinal avait prolongé. Mon père en était sorti par miracle habillé en paysan. Franchissant les lignes ennemies au plus fort de la mitraille, il avait traversé à pied les champs bourbeux et les marécages, couché dans des granges ou des galetas, échappant de justesse aux troupes cosaques et moscovites. A la nage, il avait franchi la Vistule puis s'était caché de bosquets en forêts comme les brigands et les braconniers. De gîte en cabane, il avait atteint le Nogat et passé la frontière. Sur un char maculé de boue, il était entré dans le bourg de Marienwerder en déclarant qu'il était marchand de bestiaux.

Frédérik-Guillaume n'avait su que faire de ce réfugié encombrant. Vienne et Moscou l'avaient menacé d'envahir son royaume s'il ne livrait le Polonais. Il s'apprêtait à leur céder, moyennant quelques avantages, lorsqu'une longue file de chariots s'était présentée au château de Kœnigsberg. Le prince Ossolinski ramenait de Cracovie les registres du Trésor et une grande partie des joyaux de la Couronne. Aux yeux du roi de Prusse, la situation avait soudain basculé. Le roi de Pologne n'était plus un fuyard, mais un souverain en difficulté, et Auguste n'était qu'un usurpateur. De ce jour, mon père recevait les honneurs qu'il méritait.

Sa réapparition soudaine et le soutien éclatant de Frédérik-Guillaume galvanisèrent l'Europe. L'affaire de Pologne était loin d'être terminée, et l'on s'agita un peu partout avec l'énergie de la dernière chance. De nombreux partisans se regroupèrent autour de mon père pendant qu'une Confédération s'organisait près de Sandomir. A Versailles, où la Cour avait repris ses quartiers d'hiver, Chauvelin relançait sa campagne, plus échauffé que jamais, et l'on entendit ici ou là :

– Guerre à l'Autriche ! Guerre à Auguste !

Toutes affaires cessantes, on voulait rendre son trône au roi élu et reconnu, injustement dépouillé. Köenigsberg devint le siège d'un gouvernement en exil. L'argent ne manquait pas et des réseaux secrets organisaient le retour. La Russie enrageait, l'Autriche perdait sa morgue, Auguste n'osait ceindre sa couronne. Pendant ce temps, on se ruait vers mes appartements et l'on me suppliait d'user de mon influence afin que la France défendît plus âprement l'indépendance de la Pologne. Comment résister à tant de pressions qui m'enflammaient la tête et consumaient mon âme de cette passion douloureuse qu'éprouve tout exilé ? Dans mon cœur déchiré s'affrontaient la reine de France et la princesse réfugiée vibrant pour sa patrie. Je m'enhardis à questionner Louis :

– Quelles sont les chances de mon père ?

– Il met l'Europe en ébullition.

– L'aiderez-vous ?

– N'est-ce pas ce que je fais quand mes armées se battent contre l'Empire ? Sur le Rhin et en Italie, les Autrichiens mordent la poussière et nous cèdent du terrain. Je me garderai cependant de risquer mes frontières.

– Qu'en pense Son Éminence ? demandai-je prudemment.

Louis se tut. Il me fixa d'un œil sévère et tourna les talons. Mon audace lui avait déplu, et l'affaire de Pologne l'agaçait. Quant au Cardinal, je savais par Chauvelin qu'il était inquiet. Il redoutait la guerre et préparait son arme favorite : la diplomatie. Dans les Cours étrangères, il envoya des agents sûrs qui allaient semer un peu plus de confusion et faire de lui le maître d'une gigantesque manœuvre, l'homme de la paix. Avec une extrême courtoisie, il me fit demander de le recevoir pour m'expliquer :

– Sa Majesté votre père doit se méfier. Si le roi de Prusse l'encourage à reconquérir son trône les armes à la main, c'est pour mieux le livrer à la vengeance de l'Empire en échange d'une récompense. Croyez-moi, Madame, la France est sa seule sécurité.

– Qu'a-t-elle fait pour le sortir de Dantzig et le ramener à Varsovie ?

Un léger rictus dérangea les traits immobiles du Cardinal.

– Nous avons perdu de grands capitaines : le duc de Berwick à Philipsbourg, le maréchal de Villars à Turin…

Je le coupai sèchement :

– Un vieil ami cher à mon cœur. Mort pour rien, comme ce brave Plélo déchiqueté sous les yeux de mon père. Des sacrifices bien inutiles.

Les yeux du prélat se plissèrent, mais le ton resta onctueux :

– Je comprends votre passion pour votre pays, Madame. Il nous faut cependant considérer la situation avec plus de raison. Sa Majesté le roi Stanislas risque sa vie s'il entre en Pologne. Le roi Frédérik se servira de lui. Puis-je vous prier de l'en convaincre ? S'il le veut bien, je crois que nous pourrions nous entendre.

– Qu'avez-vous à lui offrir ? Revenir à Chambord, pauvre et repentant ?

Un fin sourire éclaira son visage.

– Il gardera sa couronne, Madame. Par la négociation plus sûrement que par la force.

Que cachait cette promesse ? Je voulus y croire et le remerciai de sa visite en l'assurant d'agir au mieux. J'écrivis à mon père pour le mettre en garde sur son expédition, et sa réponse me libéra de mes craintes :

« Me mettre à la tête des Polonais serait précipiter tout à fait mes affaires. Je vous assure que mon séjour ici par la grâce du roi de Prusse fait plus de mal à mes ennemis que je ne serais capable de leur en faire en me sauvant avec mes hommes... Quoique je n'espère rien, mon application n'est pas tant pour croire que je réussirai, mais pour être également content si je ne réussis pas. Ma chère et unique Marie, il faut que la chèvre broute où elle est attachée. »

Je reconnaissais la sage philosophie de l'auteur de mes jours. Son optimisme indestructible, en d'autres temps, m'aurait confortée, mais les joies et malheurs s'étaient succédé avec une telle rapidité, une telle violence, au cours de ces dernières années, que mes nerfs lâchaient. Une grande lassitude s'empara de moi et je m'abandonnai dans les coussins d'une bergère en me demandant ce qui m'arrivait. De mauvais frissons me secouèrent, et la fièvre fut si forte que l'on dut me saigner, puis me purger. Une nouvelle grossesse fut interrompue en son troisième mois, et je fus consternée d'apprendre que le germe perdu était de sexe mâle. Louis en fut déçu et surmonta sa tristesse pour m'apaiser de mots tendres.

– L'incident est prometteur, Marychna. Vous allez prendre du repos, renforcer votre santé, et nous l'aurons sûrement ce garçon.

– Une cure à Forges-les-Eaux serait du meilleur effet, dirent les médecins. Les sources ferrugineuses sont fertilisantes.

Après les truffes et les huîtres, j'étais prête à manger du fer. Mon père me dépêcha le mot pour rire qui balaya mes dernières hésitations :

« Je prie Dieu que vous puissiez, après cela, forger un duc d'Anjou. »

Je partis en petit équipage et bus l'eau revigorante qui avait si grande réputation. Anne d'Autriche, Louis XIII et Richelieu l'avaient appréciée en leur temps. Trois fontaines gardaient leur souvenir : La Royale, celle de la reine, au pouvoir fécond, La Reale et La Cardinale aux vertus plus tonifiantes. Je choisis la source originelle afin de bénéficier de toutes les propriétés bienfaisantes, et me conformai scrupuleusement aux prescriptions de la Faculté. Le séjour ne fut pas inutile. La vigueur me revint et je décidai de m'en aller. Je m'inquiétais de mes enfants qui me manquaient : le Dauphin et ses petits secrets qu'il me chuchotait à l'oreille, mes filles espiègles et charmeuses qui me divertissaient de leurs reparties pleines d'ironie. J'avais hâte surtout de retrouver Louis.

Il m'attendait à Compiègne et m'accueillit de fort bonne humeur.

– Une grande nouvelle, Marychna. Les hostilités

sont terminées. L'Autriche cesse de se battre, l'affaire de Pologne est réglée, et votre père en sort gagnant.

Un sursaut de joie fit palpiter mon cœur.

– On lui rend son trône ?

– Il sera duc de Lorraine et de Bar, et ces provinces seront rattachées à la France après sa mort, puisque vous êtes son unique héritière.

Devant mon air stupéfait, il prit ma main et la baisa :

– Grâce à vous, Madame, la France s'agrandira sans coup férir.

Souriant placidement, je fis mine de me réjouir, mais une colère sourde bouillonnait en moi. Derrière ces arrangements, pointait le doigt de Fleury. Il avait disposé de mon père, non pour son bien et celui de la Pologne, mais pour servir les intérêts de la France ainsi que sa propre image. Avec ses quatre-vingt-deux ans bien sonnés, il songeait à laisser son nom dans l'Histoire. Comme l'avait fait Mazarin avec l'Espagne, il voulait mettre fin à l'hostilité séculaire entre les Bourbons et l'Autriche. Sous son influence, une nouvelle Europe allait se construire qui oublierait peu à peu mon pays. Un important traité de paix se préparait. J'en écoutai les grandes lignes que le Cardinal tint à m'exposer. La France reconnaissait la Pragmatique Sanction. François de Lorraine épouserait donc Marie-Thérèse, fille de l'Empereur Charles VI. En échange de Florence et de la Toscane, il abandonnait ses duchés. Mon père les recevait en dédommagement de son trône auquel il devrait renoncer, afin qu'Auguste s'y installât.

– Où sont le droit et la justice quand l'usurpateur est légitimé ? répliquai-je avec vivacité.

– Croyez, Madame, que la jouissance du duché

sera bien préférable à la couronne de Pologne, répondit le prélat en souriant.

– Oui, Éminence, comme un tapis de gazon remplace une cascade de marbre.

J'avais la langue agile et n'avais pu résister au désir malicieux de le moucher comme il le méritait. Ma pique le toucha et je le vis se raidir. Il avait saisi mon allusion. Par souci d'économie, il avait récemment détruit la somptueuse cascade de Marly, tout comme il avait lésiné à dépenser pour soutenir mon pays. Si mon amertume était soulagée, la déception restait entière. Je perdais à jamais tous les beaux rêves de voir un jour un petit duc d'Anjou à Varsovie. Mais à la réflexion, je n'avais pas de raison de me sentir humiliée. Mon père conservait son titre et régnerait bientôt sur une province que les rois de France avaient, depuis tant de siècles, désirée et disputée. Je n'étais plus une reine aux mains vides. Bar et la Lorraine étaient une dot qui égalait celle d'Anne de Bretagne. Louis pouvait être satisfait de notre mariage qui, avec le temps, révélait son utilité.

Il me le montra par un empressement nourri de vives ardeurs. Il est vrai que la cure avait rajeuni ma silhouette ; mon teint avait plus d'éclat et mes yeux brillaient de la paix qui berçait mon cœur. J'avais retrouvé mon entrain d'autrefois, mon envie de me divertir, et les mille plaisirs dont les grossesses m'avaient privée au cours des dernières années. Auprès de Louis je galopais dans la forêt, jouant à le séduire par mon élégance et mon habileté. Lansquenet, cavagnole [1], spectacles,

1. Jeu de dés très en vogue à l'époque.

souper attisaient mon attente et je triomphais lorsqu'au milieu de la nuit il venait me rejoindre et me prenait avec fougue. Je m'enivrais alors de son corps magnifiquement musclé et de l'odeur sauvage de sous-bois qui l'imprégnait. Derrière les rideaux complices, volaient des mots tendres. L'un dans l'autre enlacés, nul ne pouvait nous séparer. En cet instant, j'oubliais alors mes craintes d'une rivale supposée en me disant que « l'Inconnue » n'était qu'une fable, un ragot infâme des pestes de Cour aux langues venimeuses. Nous n'étions plus qu'un, et je l'aimais à la folie, désirant de toute ma chair le fils qui le comblerait.

L'automne confirma mes espérances. De la Cour à la Ville, on ne doutait pas du résultat. Les eaux de Forges le garantissaient. La Faculté n'avait point démenti, et Louis, confiant, en était assuré. A l'aube du 16 mai 1736, le cérémonial habituel se mit en place dans mes appartements, et je mis au monde Madame Sixième, née Septième. Devant mon désespoir, Louis redoubla de tendresse et me promit de renouveler la tentative. L'enfant, qui recevrait au baptême le nom de Thérèse-Félicité, fut ondoyée et transportée dans l'Aile des Princes auprès de ses aînées, tandis que je me lamentais de ne pouvoir donner un autre petit frère à mon fils aîné. Le bel enthousiasme de Forges fondit comme neige au soleil et je sombrai dans la mélancolie lorsque mon père sortit de Prusse et se fit annoncer.

Il revenait en héros d'une épopée glorieuse, auréolé des risques sans nombre qu'il avait endurés, et de son nouveau titre hautement mérité. Louis le reçut avec tous les honneurs, et lui offrit de s'installer au château de Meudon avec ma mère qui l'avait attendu à Saint-Cyr depuis qu'il était parti, trois ans plus tôt, déguisé en marchand. Le Cardinal le félicita, et la Cour applaudit sa valeur ainsi que son courage. J'avais redouté sa tristesse d'avoir abdiqué pour la seconde fois et son amertume devant la victoire d'Auguste, mais il affichait un air de parfait contentement qui me soulageait. « La chèvre doit brouter où elle est attachée », m'avait-il écrit naguère. Malgré les blessures d'amour-propre que je devinais, il appliquait sa théorie avec une aisance qui m'étonnait. Je l'embrassai avec effusion, émue de retrouver celui qui me comprenait en ce moment précis où l'inquiétude me rongeait.

– Où sont mes « chéris » ? s'écria-t-il. Je crains de ne plus les reconnaître.

Il venait à Versailles et j'allais à Meudon trois fois la semaine, pour une journée entière, accompagnée de mes enfants qui avaient changé en son absence. Les jumelles avaient neuf ans et paraissaient dans les cérémonies officielles en dignes Filles de France. Le Dauphin, qui venait de passer aux hommes, aimait l'étude et posait mille questions. Il voulait tout savoir et rien ne lui échappait. En culotte et justaucorps, il était joli à manger, promettant d'être avec gloire. Puis venaient Adélaïde, pétulante et volontaire pour ses quatre ans, Victoire, bavarde et fureteuse, Sophie, sortie de ses langes et le bébé Félicité au sourire béat. Le « Papinio », ravi, s'émerveillait :

– Ces petits sont du vif-argent, une véritable cure de jouvence.

Son plus grand bonheur était de s'enfoncer dans les bois, entouré de ses bambins. Il jouait au maître d'école et leur enseignait à ouvrir les yeux sur les choses et les gens, écouter la voix de leur cœur, et donner, en toutes circonstances, le meilleur d'eux-mêmes. Il n'avait rien perdu de sa faconde et de cette bonhomie joviale qui le faisait aimer de ceux qui le rencontraient. Autour de lui se reconstituait cette vie de famille que j'avais connue au château des Deux-Ponts et dans notre maison de Wissembourg. Une chaude atmosphère de tendresse et de générosité, dans l'harmonie et la simplicité. Je réalisais combien elle m'était nécessaire et combien elle m'avait manqué. Comme autrefois, il vint vers moi à la fin du dîner et m'offrit sa main pour la promenade :

– Qu'avez-vous de si grave à me confier, Mareszka ?

– Louis n'est plus le même avec moi. Il se détache.

– Vous m'avez parlé d'inconstance, et je ne vois que des maternités qui se succèdent avec régularité.

– Je croyais comme vous qu'elles me l'attachaient. Je constate aujourd'hui qu'elles l'ont peu à peu éloigné. Mes grossesses m'ont empêchée de l'accompagner dans ses voyages, suivre ses chasses et participer aux petits soupers après le débotté. Ses plaisirs favoris, il les partage avec d'autres personnes. A Rambouillet qui l'attire comme une mouche, ou dans ses petits appartements. Depuis qu'ils sont terminés, il y reçoit plusieurs fois la semaine et s'amuse à cuisiner lui-même des omelettes aux pointes d'asperges, des entremets savants, des crèmes et des pâtisseries.

– Tout cela n'est guère méchant, Marychna, puisqu'il gratte encore à votre porte et vous honore comme une épouse doit l'être.

– En apparence, rien n'est changé, mais il ne

s'attarde plus auprès de moi. Il ne m'accorde que le temps du devoir conjugal et m'offre ses ardeurs pour être en paix avec sa conscience. Y a-t-il une autre femme ? On le murmure, mon intuition le soupçonne, mais je n'ai aucune preuve.

– Le roi est d'une grande piété. Puisqu'il ne manque pas à ses pratiques religieuses, observe les jeûnes et abstinences, communie et touche les écrouelles, je ne vois pas de raison de vous tourmenter. Laissez-le se distraire avec ses chasses et ses fourneaux. La politique a ses pesanteurs dont il doit s'ébrouer parfois. Tant qu'il se plaira dans votre lit, vous gagnerez la partie.

– Je l'aime à la fureur, comprenez-vous ? Si Dieu daignait m'accorder un autre fils, je suis certaine qu'il me reviendrait, aussi aimant qu'à la naissance du Dauphin.

Le rire de mon « cher papa » résonna sous la futaie. Il se tourna vers moi et saisit mes mains qu'il porta à ses lèvres avant de me dire avec toute son affection :

– Une femme de votre âge doit contrôler ses passions. Vous n'êtes plus la jeune fille qui rêvait d'amour dans le parc de l'hôtel Weber. Vous êtes la reine de France, mère d'un futur roi et de six jolies princesses qui noueront de brillantes alliances. Ne vous perdez pas dans de sombres pensées. Soyez vous-même, remplissez vos devoirs et suivez la lumière que Dieu a mise en vous.

Il me serra contre lui et ajouta :

– Chassez la peur, Marychna. C'est elle qui fait le mal. Le roi vous aime encore. Soyez douce et compréhensive, et restez digne de lui.

Nous fîmes quelques pas en silence vers le bout de

l'allée qui débouchait sur les parterres brodés de fleurs. J'essuyai quelques larmes et dis d'une voix ferme :

– Vous avez raison. J'oublie cette « Inconnue » qui me ronge le cœur.

L'été de Fontainebleau me donna l'avantage et m'offrit un nouvel espoir que l'automne vint confirmer. A la fin d'octobre, j'entamai une dixième grossesse avec une joie mêlée d'angoisse. Une angoisse sourde, devant laquelle les prières incessantes que j'adressais à la Vierge, semblaient impuissantes. Louis s'absentait plus souvent que de coutume. Pendant ce temps, la Cour pariait et la Ville chansonnait. J'étais lasse d'entendre rire de mon ventre et suppliais le Ciel tout entier de m'exaucer avec un fils qui me rendrait mon mari et me permettrait d'accueillir les futures maternités avec plus de sérénité.

En cette année 1737, je suivis les cérémonies de la Semaine sainte avec une ferveur toute particulière, et me pliai au rituel du lavement des pieds qui précède la messe du Jeudi saint. Répétant les gestes d'humilité du Christ envers ses apôtres, j'aspergeai, séchai et baisai les pieds de douze fillettes, choisies parmi les plus humbles, avant de leur remettre une bourse d'écus, treize plats de vivres et un beau bouquet. Louis faisait de même, dans une autre salle, avec douze jeunes garçons. Telle était la tradition de Versailles, règlementée par l'étiquette, à laquelle je m'étais pliée depuis mon mariage. L'incommodité de mon état m'obligeait à passer de l'une à l'autre des gamines dans un fauteuil que l'on poussait le long de la table sur laquelle elles étaient assises. J'offris cette épreuve, ainsi que les psaumes et *Miserere* des jours de Ténèbres que je chantais du fond du cœur avec les musiciens de la Chapelle. Pénitence pour une rémission, et soumission à la volonté du Tout-Puissant.

Au soir du 15 juillet, je crus mourir de douleur quand vint le moment de la délivrance. Louis était près de moi et redoubla de tendresse. Lorsqu'il vit que je défaillais, il se tourna vers un valet et demanda du vin d'Alicante pour me ranimer. L'homme affolé courut dans la Salle des Gardes en criant :

– Un garçon ! Un garçon !

Il appelait un garçon de chambre, et l'assistance aux aguets crut qu'il annonçait le résultat. Que n'eut-il dit vrai ! Tandis que la rumeur déferlait dans tout le palais, embrasait Versailles et touchait Paris où l'on tira les premières fusées d'un feu d'artifice, je mettais au monde une autre fille.

– Madame Septième, née huitième, déclara Louis pendant que le bébé était ondoyé.

Le ton sec de sa voix ajouta à mon désespoir. Le corps brisé, à bout de forces, je tournai vers lui mon visage ruisselant et lui fis un signe de la main. Il s'approcha et je lui confiai dans un souffle :

– Je voudrais souffrir encore autant et vous donner un duc d'Anjou [1].

Il me serra dans ses bras, vivement ému, en murmurant mille choses tendres, puis il m'embrassa en ajoutant :

– Vous êtes épuisée, Marychna. Promettez-moi de recouvrer votre santé. Je tiens à vous et ne veux pas vous perdre.

---

1. La scène est rapportée par le duc de Luynes dans ses *Mémoires*. Son épouse, dame d'honneur de la reine, en fut le témoin.

L'interdit de la Faculté se prolongea fort loin après mes relevailles. Ma santé restait fragile et je m'enrhumais pour un rien. Louis reprit le cycle de ses escapades. Il passait en coup de vent dans mes appartements pour me saluer, embrasser les enfants qui me rendaient visite, et me dire où il allait. Il fuyait Versailles, courait à Rambouillet chez sa grand-tante, la comtesse de Toulouse, qui réunissait autour de lui une société brillante, réputée pour son élégance et son esprit. On le voyait aussi au château de Madrid chez sa cousine Melle de Charolais qui se piquait fort de l'épingler à son tableau de chasse bien garni. Il se rendait parfois au bal de l'Opéra dont il revenait pour entendre la messe du matin avant de regagner son lit.

On se remit à chuchoter autour de moi. Mes dames du palais se montraient nerveuses ou distraites, s'attardant pour des apartés dans les embrasures de fenêtres ou derrière les paravents, mais aucun mot ne parvenait à mon oreille. Par discrétion, je ne posais pas de question. La reine de France devait se maintenir au-dessus des ragots. L'air était lourd parfois, et je regrettais l'absence de mon père qui, d'un mot ou d'un rire, l'aurait allégé. Il avait rejoint son duché de Lorraine et s'était installé à Lunéville au milieu d'une Cour brillante. Les obligations de l'étiquette, les devoirs qui m'incombaient et mes nombreux enfants meublaient ma solitude, mais je me languissais de Louis qui, depuis trois mois, semblait oublier de gratter à ma porte après les festivités de la nuit.

Noël approchait et j'espérais un miracle, lorsque soudain, le troisième dimanche de décembre, au beau milieu de la messe, le mot « Scandale » éclata comme un coup de tonnerre.

X

MALHEUR à celui par qui le scandale !... Malheur à ses enfants !...

Le regard du prédicateur fustigeait le souverain afin que nul n'en doutât. C'est à lui que s'adressait le sermon accusateur, et la Cour pétrifiée retint son souffle pour mieux entendre la litanie des foudres célestes qui allaient s'abattre sur le peuple de France à cause de ce roi dont la conduite s'illustrait par le péché. Une émotion violente s'empara de moi. Louis avait-il succombé aux perversions de son entourage ? Aurait-il commis cet adultère que je redoutais ? Si mon cœur d'épouse était humilié, mon âme de chrétienne était indignée. Nul n'avait le droit de juger, pas même le prêtre dont la mission était d'apporter la compréhension, dans la miséricorde et la charité. Quant au roi, pourquoi lui jeter l'anathème ? Il n'en était pas moins homme, égal à tous les autres aux yeux de Dieu. Le Père de Neuville manifestait une singulière audace, et ses paroles résonnaient comme une menace. Il avait attaqué le monarque dans sa vie personnelle devant les plus hauts seigneurs de la Cour qui s'empresseraient de répandre l'affaire en se moquant du maître dont ils mettraient en doute l'autorité. Demain, la rumeur serait dans Paris : le Fils aîné de l'Église accusé de scandale. Que répondrait le peuple à tout cela ? J'en frémissais de crainte.

Dans le fauteuil voisin du mien, Louis était de marbre et fixait d'un air hautain l'autel dépouillé de ce temps de l'Avent. Je l'observai à la dérobée à travers l'écran de ma mantille et suivis la fin de l'office avec la dignité qui s'imposait. Devant l'adversité, la reine de France oubliait son amour-propre bafoué pour être solidaire de son roi qui n'en restait pas moins son époux.

De retour dans mes appartements, je n'eus pas le temps de m'épancher sur ce que je venais d'entendre. L'étiquette, d'ordinaire si pesante, fut d'un grand secours. Elle me sauva du flot d'amertume qui me serrait la gorge et m'aurait jetée sur mon lit avec des sanglots inutiles. Je dînai en compagnie de mes dames et devisai gaiement, ne parlant que des fêtes à venir et des présents que nous avions préparés. Je badinai sur leurs mines de circonstance et feignis d'ignorer leurs conciliabules feutrés de soupirs. Je mourais d'envie cependant de savoir ce qu'elles savaient et d'être fixée sur l'étendue de mon infortune, mais refusais de m'abaisser à tendre une oreille complaisante au risque de découvrir ma rivale parmi les ravissants minois qui m'entouraient. Deux de mes dames échappaient à mes soupçons : ma surintendante, Melle de Clermont, qui n'avait plus l'âge de séduire, ainsi que ma nouvelle dame d'honneur, la duchesse de Luynes, dont le dévouement, depuis deux ans qu'elle me servait, méritait la confiance et l'affection que je lui témoignais.

– Je ne pense pas, me dit-elle, que Sa Majesté soit coupable. Le Père de Neuville a lancé un avertissement pour frapper son esprit et l'obliger à se ressaisir. Son cœur est sensible, Madame. Il vous reviendra.

Je l'espérais de toute mon âme et me rendis chaque matin au lever de Louis pour m'incliner devant lui en épouse soumise et lui offrir le sourire aimant du pardon. Je vis sa gêne à mon égard. Il osait à peine soutenir mon regard. La veille de Noël, pourtant, il vint gratter à ma porte, et s'arrêta devant le balustre au pied de mon lit.

– Je vous dois quelques excuses, Marychna.

– Ne dites rien, je vous en prie. Je suis si heureuse que vous soyez là.

– Je vous ai fait de la peine…

– Je craignais de ne plus vous plaire.

– Me pardonnerez-vous, moja sarenka ?

Je lui ouvris les bras, et le feu brûlant de sa fougue m'incendia tout entière. Il était mon maître, mon bien-aimé, mon plus cher amour et ma raison de vivre. En lui je m'étais perdue jusqu'à en mourir. Et c'est en parfaite harmonie que, le lendemain, dans la Chapelle magnifiquement parée, nous avons suivi la liturgie de Noël. En cette nuit magique qui célébrait le don d'amour du Tout-Puissant à l'humanité, mon cœur se dilatait de bonheur et voguait vers le ciel en chantant des remerciements. Nuit sainte, nuit d'allégresse. Le monarque n'était plus un scandale. Il s'était confessé, il avait communié et touché les écrouelles. Il était le roi Très Chrétien, fils aîné de l'Église. La Cour et les prêtres assemblés pouvaient en témoigner. Et les yeux de mes aînés, rivés sur leur père, brillaient de l'éclat intense d'une admiration mêlée de fierté.

Il y eut d'autres nuits, sensuelles, ardentes, trop folles parfois, comme si la fin du monde allait suivre.

– Marychna ! Marychna ! disait-il d'une voix déchirée qui ressemblait à un appel de détresse.

Je m'enroulais autour de son grand corps souple en gémissant :

– Oumilovany ! Soleil de mes nuits !

Il serrait mon visage entre ses mains et me pénétrait d'un regard plein de fièvre et de désespérance. Ses lèvres s'accrochaient aux miennes avec l'énergie du rescapé, refusant le souvenir qui le harcelait. Je n'avais plus de doute, alors, sur l'existence de cette rivale qui venait le chercher jusque dans mes bras. Dans le cœur de Louis la lutte était violente, mais je me persuadais pas que notre amour triompherait. De nombreux enfants nous liaient. Je lui avais donné une famille qu'il n'avait jamais eue et dont il avait cruellement ressenti l'absence. Mais il n'aimait pas les gens de ma société.

– Trop conventionnels, disait-il. Pardonnez-moi si je m'échappe.

De mon côté, je ne me sentais pas à mon aise avec ses amis dont les propos enjoués n'étaient que flèches assassines. Têtes volages qui dévoraient la vie sans se soucier du lendemain, et ne pensaient qu'au plaisir d'avilir pour triompher à loisir. Louis se plaisait en leur compagnie et ne put résister au tourbillon des petits soupers que de brillants esprits venaient animer de leurs épigrammes et de leurs bons mots. Le vin de champagne y coulait à flots, les langues se déliaient et, dans la lumière des bougies, pétillaient les yeux des femmes à la verve railleuse et au sourire désinvolte. Pour s'assurer de la faveur du roi, on s'ingéniait à le divertir et l'on inventait chaque soir des amusements nouveaux qui chassaient son ennui et sa timidité. Je n'étais pas assez Française pour rivaliser avec autant de légèreté. Peu m'importait puisque mes charmes de Polonaise opéraient dans l'intimité.

A la fin de juin 1738, j'étais enceinte à nouveau, pour la onzième fois. Je ne m'y attendais pas, car les assiduités de Louis s'étaient fortement relâchées aux alentours de Pâques. Il y avait eu le carême dont il avait respecté les jeûnes et abstinences, mais à la surprise générale, il n'avait pas communié et, chose plus grave, il avait refusé de voir les malades qui furent bien déçus d'être renvoyés sans que la main royale ne les eût touchés. L'incident fut raconté de la Cour à la Ville. Point de « scandale » cette fois. On préféra se gausser de la maigreur du roi en parlant de « galanterie » récoltée dans les bras d'une fille de boucher. Odieuse perfidie ! J'étais bien placée pour témoigner de la pénitence sévère qu'il s'était imposée, en plus des chasses forcenées pour se rompre le corps et vaincre ses ardeurs. Qui voulait le détruire ? Les Francs-Maçons qu'il refusait de parrainer, la Société de Jésus qui lorgnait la place du Cardinal trop lent à mourir, ou les Parlements qui avaient rejeté sa proposition pour une égalité de l'impôt ?

Louis avait médité pendant quelques jours avant de retrouver le chemin de mes appartements. Scrupules, remords de conscience ou l'attrait irrésistible de « l'Inconnue » auquel il voulait échapper ? Je n'avais pas cherché, cette nuit-là, à le savoir. D'un pas martial, il avait traversé l'Œil-de-Bœuf ; les courtisans à l'affût en avaient diffusé la nouvelle à grand bruit et nul n'avait ignoré, d'un bout à l'autre du palais, que le roi s'était rendu chez la reine afin de l'honorer. Nous étions en représentation jusque dans nos ébats intimes et je me demandais parfois si les rideaux du lit gardaient les secrets de nos caresses, de nos baisers, de tous les mots fous qui s'échappaient de nos lèvres et enflammaient nos désirs.

Que je fusse grosse quelques semaines plus tard n'étonna personne. Louis s'en réjouit. Comme moi, il pensa que Dieu nous accordait enfin ce petit duc d'Anjou que nous avions tant espéré. Le Cardinal m'envoya des vœux de circonstance et me demanda de le recevoir.

– Vous n'êtes pas sans savoir, Madame, que la situation du pays n'est pas brillante. Si les ports s'enrichissent de notre commerce maritime, les campagnes souffrent. Les impôts rentrent mal et nous payons encore les dettes de feu le Grand Roi. Pendant ce temps, les dépenses de la Maison royale ne cessent d'augmenter. Le personnel attaché aux princesses est un véritable gouffre. Nous venons de passer d'un coup de 9 à 14 millions de livres. Il faut réduire, Madame. Le seul moyen est d'envoyer Leurs Altesses Royales à l'abbaye de Fontevrault.

Je me raidis et marquai un temps de silence. Les propos du prélat m'affolaient.

– Si je comprends bien, Éminence, vous avez décidé de m'enlever mes enfants ?

– Nous garderons les jumelles. Madame et Madame Henriette ont un rang à tenir. Les cinq autres partiront avec une suite réduite, le strict nécessaire.

– Que dit Sa Majesté ?

– Il en est fort peiné, mais il convient avec moi qu'il n'y a d'autre solution.

Une fois de plus, on m'imposait le fait accompli et je devais obéir. J'avais souffert de l'étiquette qui ne me laissait en compagnie de mes filles que lorsqu'on me les amenait afin qu'elles puissent me faire leur cour. Et voici qu'on me supprimait jusqu'à cette visite quotidienne que j'attendais chaque matin comme le moment le plus doux de ma longue journée. Mes bébés, fruits de ma chair, allaient bientôt respirer un autre air loin de moi, à treize jours de route de Versailles. Au bout du monde où je n'irais jamais les voir. Une colère sourde m'envahit. Pourquoi devais-je me sacrifier au nom de l'Économie quand ces messieurs de la Noblesse et du Clergé refusaient d'écorner leurs privilèges ? Plaie d'argent n'est pas mortelle, dit le proverbe. Mais qu'en est-il d'une déchirure dans le cœur d'une mère ?

– Vous savez combien j'aime mes filles, Éminence. Ce que vous me demandez me fait bien plus que de la peine. Vous m'arrachez ma raison d'être au plus intime de moi-même.

Il eut une mine de condoléances, mais dans son œil luisait un éclair de triomphe que je connaissais bien. Il avait eu le même regard pour m'annoncer la disgrâce de Monsieur le Duc et me faire sentir mon erreur. Le même regard encore pour chipoter, au nom de la prudence, sur les moyens de remettre mon père sur le trône de Pologne, et m'expliquer ensuite que le duché de Lorraine serait bien préférable. Pourquoi s'acharnait-il ainsi à m'écraser de sa puissance ? Je n'avais cessé de me soumettre et plier à ses volontés. Que craignait-il de moi ? La perspective de cette nouvelle maternité semblait le mettre en fureur. Espérait-il m'en décourager ?

– Il nous faut organiser le voyage, dit-il d'une voix conciliante, presque paternelle. Le départ pourrait se faire dans quelques semaines.

Tout était décidé dans le moindre détail. On me faisait la grâce de m'en aviser, et je n'avais aucun droit de me révolter.

Je soupirai en retenant mes larmes :

– Aurai-je assez de temps pour leur donner tout l'amour dont elles seront privées ?

– Elles reviendront, Madame, dans quelques années. Et vous serez si heureuse de les retrouver.

Des étrangères que je ne reconnaîtrais plus, pensai-je aussitôt. Le prélat ne manquait pas de cynisme, et je lui répondis sur un ton plein de hauteur :

– Il me semble, Éminence, que je n'ai plus rien à vous dire.

Le Cardinal me salua et se dirigea vers l'antichambre en serrant son chapeau. Mes yeux s'emplirent des larmes que j'avais difficilement contenues et se posèrent sur le portrait de mon père. Dans son sourire, je trouvai assez de courage pour secouer l'immense tristesse qui m'envahissait. Un petit être bien fragile poussait en moi. Je lui devais toutes mes forces vives puisque, je n'en doutais pas, il serait un garçon et ranimerait le cœur de celui que j'aimais.

Comme chaque année, la Cour fit ses préparatifs pour suivre le roi à Compiègne. Sur les conseils de la Faculté, je restai à Versailles et me privai de ces chasses au faste particulier qui clôturaient les grandes manœuvres et les parades militaires. Louis vint me saluer avant de partir. Je remarquai son élégance, sa prestance et lui trouvai un air de séducteur plus affirmé. Il badina un moment, plein d'esprit et de gaieté, et me serra dans ses bras en disant :

– Ne commettez aucune imprudence, Marychna ! Je reviendrai plus tôt que vous ne le pensez.

Avec un rire espiègle, je rétorquai :

– Point de sornettes, Oumilovany. Je connais votre fantaisie. Mais je vous attendrai selon votre bon plaisir.

Au son des tambours, timbales et trompettes, une longue file de carrosses franchit les grilles, escortée de gardes, mousquetaires et chevau-légers qui brandissaient leurs bannières flamboyantes dans la brise d'été. Je les vis disparaître dans les frondaisons de l'horizon avec un pincement de nostalgie de ne pas être de la fête. Mais dans le silence qui suivit, j'éprouvai soudain un sentiment de soulagement et de satisfaction. Je régnais sur le palais déserté qu'emplissait une paix bienfaisante. En l'absence du maître, l'étiquette serait moins oppressante. Pas de représentation en habit de cour, pas de levers ni de « grands couverts ». La simplicité, enfin, et la liberté de me promener à loisir sans les contraintes d'une suite étouffante. Le bonheur surtout d'avoir mes filles auprès de moi aussi longtemps qu'il me plairait. Entendre leurs babillages, les voir gambader dans les allées du parc, éveiller leur curiosité autour de la ménagerie, constater leurs progrès dans tout ce qu'elles avaient appris et les guider de mes conseils affectueux.

J'eus le temps de lire, jouer du clavecin ou de la vielle, et goûter la compagnie de quelques dames qui m'accordaient, en plus de leur service, la chaleur d'une sincère amitié. C'est ainsi qu'un soir, je me rendis sur les hauteurs de Saint-Cloud, chez ma dame d'atour, la duchesse de Mazarin, qui m'avait invitée dans sa propriété de Montretout. Après le souper, elle m'entraîna dans le parc inondé de lune. Je m'extasiai sur la beauté magique du paysage lorsqu'elle m'arrêta sous une charmille et prit un air embarrassé pour me dire :

– Ce que j'ai à vous confier, Madame, est fort délicat. Mais la chose dure depuis trop longtemps pour que vous l'ignoriez.

– Chère duchesse, auriez-vous un amant ? répliquai-je sur un ton de malice.

Elle eut un soupir qui résonna comme un sanglot :

– Il ne s'agit pas de moi, Madame, mais de ma belle-sœur. Mme de Mailly est la maîtresse du roi. Elle me l'a avoué avant de le suivre à Compiègne.

– Louise, ma dame du palais ? m'écriai-je en éclatant de rire. Tout le monde sait qu'elle est amoureuse de Sa Majesté et se prend pour une La Vallière. Mais elle n'est point jolie. Comment séduire le roi de France quand on a le visage long, des joues plates, une bouche trop grande, une voix rude, une gorge laide et une démarche dénuée de grâce ou de noblesse ? Votre belle-sœur s'est vantée, ma chérissime.

Mme de Mazarin était bien placée pour me livrer de tels secrets. Elle-même était une Mailly. Son frère avait épousé Louise, et le père de Louise, le marquis de Mailly-Nesles, était son cousin germain qui avait lui-même épousé la fille du duc de Mazarin. La marquise de Mailly-Nesles, mère de Louise et de quatre autres filles, avait été ma première dame d'atour, venue à Strasbourg au moment de mon mariage. Elle m'avait servie avec un grand dévouement et, quatre ans plus tard, m'avait demandé, avant de mourir, d'admettre sa fille aînée parmi mes dames du palais. Je n'avais pas refusé, et n'avais pas eu à me plaindre d'elle tant que j'omettais de remarquer ses attitudes hautaines et ses yeux pleins d'orgueil. Mais elle n'était pas la seule à se conduire de la sorte. Pour toutes celles qui appartenaient à de longues lignées, la Polonaise sans dot, fille de roi élu, restait à tout jamais une simple « particulière » élevée par erreur sur le trône de France, et chacune rêvait de m'écraser.

– Lorsqu'elle n'est pas de semaine pour votre service, reprit la duchesse, elle est de toutes les chasses et de tous les petits soupers. Savez-vous que Sa Majesté l'a installée dans un appartement au-dessous des siens et qu'il y rencontre une compagnie qui lui plaît ?

Mon rire se figea et mon cœur s'affola. J'avouai d'une voix sourde :

– Je sentais qu'une aventure distrayait le roi, mais elle le troublait aussi dans l'exercice de sa piété, et pour cette bonne raison je la croyais sans lendemain. D'autant que nul ne savait qui était cette fameuse « Inconnue »...

Je hochai la tête en silence et ajoutai sur un ton rageur :

– La comtesse de Mailly ! Qui l'eût cru ? Et qui le sait aujourd'hui ?

Mme de Mazarin voulut me rassurer :

– Le secret est bien gardé, mais l'affaire n'est pas simple. Voilà cinq ans qu'ils sont amis, puis amants, et amis de nouveau, au gré des scrupules de Sa

Majesté et de vos maternités. Le roi est timide, mais avec Louise, il l'est moins. Elle a su le séduire par sa modestie et son humilité. Elle ne lui demande rien et s'en tient aux « honneurs du mouchoir ». Il est vrai qu'elle se met avec goût, ayant pour cela un talent infini et bien particulier que toutes les femmes de la Cour essaient d'imiter.

Le sang bouillonnait dans mes veines et battait dans mes tempes. J'eus l'impression soudain que mon corps était en fusion et que mon cœur allait éclater. Les mains posées sur mon ventre, je m'écriai d'une voix rauque :

– Cinq ans !

Pendant ce temps, j'avais perdu deux enfants et donné la vie à quatre filles. Je me levai en sursaut du banc sur lequel nous étions installées et fis quelques pas de long en large, en proie à une agitation que je ne pouvais maîtriser. Une gigantesque tempête me broyait tout entière et je ne savais comment l'apaiser. Mme de Mazarin m'observait, atterrée de ce qu'elle avait provoqué.

– Venez, lui dis-je. Il faut que je marche pour me calmer.

Comme je le faisais autrefois dans la campagne de Wissembourg, je partis à grandes enjambées vers le fond du parc, et jusque dans la forêt voisine, arpentant les chemins défoncés sans souci de me tordre une cheville. Les pensées les plus folles tourbillonnaient dans ma tête tandis qu'une lame de feu pourfendait mes entrailles. J'avais mal, mal à hurler comme une louve éperdue dans les rayons de lune.

– Trahison, murmurai-je au rythme de mes pas. Vengeance ! Malédiction !

Dans mon égarement, je répétai le mot sans réaliser le pouvoir que je lui donnais en le jetant sur les ailes du vent d'été :

– Malédiction sur Louise qui m'enlève celui que j'aime !

Je crachais tout mon venin, ma haine et ma douleur. Je souffrais à en mourir dans ma chair, dans mon cœur et jusqu'au tréfonds de mon âme qui s'était consumée de passion et se réveillait en guerrière.

– Que dit le Cardinal ? demandai-je soudain.

N'ayant pas de réponse, je me retournai et vis la duchesse loin derrière moi. Ma fureur tomba d'un coup. Je m'en voulus de l'avoir entraînée dans un exercice auquel elle n'était pas accoutumée. La marche violente m'avait apaisée et je m'en fus à sa rencontre pour lui prendre le bras en répétant ma question. Elle hésita un instant avant de répondre :

– Il feint d'ignorer une intrigue qu'il a soutenue de son silence.

– Que voulez-vous dire ?

– Le Cardinal se méfie de vous depuis que vous avez appuyé Monsieur le Duc, et vous reproche d'avoir poussé la France dans la guerre pour ramener votre père en Pologne. Il a tellement peur que vous puissiez influencer le roi et prendre de l'importance avec vos nombreux enfants, qu'il est prêt à tout pour vous nuire. Lorsqu'il a su que Melle de Charolais et la maréchale d'Estrées poussaient Louise dans les bras du roi, il a tout simplement fermé les yeux en signe d'approbation.

– Ainsi l'homme d'Église bafoue la loi de Dieu qui condamne l'adultère.

– Monsieur de Fleury oublie sa barrette de cardinal lorsqu'il raisonne en homme de politique. Et dans cette partie, vous êtes son adversaire.

– Expliquez-vous, de grâce. Nous frisons la calomnie.

– Un grand nombre de Jésuites vous entoure et l'on dit que vous pourriez appuyer le parti dévot après la mort du Cardinal, comme l'a fait Mme de Maintenon en ouvrant aux bigots les cabinets de Louis XIV. Le plus grave, Madame, est que Son Éminence en a convaincu Sa Majesté qui fuit vos appartements par crainte d'être espionné, et trouve un refuge aisé dans les bras de Mme de Mailly.

Derrière la favorite se cachaient mille intrigues. Ambition, argent, pouvoir. Fleury ne valait pas mieux que ces Jésuites qui hurlaient au « scandale » et brandissaient le châtiment de Dieu au service de leur appétit de domination. J'en eus le tournis et le cœur au bord des lèvres.

– Je vous remercie, duchesse, de m'avoir parlé avec autant de franchise. Je ferai bon usage de ce que vous m'avez appris. Il est temps pour moi de regagner Versailles.

Les chevaux s'emballèrent sur le chemin du retour. Était-ce un effet de la lune ? Le cocher vociférait ainsi que les laquais. Le carrosse tanguait sur les talus et faillit se retourner. Secouée sur ma banquette, je n'y prenais garde, obsédée que j'étais par ce qui occupait mon esprit : Louise et Louis. Tous deux à Compiègne, riant à la nuit en buvant du vin de champagne. Je perdis conscience et me réveillai dans mon lit. Peyrard était à mon chevet :

– Tout est perdu, Madame. Quelle folie de rentrer si tard et de lancer votre équipage au triple galop !

– Vous voulez dire que je ne suis plus grosse ?

– Non, Madame, et ne tentez pas de l'être de si tôt. Vous ne porteriez jamais l'enfant à bien.

– Combien de temps dois-je m'abstenir ?

L'accoucheur m'observait d'un air dubitatif qui était loin de me rassurer. Allait-on me priver de ma seule arme pour garder mon époux ?

– Nous devons prévenir Sa Majesté, dit-il.

Les derniers mots de Louis résonnaient dans ma mémoire. Il aurait beau jeu de me faire des reproches et d'être fâché contre moi. Certes, l'escapade de Montretout avait été une imprudence, mais avec un peu de chance quelques mois suffiraient à la réparer. Mieux valait garder le silence et tirer le meilleur avantage du secret qu'elle m'avait dévoilé.

– Annoncez-lui tout simplement que je me suis trompée sur mes espérances.

Mon corps se remit de sa blessure. Je repris des forces et la colère revint. Je ne souffrais plus dans ma chair, mais dans mon amour-propre. Pour la première fois depuis mon mariage, je pensais à mon âge et me regardais pendant des heures dans le miroir en cherchant sur mon visage les outrages du temps. Le mois précédent, nous avions fêté mes trente-cinq ans et je n'avais aucune ride. Ma gorge avait de l'éclat et ma taille restait fine, malgré les maternités répétées. Je me confortais dans l'idée que j'avais encore le pouvoir de séduire et décidai de me battre pour évincer Louise dans le cœur de Louis.

Les Slaves ont un sang fier. Ils sont susceptibles aussi et l'amour blessé devient plus cruel que la haine. Oubliant toute pensée de soumission ou de résignation, je ruminais ma vengeance jour après nuit. J'entendis soudain dans la Salle des Gardes le branle-bas du retour royal. Louis, sûr de lui, œil de velours et sourire aux lèvres, entra dans ma chambre. « L'Amour » était au pied de mon lit, aussi beau que le soleil sur la forêt d'automne, et je mourais d'envie de le voir se jeter sur moi. Mais je serrai les dents et me raidis dans ma dignité offensée en l'accueillant avec une froideur qui le laissa stupéfait.

– Que se passe-t-il, Marychna ? Vous n'êtes pas heureuse de me voir ?

– Je ne vous attendais pas si vite.

– Je vous l'avais promis. Et je viens chez vous sans tarder.

Il voulut me prendre dans ses bras et j'eus l'audace de le repousser. Piqué au vif, il se redressa et déclara sur un ton sec :

– Pardonnez-moi, Madame, de vous avoir importunée.

Il sortit d'un pas nerveux et je triomphai de son dépit. Victoire bien puérile, dont je me repentis amèrement le lendemain en apprenant dès mon réveil ce que toute la Cour venait de découvrir. Mme de Mailly avait passé la nuit chez le roi. Devant la porte, son capuchon avait glissé. Un curieux avait reconnu ses traits, et l'« Inconnue » n'était plus un secret. Sous peu, elle serait la « maîtresse déclarée ».

L'orgueil m'avait égarée pour un soir, mais la bataille n'était pas perdue. J'avais assez de courage pour défendre mon amour et retrouver mon honneur. Un sang guerrier coulait dans mes veines, et j'étais prête à relever le gant.

XI

Louis précipita le départ pour Fontainebleau, et je comptais sur cette villégiature dans le château des heureux souvenirs pour avoir un entretien, faire amende honorable sur ma conduite, en exposer les raisons médicales que ma passion avait mises en retrait. Loin de moi l'idée de provoquer une scène, pas même d'exprimer un reproche. Je l'aimais trop pour me le permettre. Mais il se montra plus distant qu'après la disgrâce de Monsieur le Duc. Aussi fuyant et inaccessible. Il me saluait à peine à son lever, préférant se distraire avec ses gentilshommes, et s'échappait après les « grands couverts » au cours desquels il m'ignorait. Je crus un temps qu'il manifestait sa rancune en m'infligeant une bouderie sévère que je méritais, et qu'il finirait bien par me pardonner. Sa foi chrétienne le ramènerait au devoir conjugal quand il éprouverait le besoin d'être en paix avec sa conscience et retrouver l'état de grâce nécessaire à certaines charges qui incombaient au roi Très Chrétien.

Mes illusions s'envolèrent et ma colère se réveilla lorsque j'entendis le remue-ménage de la Cour autour de Mme de Mailly. On se pressait en foule pour voir la « reine du jour », se faire remarquer d'elle et jouer de son influence afin d'en obtenir quelques privilèges. Louise, ravie de son succès, affichait sa faveur sans vergogne et sans pudeur. La maréchale d'Estrées lui avait cédé son appartement dans la meilleure aile du château. Melle de Charolais, cousine du roi, la promenait dans sa calèche réservée aux princesses du sang. La comtesse de Toulouse qui l'avait souvent reçue à Rambouillet, lui chuchotait des confidences à l'oreille ; les plus hauts personnages s'inclinaient avec déférence. Elle se rengorgeait de son importance soudaine, et toisait chacun de sa nouvelle supériorité. Je ne pus résister à l'envie de croiser son attelage et de la confondre en lui imposant par ma présence une modestie de circonstance. Lorsque je fus à sa hauteur, elle me défia de son regard étincelant d'orgueil avec une audace que je ressentis comme un affront. Je maîtrisai mon cœur qui s'emballait avec fureur. Le visage impassible, je saluai d'un sourire courtois la compagnie qui l'entourait, et lançai d'une voix suave :

– Quel plaisir de vous voir, Madame de Mailly. J'espère que vous vous divertissez. Si j'ai bonne mémoire, vous reprendrez bientôt votre service dans mes appartements.

Un rictus pinça la grande bouche, et la gorge laide s'empourpra. J'avais mouché Louise. Mon amour-propre était satisfait. Le cocher repartit et j'ajoutai, imperturbable :

– Gloire d'un jour, larmes pour la vie !

– Auriez-vous une prescience de l'avenir ? murmura Mme de Mazarin assise près de moi.

– C'est un vieux dicton que mon père me répétait pour m'apprendre à respecter les règles. Bien mal acquis… Vous connaissez la suite.

– Louise ne gardera pas le roi, dit-elle d'un air rêveur. Les larmes sont à sa porte.

– Je ne sais à quoi vous faites allusion, duchesse, mais je peux vous assurer que je ne lui laisserai pas le champ libre.

Les jours passèrent et je fus bien mortifiée de constater que Louis ne m'accordait aucune chance de m'expliquer. Devant l'air maussade qu'il me réservait, ma timidité se réveillait et je perdais de mon assurance, craignant d'attiser son mécontentement si je ne trouvais les mots justes qui toucheraient son cœur. Le malaise s'aggravait et je n'avais plus le maréchal de Villars pour m'aider à l'éclaircir. Il ne me restait que le Cardinal. Lui seul avait l'oreille du roi et saurait lui faire entendre mes raisons. Après ce que m'avait confié la duchesse de Mazarin sur ses réticences à mon égard, je me demandais s'il accepterait de m'écouter et d'intercéder pour moi comme après la disgrâce de Monsieur le Duc. Louis m'était revenu alors, et j'avais connu de longues années de bonheur au prix d'une soumission que j'étais prête à renouveler quelle que fût l'humiliation qu'il m'en coûterait.

Je dus aller jusqu'à Issy pour y débusquer le vieux prélat. Le jour de notre retour à Versailles, il avait eu des mots avec le roi et s'était retiré dans sa maison de campagne. Peu m'importait l'objet de la brouille, je n'avais qu'une idée en tête : défendre mes droits d'épouse légitime contre une intruse qui détruisait notre famille. En vertu de ses devoirs d'homme d'Église, le Cardinal ne pouvait refuser de me soutenir. Mon cœur était si lourd, lorsque j'arrivai chez lui, que je ne pus retenir mes pleurs.

– Vous avez devant vous, Éminence, une femme brisée de douleur et de chagrin. J'ai commis une erreur et n'ai pu m'expliquer.

Je lui racontai l'accident au retour de Montretout, la grossesse interrompue et l'interdit de la Faculté, tout ce que, par crainte d'une réprimande et par pudeur, je n'avais osé dire, ainsi que le geste inconsidéré qui avait suivi, dont les conséquences me déchiraient dans mon amour tout en bafouant ma dignité d'épouse et de reine.

– Aidez-moi, je vous en supplie. Dites au roi ce qui s'est passé. Je l'aime à la folie, comme au premier jour, et je suis prête à toutes les souffrances pour lui donner un autre fils.

Il m'observa un long moment, les yeux vrillés sur moi comme s'il sondait le fond de mon âme, et me montra de sa main le crucifix accroché en face de lui.

– Si vous saviez, Madame, combien je gémis au pied de cette croix, combien je maudis mon pouvoir, sans puissance sur le cœur du roi !

– Il vous écoute, Éminence. Vous seul pouvez le raisonner.

– J'ai tenté de le faire, et Sa Majesté m'a répondu : « Je vous ai abandonné la conduite de mon royaume, j'espère que vous me laisserez maître de la mienne. » Ma présence ici est le constat de mon échec.

– Mais enfin, Éminence, vous reviendrez à Versailles et vous ne laisserez pas le roi s'enfoncer publiquement dans le péché.

– Ah, Madame, soupira-t-il, la Cour de Louis XV, pas plus que celle de Louis XIV, ne ressemble à celle de saint Louis. Il faudra vous armer de patience et de résignation. Le roi vous a aimée, il vous est attaché pour les nombreux enfants que vous lui avez donnés, et vous êtes la reine de France. Nulle autre femme ne vous enlèvera votre titre.

Sourire flatteur, paroles onctueuses... le Cardinal n'en était pas avare. Pensait-il m'endormir à si bon compte ? Dans son regard brillait cette lueur bien particulière que je reconnaissais et qui me confirmait les mises en garde de Mme de Mazarin. Il se moquait de mes sentiments et de ma loyauté à l'égard de Louis. S'il feignait de s'indigner de la conduite de son ancien élève, il ne ferait rien pour la modifier, puisqu'elle servait ses propres desseins : m'écarter à jamais de toute influence. Il jubilait de ma détresse, de l'abandon humiliant qui me livrait à sa merci et lui assurait un pouvoir absolu sur les volontés du souverain. Je compris en cet instant combien j'étais seule, mais j'enrageais de l'offense qui me rongeait, et décidai de me battre malgré tout avec le feu de mon amour. Je me redressai dans un sursaut de dignité pour déclarer :

– Le cœur du roi vaut bien plus que la couronne. Je veux le reconquérir. Alors, je ne vous demande qu'une chose : Dites à Sa Majesté que je le suivrai dans tous ses déplacements.

Sous le coup de l'étonnement, le vieil ours eut presque figure humaine, mais il s'affaissa de nouveau, ramassé sur lui-même dans son fauteuil de velours pourpre, l'œil pointu sous les paupières à demi fermées.

– Que puis-je vous promettre, Madame ? Je ferai de mon mieux pour vous satisfaire.

Du plat de la main, il caressait le bois poli de la table et soupira :

– Cela est-il judicieux ?

Je m'étais levée pour prendre congé et répliquai d'une voix ferme :

– J'insiste, Éminence !

Le départ de mes filles me désarma pour un temps. Trop de chagrins s'accumulaient. Tandis qu'une femme me volait mon époux, l'Économie chère au Cardinal m'arrachait mes enfants les plus jeunes. On me dépouillait de tous côtés. Je n'avais plus le courage d'exprimer le moindre souhait, et me lamentais de perdre Adélaïde, ma préférée.

– Parlez au roi, me dit la gouvernante en me voyant si malheureuse.

– Le Cardinal a décidé, Mme de Tallard. Je n'ai pas le droit de m'opposer.

– Nous agirons à notre idée.

Le lendemain, en fin de matinée, un petit ouragan traversa mes appartements et se jeta dans mes bras en s'écriant :

– Je ne pars plus, maman. Papa vient de le décider.

Le stratagème imaginé par la gouvernante avait réussi. Elle avait pris sur elle d'enfreindre l'étiquette qui interdisait les cérémonies officielles aux princesses trop jeunes. Adélaïde, âgée de sept ans seulement, avait accompagné ses sœurs aînées qui, chaque matin, allaient « faire leur cour » à leur père avant de venir me voir. Arrivée devant le roi, elle s'était jetée à ses pieds en sanglotant si fort qu'il en avait lui-même versé quelques larmes. Devant l'assistance bouleversée, il l'avait prise sur ses genoux en déclarant qu'il la gardait. Avait-il pensé à mon attachement pour cette enfant et au bonheur qu'il m'offrait ?

Cet événement fut un signe. Un rayon de soleil sur l'océan de ma tristesse. Dans le cœur du roi, je n'en doutais plus, j'avais encore une place. Avec l'aide de Dieu il me reviendrait. Espoir fou qui me permit d'affronter avec plus de courage et de sérénité les scènes douloureuses de la séparation. Embrassades, pleurs, gémissements. Louis avait rejoint le cercle de famille et chacun de nous avait serré dans ses bras les quatre petites poupées qui s'en allaient à Fontevrault pour de nombreuses années. L'amour de nos enfants nous unissait, bien plus encore la douleur de les voir s'éloigner. Louis m'avait regardée de ses yeux rougis et m'avait souri. Dès lors, je n'eus plus qu'une obsession : détruire Mme de Mailly.

De quelle manière et par quels moyens ? Je n'avais pas d'idée précise et me torturais chaque nuit à fourbir des armes redoutables, regrettant de n'être un chevalier pour laver mon honneur par l'épée. Le Cardinal vint fort à propos m'annoncer que le roi partait pour Marly et que j'étais du voyage.

– Sa Majesté ne voulait rien entendre, précisa-t-il, mais il a fini par y consentir.

– Vous plaidiez la bonne cause, Éminence, et vous avez réussi. Je vous remercie de la satisfaction que vous m'apportez.

– Je crains la déception, Madame, et de nombreux désagréments.

Il n'osait m'avouer que le roi avait invité Mme de

Mailly. J'étais loin de l'ignorer. La faveur de Louise s'était confirmée dans le secret des petits soupers. Ses appartements communiquaient avec ceux du roi par un escalier dérobé. Ils se rendaient ainsi chez l'un ou l'autre en toute discrétion, et la Cour bruissait de mille potins sur les divertissements qu'ils s'offraient. Elle était la reine de ses nuits, et le jour m'était réservé. J'en venais à bénir l'étiquette avec son ordre rigoureux des cérémonies qui me permettaient d'être auprès de Louis. Même si nous ne nous parlions pas, j'avais la satisfaction de le voir et de sentir son odeur de fougère qui réveillait mon désir. Allais-je me priver de ces derniers plaisirs en restant confinée à Versailles pendant que ma rivale occuperait à loisir l'espace abandonné ? Au prélat qui n'en finissait pas de m'observer d'un air songeur, je répondis d'une voix enjouée :

– Dieu décidera. J'ai ma conscience pour moi.

Une ardeur nouvelle m'animait. Toute mon énergie se concentrait sur le combat qui serait bientôt livré. J'en avais fixé le terrain et rassemblai dans mes malles ce qui m'assurait l'avantage : mes plus belles robes aux étoffes somptueuses tissées tout spécialement pour moi, mes diamants, et surtout mes habits de chasse avec leurs chapeaux garnis de plumes désinvoltes au charme insolent et les écharpes de gaze aux couleurs indéfinissables. En amazone, je surpassais toutes les dames de la Cour et comptais bien en user. Ma grâce et mon aisance étaient inimitables, et Louis, si pointilleux, avait admiré plus d'une fois mes talents ainsi que ma dextérité. Louise, qui ne montait plus, en pâlirait de rage et de dépit.

Comme je l'avais prévu, Mme de Mailly suivit la courre de cerfs dans une calèche, et je me mêlai aux cavaliers de l'équipage du roi. Soudain, au plus fort du bien-aller, je remarquai que Louis avait disparu. Mon sang ne fit qu'un tour. Je partis au galop vers les profondeurs de la forêt, le regard à l'affût. Je les vis soudain à une croisée de chemins et me cachai derrière un bosquet. Louise levait son visage vers celui de Louis, offrant ses lèvres à celles qui les approchaient. J'en perdis mes nerfs et ma raison. Je n'étais que violence exigeant une vengeance. Talonnant ma monture, je piquai droit sur eux à toutes brides. Ils se figèrent de surprise, puis de frayeur lorsque je me cabrai devant eux avant de repartir comme une flèche dans l'ombre des taillis. Louis s'élança à ma poursuite. Croyant que mon cheval s'était emballé, il appelait à l'aide et je l'entendis crier mon nom que l'écho reprenait :

– Marychna !

Au son de sa voix, mon corps frissonna, mais je gardai le silence et revins sur mes pas. La jalousie me rongeait. Je voulais ma victime et cherchais Louise. Un rayon de lumière éclaira son attelage à l'entrée d'une clairière. Je lui faisais face et la colère me rendit folle. Je m'élançai en la chargeant, ivre de rage et de fureur, et m'arrêtai net contre la portière. La terreur avait défiguré son visage et je me retins à mille mains de ne pas le déchirer d'un coup cinglant de ma cravache. J'éclatai d'un grand rire et m'éloignai en caracolant au rythme de mon cœur qui avait retrouvé sa gaieté. L'exercice avait tempéré mes ardeurs et mon sang de Slave s'était libéré de sa folie. Pour un temps. La fièvre couvait encore.

Ce soir-là, dans le salon de jeu, on ne parlait que de mes acrobaties équestres et l'on prenait des paris sur l'issue du tournoi. Plongée dans mon cavagnole, je feignais de ne pas entendre et souriais derrière mon éventail. Le roi entra soudain et l'assistance se leva. Il me fustigea d'un regard glacé et s'en fut à sa table de lansquenet sans venir me saluer. Près de lui était Mme de Mailly. Pour elle il n'avait que grâces et propos aimables, et je la vis s'abandonner à des familiarités que je n'aurais osées devant une assemblée. Ma fureur se réveilla, mais je la dominai, cachant la tristesse qui m'envahissait. Louis me désavouait devant une foule de courtisans qui comptaient les points.

Dans ma fierté incorrigible, je refusai de m'avouer vaincue, et me fis bien du mal, les jours suivants, à poursuivre le combat. Je traquais les amants coupables et les débusquais, prenant un plaisir perfide à troubler leurs apartés. Je m'imposais en témoin indésirable, et Louis, furieux, me gratifiait d'une dureté qui me tuait à petit feu. Il ne me parlait plus, oubliant même la courtoisie qui m'était due. J'entendis alors les cancans de la Cour qui daubait ma conduite, et je réalisai que je n'aurais jamais dû sortir de ma réserve habituelle. Mais une femme peut-elle rester sourde aux appels de son amour-propre quand son bien-aimé l'a trahie ? La passion m'avait emportée et j'avais oublié que j'étais la reine de France.

– A Versailles, les couples unis sont ridicules, me dit la duchesse de Luynes pour me conforter. Pendant dix ans, Sa Majesté vous a prouvé sa fidélité. Soyez heureuse de cette réussite. Elle ne pouvait durer. La Cour est ainsi faite.

– Pas de maîtresse, pas de faveurs, renchérit Mme de Mazarin. Les quémandeurs se pressent déjà chez Mme de Mailly.

Fébrile, je m'écriai :

– Et l'on raconte les pires horreurs sur la reine pour donner raison au roi de l'avoir abandonnée. Oui, Mesdames, il ne pouvait vivre plus longtemps avec une bigote frigide dont la conversation le faisait périr d'ennui. On dit aussi que j'ai toujours froid et qu'il étouffait dans mon lit sous l'amas de couvertures que j'y ai mises. Je cours toute la nuit derrière mon petit chien. Et, comme j'ai peur des fantômes, travers qui me vient de Pologne, je garde à mon chevet une femme qui doit me faire la lecture pendant mes insomnies. On peut comprendre après tout cela que le roi ait fui ma chambre pour celle de Mme de Mailly.

– Et malgré tout cela, reprit Mme de Mazarin sur un ton claironnant, il vous a fait dix beaux enfants.

– Avec tant d'amour, dis-je en retenant un sanglot. Et tant de douleur pour mes petits disparus.

– Le Dauphin promet d'être un grand roi, intervint la duchesse de Luynes. Il sera votre récompense, Madame.

Mon père et le Cardinal m'avaient tenu les mêmes propos sages. Enfants, famille, devoir et dignité du rang à tenir. Et l'amour ? Son temps était-il passé ? Parce que j'avais trente-cinq ans et onze grossesses ? Je réalisais soudain que je ne dormirais plus dans les bras de Louis, et que je ne sentirais plus la chaleur de sa peau contre la mienne, son souffle dans mon cou et ses mains sur mes hanches. Il était plus jeune que moi, et pour lui j'étais trop vieille. Ainsi, l'heure était venue de renoncer au désir, aux fougues et aux ardeurs qui avaient fait de moi une amante autant qu'une épouse, pour accepter de n'être qu'une mère ainsi qu'une reine respectable et respectée aux côtés du roi de France. L'homme que j'aimais et que toujours j'aimerais. L'amour n'était pas fait seulement de chair, mais aussi de renoncements et de sacrifices. L'oubli de soi-même pour le don absolu sans contrepartie. Les plaisirs de l'alcôve s'effaçaient, mais il me restait d'autres façons d'aimer Louis.

En pensée, la résolution était aisée. La pratique fut tout autre. Mme de Mailly était l'une de mes dames du palais. Ses semaines de service furent pour moi une véritable torture. Je perdis mon calme et devins soudain tatillon, exigeante, autoritaire. Je m'impatientais pour des riens et m'inventais des caprices. Malgré tous mes efforts, je n'arrivais pas à maîtriser ce sentiment de haine qui mettait mon cœur à vif, et je m'usais les nerfs à la persécuter pour me venger. Elle m'avait volé l'amour de Louis, et pour cela seul, je l'exécrais. Louise avait de la défense et me considérait du haut des nues de sa race féodale. Son orgueil l'aveuglait, tout comme la jalousie qui me taraudait. Elle eut un jour l'audace de me déclarer que le roi l'invitait à le suivre à Rambouillet, et me demanda la permission de décaler sa semaine. Je la toisai de mon mépris en lui disant :

– Faites, Madame, vous êtes la maîtresse !

Je crânais devant mes gens, mais dans la solitude de ma chambre, j'étouffais de rage. Une fièvre sourde me consumait. J'appelais Dieu à mon aide, Le suppliant de me délivrer de ce mal qui me rongeait. J'avais beau prier et m'infliger mille pénitences, le démon était dans ma chair et s'emparait de mon âme. Mon amour-propre n'acceptait pas de céder. Mon cœur à vif n'était pas près de pardonner.

– Prenez garde, Madame, me dit la duchesse de Mazarin, on clabaude sur votre mauvaise humeur et vos « chiffonnages ».

Les rumeurs allaient bon train, et la Cour se délectait de cette intrigue au sommet qu'elle répandait dans les salons de la Ville. Mais le tourbillon de Versailles eut raison de mes états d'âme. L'étiquette absorbait une partie de mon temps et je ne manquais aucune cérémonie. Je me pliais à toutes les règles et me comportais avec la dignité que Louis attendait de moi. J'assistais chaque matin à son lever ; trois fois par semaine, il soupait en « grand couvert » dans mon antichambre, et je me nourrissais de ces moments qui nous unissaient encore. Je m'accoutumais à l'aimer sans le désirer. Son silence était lourd de remords, et il m'était difficile de lui parler. Mme de Mailly était entre nous, empoisonnant l'air que nous respirions.

Avec le temps, je surmontais ma tristesse. Mes filles m'y aidaient, et surtout le Dauphin qui habitait au-dessous de moi. Un escalier en colimaçon me permettait d'aller le voir aisément et de surveiller son éducation. Il était mon espoir, ma fierté. L'enfant coléreux et violent qui criait à tout propos et sans savoir pourquoi, battait sa nourrice, son précepteur ou ses valets, était enfin dompté. J'avais dû le fouetter moi-même pour le châtier comme il le méritait, et tout le monde m'avait critiquée. Mais je le voyais grandir en intelligence et en beauté avec une sensibilité pour les arts et un goût pour l'étude qui me ravissaient. Je l'encourageais dans la foi chrétienne et l'ouvrais aux devoirs qui seraient un jour les siens, essayant de faire de lui un prince selon le cœur de Dieu. Un roi exemplaire, à l'écoute de son peuple, dans la justice et la piété.

Et soudain, Louis annonça un grand bal pour inaugurer le Salon d'Hercule. Monsieur Lemoyne venait de passer quatre ans à couvrir les plafonds de fresques splendides à la gloire du héros. Le résultat était admirable et méritait une fête grandiose. Elle eut lieu à la fin de janvier 1739, et je dois avouer que pour la circonstance je fus très pointilleuse sur le choix de ma toilette. Un grand habit de satin blanc, brodé de colonnes torses de fil d'or et semé de fleurs nuées de soie, avec un corps de robe tapissé de pierreries. J'avais accroché le « Sancy » au collier de gros diamants que le roi m'avait offert, et le « Régent » brillait dans mes cheveux. Je voulais apparaître en reine de lumière, éblouissante et digne, dans une simplicité royale qui imposerait le respect face à l'élégance baroque de Mme de Mailly qui n'était que la « maîtresse ».

Entourée de Mesdames, mes filles aînées, et des princesses du sang, elles aussi en grand habit, j'attendais dans mon antichambre et m'impatientais depuis plus d'une heure, lorsque le roi fit irruption, essoufflé, la perruque ébouriffée :

– C'est une presse gigantesque, dit-il. M. de la Trémoille a mal compté les billets, et la Ville nous a envahis. J'ai dû faire le gendarme pour dégager les gradins réservés aux gens de « ce pays-ci ». Il m'a fallu parler fort et gesticuler. Voyez dans quel état je suis.

Son désordre m'amusa. Il avait à peine eu le temps de troquer son habit de chasse pour un habit de velours bleu boutonné de diamants et doublé de satin blanc. Le cordon du Saint-Esprit était de travers. Il le redressa, s'épongea le front et s'approcha de moi :

– Pardonnez le retard, Marychna. Je vais chercher mon chapeau et vous pourrez suivre le chambellan pour faire votre entrée.

Son regard m'enveloppa de la tête aux pieds, et je vis que je l'impressionnais. Mon cœur battait si fort que je m'inclinai dans une profonde révérence pour lui cacher l'émotion qui m'empourprait. Il disparut comme un météore et le cortège se forma, escorté de gardes qui repoussaient la foule agglutinée dans les couloirs et les galeries.

Le Salon bruissait comme une gigantesque volière avec ses gradins qui tournaient autour de la pièce et jusqu'en haut des fenêtres, encombrés d'une société chamarrée qui pérorait et s'agitait. Les musiciens, rassemblés sur une estrade, jouèrent une marche royale et je pris place à la gauche du roi, sur le côté qui nous était réservé. La fête commença par un bal d'enfants que le Dauphin ouvrit avec ses sœurs aînées. Ils dansaient le menuet avec tant de grâce et de noblesse que Louis se pencha plus d'une fois vers moi pour me dire son contentement. On servit des collations, et l'orchestre attaqua la contredanse pour les princes et dames de la Cour. Après le souper, tout le monde revint avec des masques, et ce fut le bal du Carnaval qui dura jusqu'au lever du soleil. Drapée dans une mante de soie, j'entrai dans la farandole. On dansait dans trois salons et l'on déambulait dans la Galerie magnifiquement illuminée en essayant de percer le mystère des costumes compliqués. Une chauve-souris de belle taille courait çà et là, demandant où était le roi. Il me sembla reconnaître la voix de Louis, et je le suivis du regard un long moment, cherchant dans son sillage la silhouette de Mme de Mailly. Près de lui était un grand chat siamois qui l'amusait et le rendait mutin. Ils se fondirent dans la foule et Mme de Mazarin m'attira dans une fenêtre pour me susurrer :

– Notre La Vallière sortira bientôt ses mouchoirs. Une Montespan sort de l'ombre.

– Racontez-moi, duchesse, qu'avez-vous vu ?

– La danse de séduction du chat siamois autour d'une chauve-souris.

– J'ai reconnu le roi, mais qui était le chat ?

– Pauline de Nesles. Louise a sorti sa sœur du couvent et l'a prise sous sa protection en lui promettant de l'établir à la Cour. Mais Pauline est une ambitieuse qui a juré de se faire aimer du roi et de gouverner la France.

– Le chat que j'ai vu manquait de grâce. Quant à cette sœur de Mme de Mailly dont vous me parlez, on dit qu'elle a une figure de grenadier, un col de grue et une odeur de singe.

– Mais elle provoque les hommes en usant de propos libertins qui produisent un effet certain.

– Eh bien, duchesse, il est temps d'aller prier.

L'aube blanchissait le ciel. Entourée de quelques dominos sous lesquels se cachaient mes dames, je m'esquivai discrètement vers mes appartements et changeai de vêtements pour aller à la Chapelle et recevoir les Cendres avant de rejoindre mon lit.

XII

UNE rumeur avait circulé pendant le bal. Monsieur de Fleury vint me la confirmer dès le lendemain en m'annonçant officiellement le mariage de ma fille aînée, Élisabeth, avec l'Infant d'Espagne Don Philippe, deuxième fils de Philippe V et arrière-petit-fils de Louis XIV. Sous le coup de l'émotion, je fus sans voix et l'écoutai en pleurant.

– Vous saisissez, Madame, ajouta-t-il en se rengorgeant, combien l'affaire est importante. Cette union confirme l'alliance nécessaire entre nos deux pays. Elle a le mérite, en outre, d'effacer définitivement les outrages ressentis par Leurs Majestés Catholiques après que le roi ait renvoyé l'Infante Marie-Anne Victoire pour vous épouser.

– J'entends, Éminence. Mais le prestige que vous me laissez entrevoir n'enlève rien au chagrin de cette nouvelle séparation que vous m'imposez. Ma fille n'est-elle pas trop jeune pour une telle expérience ?

– Sa Majesté y a pensé. Les cérémonies auront lieu à la fin du mois d'août, après que Madame ait accompli ses douze ans.

J'en avais dix de plus lorsque mon père fit irruption dans notre salon de Wissembourg pour me dire que j'étais reine de France. Je me souvenais de mon appréhension d'alors à la perspective d'être liée à un adolescent qui avait sept ans de moins que moi. Élisabeth avait plus de chance, Don Philippe était un homme âgé de vingt ans. Serait-elle assez femme pour lui plaire ? Le cœur serré, escortée de ma suite, je me rendis à l'autre bout de l'Aile des Princes afin de lui exposer ce que le roi son père avait décidé, et la préparer à ce destin qui allait l'emporter au pays de Don Quichotte et de Charles Quint. Pour rendre l'annonce plus agréable, je l'enjolivai de rêves et de romances : les palais et les patios de marbre, les jardins aux mille senteurs dans la clarté opale de la lune et le chant cristallin des jets d'eau dans le vent tiède des nuits d'été ; des paysages multiples, une autre société et des coutumes diverses qui attiseraient sa curiosité. Je terminai en la saluant de son nouveau titre :

– Madame Infante, je vous présente mes compliments.

– Chère Maman, répondit-elle bouleversée, j'en éprouve plus d'affliction que de joie, quand je pense à tous ceux que j'aime dans ce pays-ci et que je devrai quitter.

Henriette, sa jumelle, se mit à trembler et se retira dans une embrasure pour y cacher son désarroi. Adélaïde tournait en rond en bougonnant :

– Je suis bien fâchée du mariage de ma sœur.

– Allons, Mesdames, répliquai-je avec ironie, je ne vous ai pas mises au monde pour vous laisser vivre ensemble jusqu'à votre mort. Les Filles de France ont des devoirs. Chacune de vous aura sa route, celle que Dieu a choisie en fonction des épreuves qu'Il vous prépare et de ce que vous devrez donner de vous-même.

Quelques jours plus tard, la Cour apprenait la nouvelle ainsi que le calendrier des festivités ordonnées par le roi. On ne manqua pas de dénigrer l'alliance que l'on jugeait trop modeste pour la fille aînée du roi de France, et l'on clabauda sur les espérances de l'Infant qui ne serait jamais roi d'Espagne.

– Devrons-nous faire la guerre pour lui assurer un duché ?

Allusion perfide des pacifistes à notre engagement dans la succession de Pologne, au moment même où Louis paraphait le traité de Vienne. S'ils se réjouissaient de voir le royaume agrandi, ils semblaient oublier que sans le truchement de mon père, la France n'aurait pas obtenu la Lorraine aussi aisément.

Aux persiflages et quolibets je fermai l'oreille, et me plongeai dans le tourbillon des préparatifs. Ceux de Wissembourg me revenaient en mémoire, et je comprenais soudain, après tant d'années, l'excitation fébrile de ma mère qui avait remué toute la contrée jusqu'à Strasbourg, exigeant ce qu'il y avait de mieux pour les nouveaux atours que réclamaient les circonstances. Je me souvenais aussi de mon émerveillement devant les mille splendeurs que contenaient les malles venues de Paris. Pour ma fille, je constituai le plus beau des trousseaux, mettant à contribution les meilleurs ateliers de France. Louis surenchérit avec une parure d'émeraudes et de diamants qui valait à elle seule plus de 300 000 livres, et puisa dans sa cassette pour célébrer l'événement dans le faste et la solennité. Il n'épargnait aucune dépense. Élisabeth était sa préférée, qu'il avait surnommée Babet. Il aimait sa franchise, son courage viril, et encourageait sa forte individualité, tandis que je redoutais pour son cœur sensible les désillusions et la méchanceté.

De Madrid à Versailles, les courriers se multiplièrent. Les Grands d'Espagne affluèrent en longues cohortes d'un luxe impressionnant, et se mirent à genoux devant leur future Infante, selon l'étiquette espagnole, pour lui offrir des hommages accompagnés de présents. Un portrait de Don Philippe dans un médaillon serti de diamants, accroché à un bracelet, me rassura. L'Infant avait de beaux traits et des yeux doux au regard tendre. Ma fille eut un sourire ému :

– Je crois que je pourrai l'aimer, murmura-t-elle.

– Il vous attend avec impatience et vous aime déjà, dis-je en l'embrassant. Soyez fine et réservée. Douceur et compréhension vous gagneront sa confiance.

Les semaines s'envolèrent et la fin d'août arriva. Les cérémonies se déroulèrent selon les usages, dans le même ordre qu'à Strasbourg. Demande solennelle du marquis de la Mina au nom de Philippe V, à laquelle Louis donna son consentement. Je fis de même lorsqu'il se tourna vers moi, ainsi que le Dauphin lorsque vint son tour. Deux jours plus tard, Madame Infante entra dans mes appartements, portant un habit de brocart d'or sur fond noir sous une mante de réseau d'or de sept aunes de long que soutenaient Mesdames Henriette et Adélaïde. A son bras était le bracelet avec le portrait de Don Philippe. Le Dauphin la conduisait, et je fus sensible aux murmures d'admiration des cent quinze princesses du sang et dames titrées qui attendaient avec moi et saluèrent mes enfants d'une profonde révérence. J'embrassai ma fille et pris la tête du cortège, tenant la main de mon chevalier d'honneur et de mon premier écuyer, pour aller rejoindre Louis dans le salon de l'Œil-de-Bœuf où le contrat devait être signé et les fiançailles bénies par le cardinal de Rohan devant les dignitaires de la Cour de France, le cardinal de Fleury, les représentants de la Cour d'Espagne, et le duc d'Orléans qui, cette fois, représentait l'Infant.

A quelques années de distance, tout se répétait, et je regardais Louis profondément troublé. Il ne ressemblait plus à la miniature qu'il m'avait envoyée sur la route de Moret. Le prince de contes qui avait pris mon âme avait un visage d'homme que l'âge avait façonné, mais son sourire était le même et je l'aimais comme au premier jour, à la folie, incapable d'imaginer que je ne puisse plus l'aimer. Les cérémonies resserraient la famille autour d'Élisabeth. Louis, jouant son rôle de père, s'entretenait plus souvent avec moi, et je m'efforçais d'ignorer qu'il terminait ses nuits chez Mme de Mailly.

Le lendemain fut le grand jour avec la messe dans la Chapelle parée comme aux fêtes importantes de la liturgie. L'exceptionnel Daquin était aux orgues, et les chœurs furent éblouissants. Devant les personnages les plus titrés des Cours de France et d'Espagne, Madame Infante fit son entrée, menée par le Dauphin et le grand maître des cérémonies, vêtue d'une robe lamée d'argent ornée de magnifiques diamants. Elle n'était pas très grande, mais elle avait les traits de son père et ses beaux yeux bruns. Elle s'agenouilla sur un carreau de velours aux côtés du duc d'Orléans qui représentait l'Infant. J'admirai son naturel et son calme de princesse accomplie. A l'offrande, elle baisa l'anneau du cardinal de Rohan, lui présenta un cierge, et l'on tendit un poêle d'argent au-dessus d'elle et du duc, comme cela s'était fait lorsque j'épousais le roi de France à Fontainebleau. Maîtrisant mon émotion, je me tournai vers Louis, et nos regards se mêlèrent dans une même fierté de voir tant de prestance et de dignité chez notre fille aînée.

Les fêtes qui suivirent furent une véritable splendeur. Les jardins et le château s'illuminèrent comme au grand siècle. Après les compliments et le dîner, la Cour et les invités en habits chamarrés scintillants de pierreries se répandirent dans la Galerie magnifiquement éclairée transformée en salle de jeu. Louis me conduisit à sa table. Avec lui, je jouai au lansquenet, tandis qu'à une table voisine le Dauphin jouait à cavagnole avec Madame Infante, Henriette et Adélaïde. A neuf heures du soir, un feu grandiose fut tiré au-dessus de la pièce d'eau et Louis me donna la main pour me guider vers le balcon où nos enfants nous entourèrent. Des milliers d'applaudissements et de cris de joie sortirent de l'ombre au-delà des parterres, où s'était massée une quantité de gens qui attendaient depuis le matin pour nous voir. Vint ensuite le souper en « grand couvert » qui fut servi dans mon antichambre sur des musiques de Lully et les divertissements de Michel Mathieu. Était-ce la magie du spectacle ou la féerie de la nuit d'été, je crus plus d'une fois que le temps s'effaçait et que Louis me revenait avec une tendresse qui enivrait mon cœur trop souvent meurtri.

Le marquis de la Mina, ambassadeur de Philippe V, rivalisa de somptuosités en nous offrant sur la terrasse de son hôtel un feu qui représentait le chemin des Pyrénées. Paris prit alors le relais des réjouissances. La veille du départ de Madame Infante pour sa nouvelle patrie, Monsieur Turgot, prévôt des marchands, et les échevins de la Ville apportèrent leur présent : douze douzaines de flambeaux de poing parfumés et douze douzaines de boîtes de dragées ornées de rubans bleus. Un spectacle suivit la cérémonie, auquel nous assistâmes depuis le balcon du Louvre : joutes sur la Seine, grand transparent dressé sur l'eau au milieu d'une flottille de petits bateaux, et le ciel illuminé des armes des deux pays, gerbes et bouquets multicolores que des artificiers lançaient d'un terre-plein du Pont-Neuf. Une foule en liesse se pressait le long des quais pour nous acclamer. J'entendis soudain la voix de Mme de Mailly. Elle s'était glissée derrière le Dauphin et se penchait vers Louis pour l'amuser de quelques bons mots ou lui susurrer des confidences. Dès lors, je fus au supplice, la gorge serrée et l'oreille aux aguets, clouée dans mon fauteuil par le devoir de mon état et condamnée au sourire tandis que montait en moi une fureur que je retenais avec peine. Je respirai enfin lorsque j'entendis que Louis refusait de la suivre au bal masqué offert par l'Hôtel de Ville, préférant regagner Versailles et rester auprès de sa fille jusqu'au dernier moment.

L'heure des adieux tant redoutée arriva. Élisabeth

vint gratter à ma porte et se jeta dans mes bras en sanglotant :

– C'est pour jamais, maman. Serrez-moi fort, encore une fois, que je ne vous oublie pas.

Devant son chagrin, le mien s'effaçait. Refoulant mes larmes, je la pris contre moi et la berçai comme autrefois pour calmer sa détresse et ranimer son courage. Tout près de son oreille, je murmurai :

– Ma belle Infante, aucune distance ne pourra séparer nos cœurs. Je comprends votre désespoir. J'éprouvai le même lorsque j'ai quitté Strasbourg en laissant mes parents derrière moi. Il est de votre devoir de rejoindre votre nouvelle famille, mais le souvenir de la vôtre sera votre force. J'ai confiance en vous, moja duszczysko [1]. L'éducation que vous avez reçue et votre piété vous aideront à surmonter les épreuves lorsqu'elles se présenteront. Ne perdez pas votre simplicité et luttez contre le mauvais orgueil.

Louis entra soudain, très pâle. Il avait vu sa fille avant moi et lui avait fait ses recommandations : plaire avant tout au roi d'Espagne qu'elle devait regarder comme son oncle et son père, et ne lui demander aucune grâce avant d'avoir vingt-cinq ans, se rappeler surtout de ce qu'elle avait vu à Versailles, car Philippe V en était parti quarante ans auparavant et ne manquerait pas de lui poser mille questions.

– Ma petite Babet, dit-il de sa voix cassée, je ne peux vous laisser partir ainsi. Je vous accompagne jusqu'au Plessis-Piquet.

Le Dauphin était avec lui, bouleversé. Henriette et

1. Mon petit cœur.

Adélaïde surgirent à leur tour, les yeux rouges et le visage défait. Elles n'avaient pas dormi de la nuit. Dernières étreintes, derniers baisers. Déchirure cruelle d'une séparation que nous pensions être pour jamais. Madame Infante s'arracha des bras de sa jumelle pour sortir dignement en tenant la main du roi son père et celle du Dauphin. Je restai seule avec mes princesses désespérées qui s'effondrèrent sur mes genoux, secouées de sanglots. Elles se libéraient de leur peine, et je les serrai contre moi pour étouffer le cri douloureux de mes entrailles. Lorsqu'il fut de retour, Louis ne vint pas me voir. Il fit appeler Henriette dans son Cabinet et l'embrassa en silence, avant de s'enfuir à Rambouillet pour y noyer sa tristesse en compagnie de ses familiers parmi lesquels était Mme de Mailly.

Ce soir-là, j'invitai ma petite jumelle esseulée à souper à ma table. C'est elle désormais qui prenait le titre de « Madame » et je voulais célébrer l'événement en compagnie de quelques dames de ma suite. Mme de Mazarin m'avait amené l'une de ses protégées : Mme de la Tournelle, dernière fille du marquis de Nesles, qu'elle hébergeait avec une autre sœur dans son hôtel du Faubourg Saint-Germain, et qui avait été présentée à la Cour quelques semaines plus tôt. J'avais promis à ma chère duchesse de la prendre comme dame du palais dès qu'une vacance se présenterait. La jeune femme était belle et montrait une réserve qui me plaisait. J'espérais surtout irriter Mme de Mailly qui ne verrait pas d'un bon œil la présence auprès de moi de cette benjamine qui la désapprouvait. J'avais repris le contrôle de mes nerfs et modérais mes impatiences, mais ne perdais aucune occasion de me venger avec froideur et dignité. Les filles du marquis de Nesles me réservaient bien des surprises et n'avaient pas fini de me torturer.

Pour l'heure, Mme de la Tournelle m'amusait et je l'écoutais avec bienveillance, sans me douter que dans son cœur sommeillait un démon. Au cours de la conversation, elle raconta que Louise avait emmené Pauline à Rambouillet et lui avait trouvé un mari :

– Monsieur de Vintimille, neveu de l'archevêque de Paris, précisa-t-elle. Les noces auront lieu sous peu, et Melle de Charolais se chargera de présenter la nouvelle mariée à la Cour.

– Je ne refuse pas les divertissements, répliquai-je en riant. Me demandera-t-on aussi de la prendre comme dame du palais ?

– J'ai entendu d'autres projets, dit Mme de Mazarin. Chez le Cardinal, on murmure que Monseigneur le Dauphin épousera l'Infante Marie-Thérèse, et l'on s'inquiète déjà de constituer une Maison pour la Dauphine. Mme de Vintimille pourrait être l'une de ses dames.

On allait vite en besogne pour se réserver les parts d'un gâteau qui avait le temps de rancir. Mon fils n'avait que dix ans. Je remarquai cependant :

– Je croyais que Mme de Mailly ne sollicitait aucune faveur, et se contentait de s'offrir.

Mme de Mazarin me prit en aparté pour me confier :

– Pauline amuse le roi. On dit qu'elle est aimée comme sa sœur.

– Dois-je entendre que Louise est sur le déclin ? Des fables, duchesse. Je n'en crois rien.

Le mariage de Pauline eut lieu à Paris et fut suivi

d'un souper au château de Madrid, dans les salons de Melle de Charolais. Le roi y assistait. Deux semaines plus tard, la présentation était annoncée, et lorsque je vis entrer Mme de Vintimille dans mon grand cabinet, je fus saisie de stupeur devant cette « halberda [1] » emmanchée d'un long cou, dont le regard rude et hardi suscitait plus de crainte que de séduction. Démarche sans grâce, gestes gauches. Figure de grenadier, certes. L'odeur de singe restait à prouver, mais on racontait que son mari l'avait surnommée « le petit bouc ». Elle était plus laide que Louise, et je me demandais ce qu'elle avait de particulier qui pût amuser Louis. La rumeur ne tarda pas à m'apprendre qu'il lui offrait un appartement dans les entresols et une pension de six mille livres. Louise demeurait la favorite. Néanmoins, je l'entendis soupirer pendant ses semaines de service et je notais sa hâte d'en finir pour s'en aller au plus vite. Il est vrai que Louis surgissait de façon impromptue et sans raison, comme s'il voulait s'assurer qu'elle était occupée.

Au même moment, des événements autrement plus graves touchaient le royaume de France. Parmi les courtisans qui assistaient chaque matin au lever du roi, je remarquai la présence de l'évêque de Chartres qui était venu de son diocèse pour exposer au souverain l'état désastreux de ses peuples. J'étais trop éloignée pour saisir l'ensemble de son discours, et le conviai après mon dîner. Depuis mon installation au château, je m'étais imposée de consacrer deux ou trois heures de mes journées à soulager les

1. Grande femme lourde et grossière.

malheureux, et ne cessais de m'informer sur l'étendue des besoins. Quelques dames de la Cour me secondaient, mais aussi des abbés, des curés, des religieuses, des paysannes qui m'aidaient à répandre les secours de façon efficace. Accompagnée de ma dame d'honneur, la duchesse de Luynes, je partais en carrosse l'après-midi, et sillonnais les rues de Versailles jusqu'aux villages alentour pour distribuer aux mendiants que je croisais de l'argent et du pain. Chaque jour plus nombreux, ils couraient à ma rencontre et me faisaient une escorte que j'avais surnommée le « régiment de la reine ».

– Racontez, Monseigneur, je vous ai vu bouleversé.

– L'affaire est grave, Madame. Dans nos campagnes, les hommes mangent de l'herbe comme des moutons et crèvent comme des mouches. Nous aurons bientôt la peste, et ce sera pour tout le monde. Le Cardinal est trop vieux. Sa Majesté doit réagir.

– La politique n'est pas de mon ressort, comme vous le savez, mais je suis prête à vous aider autant que je le pourrai.

Je l'emmenai à l'autre bout de mes appartements où se trouvaient ce que j'appelais « les fonds secrets » : un atelier de couture où je réunissais mes dames, mes filles et autres bonnes volontés qui acceptaient de coudre et tricoter pour les pauvres ; deux pièces contiguës servaient d'entrepôt où s'entassaient des vêtements de tous sexes et tous âges jusqu'aux langes de bébé, bonnets, châles et bas, nourriture, ustensiles, meubles... Tout un bric-à-brac dans lequel puisaient mes agents de charité.

– Servez-vous, Monseigneur. J'ajouterai une bourse d'écus que vous ferez distribuer. Dans les couvents ou les paroisses, organisez des centres de secours. De diocèse en diocèse, nous couvrirons tout le royaume.

– Vous êtes une bonne reine, Madame, mais cela ne suffira pas. Il faut agir à la source, changer le gouvernement. Les populations souffrent, écrasées par les impôts, tandis que s'enrichissent les financiers, les spéculateurs et les fournisseurs aux armées. Les calamités s'abattent sur la France.

Je l'interrompis poliment avant qu'il ne remontât aux « foudres célestes », allusion perfide à une situation que je déplorais, refusant toutefois qu'elle fût évoquée devant moi. J'avais à cœur l'honneur du roi et le respect de sa personne. Les propos de l'évêque me laissèrent songeuse pourtant. Quelques mois plus tôt, le Premier Président de la Cour des aides avait présenté ses compliments au roi pour la signature du traité de Vienne, et lui avait déclaré que la paix serait mieux appréciée si le peuple ne vivait pas dans la misère. Avant de se retirer, il avait ajouté : « Un seul regard de Votre Majesté dissipera tous ces malheurs. »

Louis avait été fort surpris d'entendre un « sujet simple et ordinaire » lui parler de la sorte. En avait-il tenu compte ? En avait-il conféré avec le Cardinal ? Il est vrai que le prélat vieillissait mais à quatre-vingt-sept ans, il tenait sa charge d'une main ferme, décourageant les adversaires qui s'impatientaient de le remplacer. Et le roi, sitôt le Conseil terminé, reprenait ses escapades en compagnie de Mme de Mailly et de sa sœur Pauline. Chasses, petits soupers, bals de l'Opéra. Il allait à la messe, aux vêpres, ne manquait aucune fête de la liturgie, mais ne touchait plus les malades, ni à Pâques ni à Noël. Il priait Dieu à sa façon et fuyait les confesseurs justiciers. Sa société frivole était son rempart, le champ secret de sa liberté.

Afin de la mieux préserver, il acheta le château de Choisy, tout proche, et me donna Trianon pour en faire ce que je voulais. J'y reçus mes parents que je n'avais pas revus depuis qu'ils habitaient la Lorraine. Au bras de mon père, je retrouvai le plaisir de nos longues marches au long des massifs éclatant de mille couleurs, en devisant d'art et de poésie, d'Histoire et de philosophie avec un peu de politique :

– Les Lorrains sont difficiles à séduire, Mareszka. Ils regrettent le duc François.

– Mon chérissime papa, il ne faut point vous décourager. Avec le temps ils reconnaîtront votre générosité.

– La chèvre doit brouter où elle est attachée, n'est-ce pas ? J'ai en tête quelques projets d'embellissements qui marqueront la postérité...

Il rejoignit ses rêves dans son palais de Lunéville et je suivis la Cour à Fontainebleau. Une terrible dépêche, venue de Vienne, vint troubler notre séjour. L'Empereur était mort, et la guerre menaçait l'Europe. L'archiduchesse Marie-Thérèse, reconnue par la Pragmatique Sanction, héritait de l'Empire et son époux, devenu grand-duc de Toscane depuis qu'il avait renoncé à la Lorraine, avait de fortes chances d'être élu par la Diète des princes. Mais on apprenait que d'autres candidats revendiquaient la succession tout entière : l'Électeur de Bavière espérait en récupérer la Bohême ; le roi de Sardaigne lorgnait le Milanais ; le roi d'Espagne convoitait Parme et Plaisance ; quant au nouveau roi de Prusse, Frédérik II, il attaquait en marchant sur la Silésie. Qu'allait faire la France ?

– Je garde les mains dans les poches, disait Louis. Nous avons garanti la Pragmatique comme l'ont fait d'autres puissances.

– Et si le grand-duc n'est pas élu ? demanda l'un de ses proches.

– Je me retire sur le mont Pagnotte [1] et j'observe sans m'y mêler.

Le Cardinal approuva. La France se battait déjà contre l'Angleterre aux Amériques et aux Indes. Quant à moi, je fus rassurée. J'avais trop souffert de la guerre pendant ma jeunesse et redoutais les maux innombrables qu'elle engendrait. L'histoire de ses avantages restait encore à écrire. Tout le monde regagna Versailles et la vie de Cour reprit ses rites avec son étiquette harassante. Je multipliais les charités et m'enivrais de musique en donnant des concerts dans le Salon de la Paix deux fois par semaine. Ouvertures de ballets ou d'opéras, symphonies, quatuors et trios. Campra, Destouches, Couperin, mais aussi Vivaldi, Corelli, Lully et tant d'autres. J'avais lancé la mode des Concerts spirituels, et les musiciens rivalisaient de talent pour composer des cantates de Noël, motets et Leçons de Ténèbres. Devant l'augmentation de la misère, j'eus l'audace de faire des quêtes après le spectacle pour financer mes bonnes œuvres. Nul n'osa se dérober.

Et soudain on entendit les bruits de bottes. Frédérik occupait la Silésie. De la Cour à la Ville, les

---

1. Butte dans la forêt d'Halatte d'où l'on assistait à la curée à la fin de la chasse.

anti-Autrichiens se réveillèrent. Chauvelin n'était plus là pour crier à la guerre. Un autre boutefeu le remplaçait : le comte de Belle-Isle, petit-fils du surintendant Fouquet, qui prit la tête des bellicistes, clamant haut et fort :

– Le moment est venu d'anéantir l'ennemi séculaire.

Les jeunes princes qui rêvaient de gloire piétinaient d'impatience. Ils gravitaient autour du roi jusque dans sa société et le pressaient de prendre la tête d'une armée.

– Pauline est leur égérie, me confia Mme de Mazarin. Et Louise la soutient. Les deux ensemble font le siège de Sa Majesté pour le décider à la guerre.

– Le Cardinal ne laissera pas faire. Tant qu'il est vivant, le roi l'écoutera.

– Je ne sais si Sa Majesté ne sera pas sensible aux couplets qui lui sont chantés, présentant son ministre comme un vieux radoteur capable de perdre la France. On le presse de s'en défaire. On le met au défi de se conduire en maître absolu.

– Des femmes qui parlent politique au roi ? Et il l'accepte ? Vous m'étonnez, duchesse. Ce n'est ni dans son caractère ni dans l'éducation que lui a donnée Monsieur de Fleury.

– L'élève a grandi, Madame. Sa Majesté a trente ans, et le Cardinal n'a plus la même autorité.

– Mme de Vintimille aurait-elle de l'influence ?

– Son franc-parler a de l'effet. Elle le provoque, elle le rudoie, elle exige, pique des colères et lui pardonne dans les larmes.

– Si tout cela est vrai, duchesse, je la vois bientôt sous l'habit de général.

– Le voudrait-elle, qu'elle ne le pourrait. Elle est enceinte.

– De qui, m'écriai-je, et pour quand ?

Le soupir de Mme de Mazarin me laissa songeuse, et je lui fis promettre de me dire la vérité dès qu'elle la connaîtrait. Au printemps suivant, le comte de Belle-Isle, promu maréchal, partait pour Francfort et s'entendait avec le roi de Prusse pour soutenir la candidature de l'Électeur de Bavière auprès de la Diète d'élection. Le protégé de Mme de Vintimille avait forcé la main du roi de France. Louis grogna, le Cardinal fulmina et céda. Deux régiments furent envoyés vers l'est et le roi s'apprêtait à partir lui aussi lorsque Pauline tomba malade au château de Choisy où elle était installée. Il n'y eut pas de voyage à Compiègne cette année-là, ni même à Fontainebleau. Louis la fit ramener à Versailles, dans l'appartement du cardinal de Rohan, et la Cour découvrit avec stupeur qu'elle était sur le point d'accoucher. L'empressement du roi ne laissa guère d'illusion. Une Montespan était dans la place, et l'on oublia la guerre pour attendre la naissance.

Le 1er septembre 1741, Mme de Vintimille mit au monde un garçon. Aucune de mes dames n'osa me l'avouer. Monsieur de Luynes, qui écrivait le journal de la Cour et furetait dans les couloirs, connut tous les détails et consentit à me les livrer. Louis avait reçu l'enfant dans ses mains, et je me figurai sa joie. Que de fois l'avais-je déçu en ne lui donnant pas le duc d'Anjou qu'il espérait. Pauline avait réussi là où j'avais failli. Une grande tristesse m'envahit, mêlée d'amertume. Une impression de vide sans haine ni colère devant l'évidence que révélait cette affaire.

– Louise n'est plus la favorite, murmurai-je, le regard perdu dans les dessins du tapis. Que fera-t-elle désormais ?

– Pour l'heure, répondit le duc, elle soigne sa sœur qui se remet mal.

Deux jours plus tard, la fièvre montait. Le roi fit appeler tous ses médecins. On saigna la malade. En vain. On ne put arrêter les convulsions horribles qui tordaient son visage. Le roi désespéré interrompait les Conseils pour se précipiter à son chevet où il faisait porter son souper. Et ce fut l'agonie. Deux jours et deux nuits. Pauline mourut au petit matin du 9 septembre. Mme de Luynes me l'annonça en arrivant pour son service.

– Le confesseur était près d'elle et n'a pu lui donner la communion. Elle s'est éteinte sans reprendre connaissance.

– Le roi le sait-il ?

– Il pleure derrière ses rideaux. Il a demandé qu'on dise la messe dans sa chambre.

Le malheur frappait Louis, et je ne pensais qu'à son chagrin. J'oubliais sa passion pour une autre, le bébé qui les liait. J'oubliais mon amour-propre. Celui que j'aimais souffrait et je brûlais d'être auprès de lui pour le consoler.

– Habillez-moi, dis-je en me levant prestement. Je vais le voir.

Louis ne reçut personne. J'attendis un long temps devant sa porte, le cœur plein de compassion et de tendresse. Devant son silence, je demandai ma chaise et me fis conduire à l'autre bout du parc pour une promenade qui me tint éloignée tout l'après-midi. Lorsque je revins, le roi n'était plus à Versailles. Il s'était enfui dans la forêt de Saint-Léger pour y cacher ses larmes et sa détresse. Monsieur de Luynes attendait dans mon antichambre, aussi livide qu'un linceul.

– Le corps de Mme de Vintimille a été profané, dit-il. Les domestiques l'avaient transportée à l'hôtel de Villeroy et s'étaient retirés pour aller boire. La populace en a profité pour la dénuder et la déchiqueter à coups de pétards.

Figée d'horreur, je murmurai :

– Pourquoi ce sacrilège ?

Dans un sursaut, je m'écriai soudain :

– L'a-t-on dit au roi ?

Le duc hocha la tête en signe d'acquiescement :

– C'est pour cela qu'il est parti.

XIII

LOUIS vivait un drame, et je ne pouvais rien pour soulager sa peine. Sous les arbres majestueux de la forêt, il portait la croix de sa conscience. Agenouillée dans mon oratoire, je l'accompagnais de mes prières, implorant le Christ qui n'était pas venu pour condamner mais pour sauver. La mort de Pauline était une épreuve que nous devions surmonter, chacun à notre manière. S'il pleurait la perte de l'aimée, je me désespérais d'avoir perdu le cœur de mon bien-aimé. Mon amour pour lui était sans retour, résigné à la souffrance, puisqu'ainsi Dieu le voulait.

Dans les couloirs de Versailles, on épilogua sur la fin tragique de Mme de Vintimille. On parla d'érysipèle laiteux, de fièvre miliaire, une maladie du Piémont inconnue en France, ainsi que d'une boule de sang sur le cerveau que l'autopsie avait révélée. Mais aucun ne crut aux discours des longues robes de la Faculté et l'on chuchota :

– Le poison.

Les dévots se délectèrent à répéter que la pécheresse était partie sans sacrements, vouée à la damnation éternelle, et que tout cela était un avertissement du Ciel à la personne du roi. Les outrages infligés à la dépouille n'étaient qu'un avant-goût des « foudres célestes ». On disait aussi que la malédiction était sur elle. On donnait pour preuve le pauvre confesseur, impuissant à l'absoudre, qui l'avait suivie de peu dans l'au-delà. Il s'était écroulé en entrant chez Mme de Mailly avant même de lui annoncer la triste nouvelle. Et l'on murmurait que le « Demi-Louis », enfant de l'adultère, ne vivrait pas. Je fermai ma porte à tous ces commentaires odieux et demandai aux aumôniers de la Chapelle de dire des messes pour le salut de la défunte. La miséricorde de Dieu était infinie et nul ne pouvait affirmer que Mme de Vintimille n'avait pas eu de repentir avant de s'endormir à jamais.

A la fin de septembre, Louis revint à la nuit tombée. Je venais de me mettre à table avec les dames de la semaine, lorsqu'un page entra sans se faire annoncer et me déclara d'un trait :

– Sa Majesté est de retour !

Tout botté, drapé du silence des forêts, il avait monté le grand escalier et traversé les galeries illuminées au milieu d'une foule interdite. Il demeura quelque temps dans le Cabinet aux Perruques sans parler à personne et fit appeler le Cardinal afin de se remettre au travail et reprendre les affaires du royaume où il les avait laissées.

Il ne vint pas chez moi, et je n'en fus pas déçue. Sa blessure était trop vive encore et qu'aurait-il eu à me dire que je n'avais deviné. Je préférais ne pas le voir en repentant. Je me réjouissais cependant de le savoir dans ses appartements. Dès le matin qui suivit, le cœur haletant, je m'en fus à son lever pour le saluer d'une révérence pleine de respect et lui offrir dans un sourire toute la tendresse de mon attachement. Il me regarda furtivement et se détourna. J'eus le temps de remarquer son visage immobile des mauvais jours et ses yeux rouges. Il manifesta à mon égard une telle indifférence que j'en fus déchirée.

Chaque matin, néanmoins, je persévérai, traversant la Salle des Gardes en grand cortège et en habit de Cour, remerciant l'étiquette du bref instant de bonheur qu'elle me permettait de goûter. Mais Louis restait sombre et semblait m'éviter. Il redoubla de piété, ne parlant que de pénitence et d'expiation. Il suivait tous les offices avec une ferveur extrême et se plongeait dans les Écritures, à la recherche d'une rédemption.

– Dieu vous le ramènera, me dit la duchesse de Luynes. Ayez confiance. Son cœur n'est pas mauvais.

Je l'écoutais d'une oreille et soupirais :

– J'ai la pénible impression d'incarner le reproche vivant. Ma vue le gêne.

– La vertu face au péché, murmura Mme de Mazarin.

– Ne jugez pas, je vous en prie. Relisez la parabole de la femme adultère.

Louis me fit quelques visites comme autrefois. Un salut, un mot courtois, parfois une esquisse de sourire. J'allais reprendre espoir, en effet. J'appris alors, par une indiscrétion de son valet auprès du mien, qu'il avait installé Mme de Mailly dans un petit appartement situé au-dessus de sa chambre. Elle n'était plus sa maîtresse, mais sa confidente, avait-il avoué à ses proches. Avec elle, il évoquait les souvenirs de la chère disparue, relisait les multiples lettres, pleurait et gémissait, se complaisant dans une atmosphère morbide qu'il cultivait. Calice d'humiliation que je dus boire en serrant les dents. Ainsi la passion de nos premières années, les dix enfants qui nous liaient, ne laissaient entre nous aucune once de complicité. Je n'étais pour lui qu'une partenaire de cérémonies dans le décor de sa glorieuse souveraineté.

J'en vins à douter de moi-même, de mes attraits et de mes capacités d'intelligence. Étais-je aussi ennuyeuse que le disaient ses amis ? Ma vie de reine serait devenue un calvaire si je n'avais eu dans ma société des hommes de qualité, officiers de ma Maison ou gentilshommes de la Cour, et même des princes du sang comme le duc d'Orléans, qui ne craignaient pas de manifester leurs hommages avec empressement. Ceux du jeune duc de Boufflers, qui avait l'âge du roi, me furent les plus sensibles, et je m'amusais de ses œillades enflammées, de cet « amour courtois » qu'il me chantait à longueur de sonnets, et de sa soumission de « chevalier à la rose aux pieds de sa dame adorée ». Il avait de l'esprit, une culture étonnante, des manières exquises, et comptait parmi les plus beaux hommes de la Cour. Sa bonne humeur était un rayon de soleil sur la grisaille de mon cœur et m'emplissait de cette sensation enivrante que j'avais encore le pouvoir de séduire.

La vie de Cour continuait. Jeu, concerts, spectacles de comédie et « grands couverts ». Une visite de Zaïd Effendi, ambassadeur de la Porte et Pacha à trois queues, mit le château en révolution avec ses chevaux, chameaux, esclaves au torse luisant, et la forêt de turbans verts de son innombrable suite qui ondulait sous les lustres de la Galerie où se pressait une foule en habits dorés brodés de diamants. Le mois suivant, un bal de Carnaval fort réussi permit à Mme de la Tournelle de se faire remarquer dans un costume de Chinoise qui soulignait sa beauté.

– Marie-Anne est veuve depuis peu, me dit Mme de Mazarin. Sans fortune. J'aimerais lui trouver un établissement. Elle est toujours dans mon hôtel avec sa sœur Hortense de Flavacourt.

– Nous arrangerons les choses, duchesse. Je vous l'ai promis. Si toutefois on ne s'avisait pas de m'imposer d'autres économies.

Depuis la mort de Melle de Clermont, quelques mois plus tôt, je n'avais plus de surintendante. Monsieur de Fleury en avait supprimé la charge. Pour financer la guerre, on réduisait les dépenses. La succession d'Autriche se compliquait. Nos armées se battaient en Westphalie et en Bohême. Selon les usages, je devais attendre qu'une dame du palais se retirât et j'étais loin d'imaginer qu'il me faudrait perdre ma dame d'atour afin que son souhait se réalisât.

Mme de Mazarin mourut au début de septembre, et la duchesse de Villars prit sa charge, laissant à qui voulait sa place de dame du palais. Je ne pouvais en disposer librement. Je n'avais que le droit de suggérer ou d'émettre un souhait. Le roi décidait sur une liste que le Cardinal lui soumettait. J'écrivis à Monsieur de Fleury et lui demandai d'ajouter à ses propositions, s'il n'y voyait aucun ombrage, le nom de

Mme de la Tournelle. Sa réponse tardait, et je m'en inquiétais, lorsqu'il se fit annoncer. Je le vis entrer de son pas lourd, courbé sur sa canne, l'œil pointu et le visage pincé. Le prélat était dans sa quatre-vingt dixième année.

– Je crois de mon devoir, Madame, de vous dire que je ferai tout ce qui est en mon pouvoir pour éviter la nomination de Mme de la Tournelle.

– Expliquez-vous, Éminence.

– Cette personne est d'une audace dangereuse. Elle était hier dans mon cabinet, installée avant que je n'arrivasse, et me déclara de façon hardie que la place de dame du palais lui revenait.

– J'avais promis à Mme de Mazarin de la lui obtenir. Pensez-vous que le roi s'y opposerait ?

– L'affaire est justement de l'éloigner du roi, Madame. Voulez-vous le perdre, et avec lui tout le royaume ?

Devant mon air hébété, il poursuivit :

– Il a été frappé par sa beauté au bal paré [1] du Carnaval et depuis, pour le distraire, Mme de Mailly a invité Mme de la Tournelle à ses petits soupers. Je sais aussi qu'il la voit en secret. Des rendez-vous organisés par le duc de Richelieu qui s'y connaît en galanterie et rêve d'une sorte de « ministère des amours » de Sa Majesté. Pour l'heure, la dame se fait désirer en prétendant être liée à M. d'Agénois, neveu du duc. Et le roi se languit. Il en est amoureux et s'est juré de l'avoir. Tant que Mme de la Tournelle n'habite pas « ce pays-ci », nous évitons le danger.

– Vous m'effrayez, Éminence. Comment imaginer

1. Bal costumé, sans masques.

tant de rouerie dans son regard d'ange ? Oubliez ma demande et n'en parlons plus.

– Tout serait simple si je pouvais d'un trait de plume l'éliminer de la liste. Mme de Mailly est intervenue ce matin en sa faveur, ce qui signifie que le roi veille. Il sera difficile de ruser. Je ne vois qu'une solution : trouver d'autres dames plus titrées qui auraient la préséance. Le défunt mari n'était qu'un hobereau.

– Je me fie à votre jugement, Éminence. Faites ce qui vous semblera pour le mieux.

Aucune lueur de triomphe dans son regard lorsqu'il se retira. Pour la première fois depuis tant d'années, nous étions dans le même camp, mais je n'étais pas dupe. Je ne comptais pas dans ses calculs, pas plus qu'un retour de Louis vers une vie conjugale. Il œuvrait pour le roi seul, son ancien élève qu'il craignait de voir sous l'influence d'une forte tête contre laquelle il se savait perdu d'avance. Tandis qu'il s'acheminait vers la porte, je lançai sur un ton désinvolte :

– Si je comprends bien, Éminence, vous aimez bien Mme de Mailly.

Il s'immobilisa et répondit sans se retourner :

– Puisqu'il en faut une, autant choisir celle qui a le moins de prétentions, et je redoute de folles exigences chez Mme de la Tournelle.

Le comte de Maurepas, qui avait hérité de Mme de Mazarin, avait eu des mots avec les deux sœurs de Louise installées dans l'hôtel du Faubourg Saint-Germain. Il les avait chassées en leur conseillant le couvent puisqu'elles n'avaient pas d'argent. Mais c'est au château qu'elles avaient débarqué, leur beauté leur servant de bagages. Il vint me confirmer les pressentiments alarmants du Cardinal :

– Marie-Anne est une créature de Richelieu, une rouée qui obtiendra ce qu'elle voudra. Derrière ses grands yeux bleus pleins de caresses se cache une volonté de domination qui est loin de l'amour. Sa Majesté en est subjugué.

– Que dit Mme de Mailly ?

– Pauvre oison qui s'imagine que la gloire de ses sœurs augmentera la sienne !

On eut beau remuer tous les cartons, chercher des lettres de garantie et des promesses, établir une longue liste de postulantes bardées de titres et de mérites et glisser Mme de la Tournelle sur la dernière ligne, c'est elle qui gagna la place. Le roi ne vit que son nom et biffa tous les autres. Le Cardinal déconfit fut bien malheureux de me l'annoncer. Comme il l'avait pressenti, la nouvelle dame du palais réclama sans tarder une pension, des carrosses, un duché. L'ambition lui rongeait le cœur et c'est à ce prix qu'elle voulait être conquise. L'air soucieux de Louis me laissait espérer qu'il renoncerait à ces extravagances. J'étais loin de la réalité. Le Cardinal vint me l'exposer :

– En plus de tout le reste, Mme de la Tournelle exige à présent le renvoi de Mme de Mailly.

– C'est impossible, puisqu'elle est dame du palais.

– Je lui avais bien dit de ne pas se dépouiller, mais elle a cédé sa place à son autre sœur, Mme de Flavacourt, et Sa Majesté n'a pas refusé.

– Si le roi le trouve bon, dis-je, je le trouve bien aussi. N'est-il pas le maître ?

– La vérité est que Mme de la Tournelle sera sa maîtresse absolue.

La nouvelle me laissa songeuse. Je comprenais soudain la nervosité de Louis et son regard torturé. La main crispée sur le pommeau de sa canne, l'ancien précepteur fulminait.

– Il tient à Mme de Mailly, mais il veut aussi la sœur qui le met au défi, et il cédera.

Le premier jour de novembre, fête de tous les Saints, Mme de Mailly quittait Versailles avec les quatre malles qu'elle possédait et disparaissait sur la route de Paris, chassée comme une fille de l'Opéra. Après l'avoir tant haïe, j'eus pitié de la pauvre Louise. Sur les marches du trône, la vanité l'avait aveuglée, mais elle avait perdu pour avoir été trop généreuse. A son tour, elle connaissait l'abandon. Du haut des nues de sa race féodale, elle s'était écroulée. Touchée par sa résignation, je pris sa défense ostensiblement, lui reconnaissant le mérite d'avoir aimé le roi sans jamais demander ni terres ni argent. Elle se retrouvait sans ressources et vivrait modestement, dans la prière et le recueillement. La Vallière s'était retirée, une Montespan triomphait.

Mme de la Tournelle était la plus jolie des cinq filles du marquis de Nesles, d'une beauté altière et sensuelle dont elle jouait à merveille. Elle était aussi la plus insupportable et la plus fieffée coquine. Ambitieuse, avide, autoritaire et d'une prétention affolante. Où était sa réserve d'autrefois ? La faveur conquise la rendait arrogante, et je redoutais ses semaines de service. Elle n'en faisait qu'à sa tête et m'obligeait à la reprendre, s'amusant à me provoquer de façon insolente. J'avais la langue agile et grillais de lui répondre d'une saillie acérée, mais je préférais ne pas entrer dans son jeu de piques. Pour la confondre et lui marquer mon aversion, je ne trouvais rien de mieux que de m'endormir quand elle entrait. Avec quel plaisir je l'entendais dire aux autres dames qu'elle prenait à témoin :

– Je suis pour elle de l'opium !

La Cour, pendant ce temps, comptait les points. Tout le monde était en l'air, les yeux sur le roi et la nouvelle favorite. La Tournelle aurait-elle ses carrosses et son duché ? Des épigrammes couraient les salons, et dans les couloirs on fredonnait :

« La première en oubli, la seconde en poussière,
La troisième est en pied, la quatrième attend
Et fera place à la dernière.
Choisir une famille entière,
Est-ce être infidèle ou constant ? »

Et soudain, la mort de mon chevalier d'honneur détourna l'attention sur moi. Des langues venimeuses dévoilèrent cette passion touchante du jeune duc de Boufflers, que ma société avait observée et maintenue dans la discrétion. Avec une complaisance perfide, on décrivait le culte qu'il me vouait, et l'on affirmait qu'ayant ma faveur, il serait l'élu de la charge vacante. Je me suis demandé plus d'une fois si la cabale odieuse n'avait pas été orchestrée par le cercle de libertins qui entourait Marie-Anne de la Tournelle et son mentor, le duc de Richelieu. Leur but était évident : avilir la reine afin de mieux pervertir le roi. Le danger du piège ne m'avait pas échappé. Il me fallait couper court à toute calomnie, ne donner aucune prise. Mon honneur et celui du roi en dépendaient.

Nuit douloureuse. Nuit déchirante et glacée dont

je me souviendrai toujours. Au chagrin de perdre mon fidèle marquis de Nangis qui m'avait servie depuis Strasbourg avec un dévouement loyal et respectueux, et qui m'avait confortée dans les moments difficiles de découragement et de solitude, s'ajoutait la cruauté de la décision que je devais prendre : trancher moi-même ce lien d'amitié tendre qui réchauffait mon cœur abandonné. Joseph-Marie de Boufflers m'accordait de l'attention, pétillait de vie et me faisait rire. Avec lui, j'oubliais les pesanteurs de mes obligations, les amertumes, les humiliations ; j'oubliais surtout que j'allais sur mes quarante ans. Dans le miroir de ses yeux, j'avais du charme, de la douceur et mille autres vertus. J'étais son rêve, son idole. Son amour était sincère, flattait mes sens et réveillait mon tempérament de Slave porté à la romance. Mais je n'avais pas le droit de le laisser grandir, s'embraser, sans risquer de m'y brûler. Pour mes enfants, et pour la grandeur du roi de France, je devais être sans tache et vivre dans la rectitude de la morale enseignée par Dieu. « Si ton bras est malade, coupe-le », dit la Bible.

Louis vint me voir, et j'en fus soulagée. Il eut des paroles de regret pour le défunt marquis de Nangis et prit un air détaché pour ajouter :

– Si tel est votre souhait, Madame, le duc de Boufflers obtiendra la charge vacante.

– Il est trop jeune, Sire. Je vous laisse le soin de choisir celui qui vous conviendra.

Son regard se réchauffa. Il avait entendu les rumeurs et cachait son embarras. Ma réponse le rassurait. Si je n'avais plus son cœur, je gardais son respect. Je me sentis plus forte et plus résolue pour expliquer à Joseph-Marie qu'il ne serait pas mon chevalier d'honneur et qu'en outre, il devait s'éloigner.

– Au nom de notre amitié, dis-je, il le faut.

Il me salua d'un geste sec, comme une tige qui se casse, et sortit de mes appartements aussi droit qu'une épée, emportant dans son cœur brisé tous les petits bonheurs qui embellissaient ma vie de femme, et que la reine devait sacrifier. Il partit aux armées, et je ne devais plus le revoir. Je restais avec ma peine, tandis que Louis emmenait sa nouvelle favorite à Choisy. Pressé de la conquérir, il accepta ses conditions. Mme de la Tournelle exigeait d'être « maîtresse déclarée » avec un état de maison et cinquante mille écus de pension à vie, en plus de ses gages de dame du palais. La vénalité de cette femme m'écœurait, et je ne comprenais pas pourquoi le roi s'entêtait à lui obéir.

– Il n'a plus sa raison, disait Fleury, consterné.

– Mais il est sensible à l'opinion, remarquait Maurepas. Montons une campagne de libelles et de chansons afin de lui ouvrir les yeux.

Le ministre d'État cultivait l'art de la plume et composa une série de quatrains que des mains anonymes distribuèrent de la Cour à la Ville, et ce fut un beau charivari jusque dans les rues de Paris où les chansonniers s'amusèrent à les chanter :

« Grand Roi, que vous avez d'esprit
D'avoir renvoyé la Mailly !
Quelle haridelle aviez-vous là,
Alléluia !
Vous serez beaucoup mieux monté,

Sur la Tournelle que prenez,
Tout le monde vous le dira,
Alléluia !
Dites tous les jours à Choisy
Avant de vous mettre au lit
A Vintimille un Libera !
Alléluia ! »

Voyant que cela ne produisait aucun effet, le vieux Cardinal passa à l'attaque et se rendit chez le roi pour lui faire des remontrances. En vain. Désespéré, il me fit part de son échec :

– Je lui ai donné à lire une dépêche expliquant que les Parisiens réprouvent le renvoi de Mme de Mailly et le choix de cette troisième sœur. « Je m'en f... ! » m'a-t-il répondu. Je l'ai supplié de quitter Mme de la Tournelle dont le commerce monstrueux ferait du tort à sa renommée en France et en Europe. J'ai tenté de réveiller sa conscience de chrétien et son respect de la religion. A bout d'arguments, je l'ai menacé des « foudres célestes ». Rien n'y a fait, Madame. Le philtre d'amour est plus fort que la morale.

Il s'épongea le front, et ajouta d'un air accablé :

– Je suis trop vieux. Il est temps de partir.

– Pas trop vite, Éminence. La France a besoin de vous. Vous serez notre plus glorieux centenaire.

– Je n'aurai pas la joie de ramener la paix qui me fut si chère.

La santé de Monsieur de Fleury faiblissait. Il se mouvait avec plus de lenteur et son regard ne pénétrait plus avec autant d'acuité. Je m'inquiétais de cette lassitude qui allongeait ses traits, et redoutais de le voir disparaître dans un moment où tant de difficultés s'accumulaient. La guerre tournait mal. Le roi de Prusse nous avait lâchés. Marie-Thérèse lui avait accordé la paix qu'il souhaitait en lui offrant la Silésie qu'il avait hardiment occupée. Libérée de ce voisin gênant, elle s'était retournée contre nos troupes déployées en Bohême et leur avait infligé de méchants revers. Le maréchal de Belle-Isle, forcé à la retraite, s'était replié sur le Rhin. L'Autriche gagnait ; la coalition nouée contre elle se disloquait, et les frontières de la France seraient bientôt menacées.

Le temps était à l'orage, et ce fut la tempête. Pluies, neiges, tourmente et misère. Dans la nuit de Noël, aux côtés de Louis et de mes enfants, j'implorai le Seigneur de nous épargner les malheurs que je pressentais. On apprenait bientôt que deux navires de la Royale avaient brûlé dans la rade de Brest, incendiés par des espions anglais, puis ce fut la capitulation de Prague et nos soldats exterminés par milliers. Insouciante, Mme de la Tournelle vivait à Choisy, dans la paresse et la frivolité, et le roi n'était plus à Versailles. Il est vrai qu'il y faisait froid. Les pièces trop grandes étaient mal chauffées et les vents coulis me glaçaient jusqu'aux os. Je grelottais et m'emmitouflais de châles fourrés. Le Cardinal courut se réfugier dans sa maison d'Issy.

Au milieu de janvier, il eut la fièvre et se mit au lit. La Cour glosa. Ce n'était qu'une alerte, il se remettrait comme les autres fois. Mais chacun fit le voyage pour lui rendre visite. Le roi, les ministres qui ne pouvaient travailler sans lui. Je m'y rendis aussi lorsque je sus qu'il déclinait dangereusement. Il refusa de me laisser entrer dans sa chambre. Je voulus croire qu'il préférait m'épargner le spectacle pénible de ses infirmités. Il mourut le lendemain et j'en eus beaucoup de peine. Après tous les heurts, les souffrances et les soumissions, je lui conservais mon estime et reconnaissais ses qualités. Pendant plus de seize ans, il avait bien conduit les affaires de la France. L'économie était en plein essor, la livre stable et le royaume s'était agrandi de la Lorraine. Je lui savais gré surtout d'avoir tenté jusqu'à son dernier souffle d'éloigner Mme de la Tournelle.

Louis pleura. Il perdait un père, un ami. Il lui offrit de belles funérailles ; puis le vent tourna et une nouvelle ère commença. Il ne changea rien à l'ordre établi par son ancien précepteur, mais il ne nomma personne pour le remplacer. Il prit les rênes et gouverna. Dans ses petits cabinets, les dossiers s'empilèrent. Autour de lui, les intrigues se multiplièrent. Chacun rêvait d'être le plus influent. Mme de la Tournelle avait ses gens. J'avais aussi les miens : le cardinal de Tencin au Conseil, le comte de Maurepas, ministre d'État, et le comte d'Argenson à la Guerre. Mon amitié pour ce dernier remontait au vieux temps de Wissembourg. Il s'y était arrêté en revenant de Bade où il avait négocié le mariage du duc d'Orléans. Pour le différencier de son frère aîné, le marquis à la langue fielleuse, je l'avais appelé « Cadet ». Grâce à lui, je suivis les affaires et connus les fluctuations de Louis.

– Son travail de roi, disait-il, ne lui laisse plus autant de loisirs pour la favorite qui se fâche et récrimine. Nous avons assez de raisons pour l'en écarter. Les Anglais ont débarqué en Flandres et vont rejoindre les Autrichiens contre l'armée du maréchal de Broglie. Sa Majesté s'est entouré de cartes pour suivre les opérations.

Croyant qu'il se détournait d'elle, Marie-Anne eut de nouveaux caprices. Elle déclara qu'elle n'irait plus aux petits soupers du roi et que s'il voulait la rejoindre chez elle, il devrait y apporter sa table. Elle n'avait pas reçu sa pension, n'avait point encore de domestiques ni de voiture, commandait sa nourriture chez un traiteur et louait ses hardes ainsi que ses pierreries, ce qui, clamait-elle, était humiliant pour la maîtresse d'un monarque. Le philtre d'amour opéra : Louis céda, et Mme de la Tournelle dépensa sans compter pour le distraire. Un tourbillon de fêtes, de plaisirs et de réjouissances qui agrémentait les escapades. Choisy, Rambouillet, Marly...

Un matin de juin, ce fut le désastre. « Cadet » fit irruption dans mon salon, le visage décomposé :

– Nos armées sont vaincues à Dettingen. Un massacre. Des milliers de morts et de blessés. Des généraux, des officiers. Nous avons perdu la moitié des Gardes Françaises et deux étendards de la Maison du Roi.

– Que s'est-il passé ?

– Une armée mal commandée, Madame. Chacun n'en veut faire qu'à sa tête et l'on court à la ruine.

– Que décide le roi ?

– Il le prend avec beaucoup de sang-froid. La campagne est terminée jusqu'à la saison prochaine.

Je fermai les yeux pour contenir mes larmes en pensant aux mères et aux filles pleurant un mari, un frère ou un fils, notre belle noblesse taillée en pièces et nos campagnes vidées de leurs meilleurs bras.

– La colère du Ciel, murmurai-je.

Pendant quelques jours, la Cour fut en deuil, puis la vie reprit ses droits. Compiègne, Fontainebleau où le roi emmenait Mme de la Tournelle qui le coupait de ses amis habituels et l'entourait de ceux qui la soutenaient. Elle n'en finissait pas de réclamer son duché et son tabouret. Je l'observais sans rien dire et me désolais de la faiblesse de Louis. Ses commis sillonnèrent la France, trouvèrent un duché vacant, et Marie-Anne devint duchesse de Châteauroux. Lorsqu'elle se présenta, selon l'usage, pour remercier du brevet qui récompensait « ses vertus et ses mérites », je pris mon air le plus digne pour lui déclarer :

– Madame, je vous fais compliment de la grâce que le roi vous a accordée.

Ses extravagances n'eurent plus de limites. Le Cardinal n'était plus là pour freiner les dépenses. Son luxe éclaboussait et l'on se pressait à sa porte pour glaner des privilèges.

– Comment arrêter cette hémorragie ? m'écriai-je.

– Je ne vois qu'une solution, répondit Maurepas. Envoyer le roi à la tête de ses armées.

– J'approuve, dit « Cadet ». Sa présence ranimerait le moral des troupes et le royaume tout entier serait fier de son roi. Sa popularité est en baisse depuis Dettingen. On s'inquiète de son indifférence. L'heure est venue pour lui de montrer qu'il est du sang de ses ancêtres.

Maurepas se tourna vers moi pour ajouter :

– Que diriez-vous, Madame, d'accompagner Sa Majesté ? Vous feriez le bonheur de tous les Français.

Suivre Louis et contribuer à sa gloire... J'imaginais le voyage, et la joie m'enivrait.

– Je suis prête, Messieurs. Reste à décider le roi.

XIV

Dès la fin de l'hiver, il n'y eut plus de doute. Le roi irait à la guerre à la prochaine campagne. Il avait dit à ses ministres :

– Si l'on mange mon pays, il me sera bien dur de le voir croquer sans que je fasse personnellement mon possible pour l'empêcher.

La Cour se posait mille questions, et je brûlais d'en connaître les réponses. Où ? Les Flandres, certes. On y avait envoyé le maréchal de Noailles qui préparait l'arrivée du souverain. Quand ? Le comte d'Argenson m'avait confié que cela dépendrait d'un débarquement secret sur la Tamise qui ferait diversion sur les Anglais. Mais le plus important pour moi était de savoir qui serait dans le cortège royal. Le Dauphin, la reine ? Un seul nom courait de bouche en bouche : la duchesse de Châteauroux. Elle se vantait, il est vrai, d'avoir insufflé au roi une âme digne de sa race, et laissait entendre qu'elle triompherait à ses côtés.

– Sa Majesté ne pense pas à l'emmener, me dit Maurepas.

– J'ai donc un espoir ?

– Il est entre vos mains.

Partir était mon idée fixe, mon obsession. Partir avec Louis ou le rejoindre après la bataille, et barrer Mme de Châteauroux. Je le voulais à m'en rendre folle, mais ne savais comment m'y prendre.

– Pourquoi ne le demandez-vous pas au roi ? suggéra le duc de Luynes.

La seule idée de lui en parler me pétrifiait.

– Je crains de l'importuner, répondis-je. Il serait embarrassé de m'écouter, encore plus de me répondre.

En face de Louis, ma timidité se réveillait. Je sentais sa gêne, et tout se paralysait en moi. Nos rencontres réglées par l'étiquette ne favorisaient pas les entretiens, et l'absence d'intimité creusait un fossé qui nous empêchait de communiquer. En dehors des banalités d'usage, aucun mot ne sortait de mes lèvres tant j'avais peur de l'irriter par une phrase malheureuse ; et si j'avais une requête importante à lui présenter, je prenais la plume pour la lui exposer plus aisément.

– Écrivez, dit alors la duchesse de Luynes.

– C'est bien le seul moyen qui me reste, soupirai-je.

L'entreprise ne fut pas simple. J'y passai une partie de la nuit. Un flot de paroles me venait à l'esprit, et ma main courait sur le papier, mais au moment de signer, je déchirais les feuilles en me disant que mes sentiments lui seraient indifférents. Son cœur battait pour Marie-Anne qu'il tenait dans ses bras, en cet instant, sous les lambris dorés de Choisy. Je n'avais ni haine ni jalousie, mais je redoutais l'emprise que cette femme avait sur Louis et l'usage qu'elle en faisait. L'ambition dévorante de la duchesse se souciait peu de la réputation du roi de France.

Cette pensée piqua mon courage. Je rédigeai alors une courte missive dans laquelle je lui offrais de l'accompagner à la frontière de la manière qu'il voudrait, et précisais que j'en aurais un immense plaisir. Le billet resta dans ma poche jusqu'à son retour. Je fus à son lever, comme à l'ordinaire, et me désespérais de l'approcher tant il y avait de courtisans qui venaient aux nouvelles. Un matin, enfin, je m'avançai furtivement pour lui remettre mon message et m'esquivai aussitôt, prise de palpitations comme dans le pétrin de mon enfance.

Les jours passèrent, et Louis me laissait sans réponse. Il déclara la guerre à l'Angleterre, puis à l'Autriche, et des troupes s'en allèrent : les compagnies de la Maison du Roi, les gendarmes, les chevau-légers, les mousquetaires. Mon cœur s'emballait, mon inquiétude croissait, et je fus à la torture lorsque M. de Maurepas vint m'annoncer que Mme de Châteauroux ne viendrait plus me servir comme dame du palais :

– En prévision du prochain mariage du Dauphin et de l'Infante, Sa Majesté a constitué la Maison de la future Dauphine. La duchesse en sera la surintendante.

Je crus défaillir et m'écriai :

– Tout espoir est perdu, Monsieur. Elle est libre de suivre le roi aux armées.

– Rassurez-vous, Madame. Ce n'est pas dans l'ordre prévu. Je serai aux côtés de Sa Majesté, et me porte garant de la lui faire oublier. Une guerre en dentelles, aujourd'hui, serait du plus mauvais effet.

– Il faudra vous méfier du duc de Richelieu qui vient d'être nommé premier chambellan. Il amuse le roi et s'amuse lui-même à le pervertir.

– Je le hais autant qu'il me déteste, Madame.

Les préparatifs continuaient, et ma demande semblait ignorée. Avec le temps, j'avais appris à ne rien attendre, mais je refusais d'entendre ma raison et m'accrochais au rêve insensé de ce voyage comme si ma vie en dépendait. Je crus mourir en ce matin du 3 mai 1744, lorsque la caméristе tira les rideaux et m'annonça d'un air consterné que Louis était parti dans la nuit. Elle me tendit une lettre qu'un page avait délivrée. D'un doigt fébrile, je brisai le cachet, et me figeai sur les quelques lignes :

« Je suis bien fâché, Madame, que les circonstances ne me permettent pas de vous faire avancer sur la frontière. La dépense serait trop grande. Je compte que vous demeurerez dans ce pays-ci et ferez de Trianon l'usage que vous jugerez à propos. »

Aucun adieu. Pas même un mot tendre. Stupéfaite, hébétée, j'essayais de comprendre. La veille, après le souper en « grand couvert », il s'était attardé dans mes appartements, devisant gaiement de tout et de rien, et m'avait souhaité la bonne nuit avec sa courtoisie habituelle. Avait-il remarqué dans mon regard la quête anxieuse d'une réponse ? Avait-il eu peur alors de mon désespoir qui l'aurait déchiré de remords ? Pourquoi ne m'avait-il rien dit ? Ne savait-il pas combien je l'aimais ? Sans retenue, je me vidai de mes larmes. Éperdue, abandonnée, seule comme jamais. Au bord du vide, mon cœur vacillait. J'entendis alors dans le silence de mon âme :

> « *Mes yeux sont fixés sur le Seigneur*
> « *Car il tire mes pieds du filet.*
> « *Tourne-toi vers moi, pitié pour moi,*
> « *Solitaire et malheureuse que je suis.*
> « *Tu es mon abri.* [1] »

Une longue prière me rendit mon calme. Dieu avait ses raisons de m'imposer cette épreuve, et je me soumettais en offrant ma souffrance ainsi que mon dépit pour le succès de Louis. La camériste apporta des linges mouillés et m'aida à me rafraîchir avant d'ouvrir les portes de la chambre pour la cérémonie du lever. Si le roi était à la guerre, la reine était à Versailles et la vie de Cour devait continuer sans rien changer dans l'ordre des rites.

La dame d'honneur, la dame d'atour et les dames du palais qui étaient de semaine entrèrent une à une pour me servir. Je remarquai leurs mines endeuillées et coupai court aux lamentations polies en mettant les choses au clair sur un ton de simplicité :

– Oui, Mesdames, le roi court vers les Flandres. Si Dieu nous écoute, il lui accordera la victoire.

Henriette, Adélaïde et le Dauphin se firent annoncer et vinrent m'embrasser en manifestant leur émotion. Les filles avaient eu leur lettre pleine d'affection ; mon fils avait eu la chance de voir son père qui l'avait sorti du lit pour le serrer dans ses bras. Lui aussi était

1. Psaume 24.

déçu de n'avoir pu suivre le roi, et je dus le raisonner avec douceur pour lui faire admettre les raisons dynastiques invoquées.

Il y eut foule dans mes appartements pour assister à ma toilette. Chacun avait son détail et je fus en mesure de reconstituer ce qui s'était passé. Après la cérémonie du coucher, Louis s'était changé et s'était recueilli devant le Saint Sacrement, puis il avait rejoint la cour de marbre par un petit escalier. Dans un coin à peine éclairé, il était monté dans une calèche avec trois gentilshommes et avait franchi les grilles, escorté de vingt gardes seulement. Un arrêt à la Muette pour entendre la messe avant de piquer droit sur Valenciennes. Je l'imaginai galopant sur la route du nord, grisé par le vent, l'inconnu de l'entreprise et ses devoirs de roi. Bientôt, il enjamberait les tranchées et commanderait le feu de ses régiments. Je sortis ma montre gousset et vis qu'il était l'heure d'aller à la Chapelle pour l'office quotidien. Mais ce jour-là était un dimanche. Je m'y rendis en grand cortège, et fis chanter le « *Domine salvum fac regem* » que tout le monde reprit en chœur avec ferveur.

Comme à l'accoutumée, je dînai en public, affichant un air de tranquillité et de bonne humeur qui devait rassurer les curieux en quête de potins à colporter. Ils pourraient raconter que la reine avait mangé de bon appétit et s'était régalée de ces petits puits en pâte feuilletée, fourrés de choses délicieuses enrobées d'une sauce à la crème. Elle n'en faisait qu'une bouchée, en redemandait, et le maître d'hôtel les avait appelés « bouchées à la reine » !

Lorsque je passai dans mes appartements, la

duchesse de Luynes, ma dame d'honneur, s'approcha pour me confier à voix basse :

– Mme de Châteauroux a quitté Choisy pour le château de Plaisance où les Pâris-Duverney lui offrent l'hospitalité jusqu'au retour de Sa Majesté.

Je la remerciai d'un sourire. La nouvelle ne me rassurait qu'à demi. L'ancien ami de Mme de Prie, qui avait été secrétaire de mes commandements puis mis aux arrêts, était fournisseur aux armées. La duchesse bénéficiait d'un réseau de courriers. Auprès du roi, j'avais mes alliés, les comtes de Maurepas et d'Argenson qui tentaient d'assurer le barrage, mais le duc de Richelieu y était aussi. Et ce petit homme fluet qui ressemblait à M. de Voltaire avait une âme d'entremetteur. Mme de Flavacourt l'avait vu à l'œuvre lorsque le roi l'avait lorgnée au cours d'un souper chez sa sœur. Hortense était plus gracieuse et plus fine que Marie-Anne qui en avait pris ombrage et l'avait rayée de ses listes. Nous étions devenues amies et par elle je sus bien des choses qui m'avaient donné à réfléchir. Ainsi, pour distraire le roi, Mme de Châteauroux s'était attaché sa sœur Diane, dernière fille du marquis de Nesles et duchesse de Lauraguais, que tout le monde appelait la « grosse réjouie ». Une boute-en-train de feu aux contours avantageux qui réveillait les agonisants. Elle plaisait à Louis qui en tâtait parfois, et Marie-Anne fermait les yeux. Comme Mme de Mailly avec Pauline. Et je pensais qu'un jour Mme de Châteauroux serait elle aussi chassée, mais je n'allais pas jusqu'à lui souhaiter le sort de sa sœur Vintimille. Pour l'heure, je redoutais qu'elle n'eût l'audace de s'en aller de son propre chef pour rejoindre Louis.

La France entière vibrait de savoir que son roi était avec les armées. A Notre-Dame et dans toutes les églises du royaume, on récita les prières des Quarante Heures et l'on fit des processions du Saint Sacrement, comme il l'avait demandé dans une lettre à l'archevêque de Paris. Versailles fit de même, et je sacrifiai quelques concerts pour m'associer plus vivement au recueillement général. Quel plaisir enfin lorsque je reçus les premières nouvelles qui n'étaient que louanges pour la personne du roi. Il débordait de gaieté et d'activité, visitant les places fortes, les magasins, les hôpitaux, goûtant le bouillon des malades et le pain des soldats.

« La joie et la confiance sont parmi les troupes, écrivait Maurepas, et surtout il n'est point question de femmes. »

Un autre billet arriva, de mon cher « Cadet » cette fois, et je pleurai en lisant les hauts faits de bravoure :

« Au siège de Menin, Sa Majesté a fait merveille. Il s'est montré à la tête des sapeurs, à six toises du chemin de ronde, une portée de pistolet de la palissade. Il fit ouvrir des tranchées et présida à l'attaque. Tous répétaient : "Aurions-nous donc un roi ?" »

Mais le plus important pour moi fut dans un second message de Maurepas :

« De tous côtés on crie "Vive le roi et vive la reine !" Le peuple vous associe à sa victoire. Il vous reviendra. »

Être seule à Versailles ne me coûtait plus puisque Louis en avait gagné l'enthousiasme de ses troupes et l'amour de ses sujets. Il m'envoyait de courtes missives sans chaleur mais de sa main, et je lui écrivais en lui demandant de me guider afin de mieux le représenter auprès des ambassadeurs et visiteurs étrangers qui sollicitaient des audiences. J'éprouvais un réel plaisir à leur raconter dans leur langue les exploits du roi de France.

Un accident mit la Cour en émoi et fit craquer l'ordre établi. Le duc de Chartres s'était blessé à la jambe en tombant de cheval pendant la bataille. La duchesse de Chartres vint aussitôt m'expliquer qu'elle devait se rendre à Lille, au chevet de son époux qui la réclamait, et que la princesse de Conti, sa mère, l'accompagnerait avec les dames de leur suite. Aussitôt, des corridors aux terrasses du jardin, le nom de la duchesse de Châteauroux vint sur toutes les lèvres. Je crus tout d'abord à des propos perfides et dus me rendre à l'évidence lorsque Mme de Flavacourt eut la bonté de m'instruire :

– Le duc de Chartres est à peine incommodé, me dit-elle, mais le duc de Richelieu s'est emparé du prétexte pour attirer quelques dames de la Cour et permettre à Marie-Anne de rejoindre le roi.

– Avez-vous des preuves de ce que vous avancez ?

– La princesse de Conti est du voyage, Madame. Vous connaissez son amitié pour le duc. Tous deux soutiennent la favorite et s'inquiètent de l'influence que vos amis et les prélats ont sur le roi.

– La vie saine des camps lui faisait oublier les plaisirs, dis-je en soupirant. La brèche est ouverte et le mal va s'engouffrer. Je suis curieuse cependant des raisons qui justifieront le départ de Mme de Châteauroux.

Elle apparut un soir à l'heure du jeu, avec la duchesse de Lauraguais. Plongée dans mon cavagnole, je remarquai qu'elle s'installait à l'écart et prenait un air gêné. Je lui fis signe d'approcher et la conviai à souper. Je lui tins des propos aimables, feignant d'ignorer le prochain départ. Comme aux autres dames, je lui parlai avec naturel, et m'amusai de son air embarrassé qui attisait ma verve. Je crus un moment qu'elle finirait par avouer, mais elle se retira sans souffler mot de son projet. Le lendemain, la duchesse de Modène venait me faire ses adieux et m'annonça qu'elle ne pouvait quitter la France sans passer par Lille pour y saluer le roi. J'acquiesçai d'un sourire et elle ajouta :

– J'aurais besoin d'une dame de compagnie. Me permettez-vous d'emmener la duchesse de Châteauroux ?

Prise de cours, je faillis perdre patience et répondis sèchement :

– Qu'elle fasse son sot voyage comme il lui plaira ! Cela ne me touche pas.

Une berline emporta les duchesses sur la route du nord. La favorite triomphait, tandis que la reine, enchaînée par ses devoirs, se tordait le cœur de désespoir. Contre les forces du mal, j'étais impuissante et murmurais :

– Seigneur, que Ta volonté soit faite !

Une fois de plus, je piétinais mon amour-propre.

– Mourir à soi-même pour renaître en Dieu, m'avait dit le confesseur. Les souffrances du temps présent ne sont pas à comparer à la gloire qui doit se révéler en nous.

La chute de Menin me fit oublier les quolibets insolents qui avaient salué l'arrivée des dames parfumées aux abords des camps. Le roi ne partageait plus l'ordinaire de la troupe et l'enthousiasme était retombé. La population n'avait pas apprécié de le voir céder aux tentations frivoles des petits soupers, et les soldats déçus avaient chanté sous ses fenêtres :

« Belle Châteauroux
Je deviendrai fou
Si je ne vous baise. »

Les billets du comte d'Argenson s'étaient voilés d'amertume, et soudain, dans le beau soir d'été, un page se présenta, l'épée au côté, avec une lettre de Louis qui m'annonçait la victoire. Huit jours plus tard, il prenait Ypres et dans tout le royaume les clochers carillonnèrent. Ivre de joie, je ne pensais qu'à son triomphe et remerciais le Seigneur de le lui avoir accordé. Un Te Deum fut chanté à Notre-Dame. Le Dauphin eut l'immense fierté d'y aller en grand cortège pour y tenir la place de son père, et mon cœur en liesse s'enivrait d'entendre les foules acclamer leur roi.

La seule ombre à mon bonheur était de savoir que Mme de Châteauroux, accompagnée de son inséparable sœur Diane de Lauraguais, le suivait et entachait sa gloire. Mais j'eus bientôt la satisfaction d'apprendre que le peuple des Flandres devenait si hargneux sur le passage de la favorite qu'elle dut se cacher et rejoindre le roi par des chemins détournés pour éviter d'être prise à partie et conspuée. Et Louis galopa de places fortes en places navales, de Calais à Dunkerque d'où il vit l'Angleterre, jusqu'à Furnes qui se rendit en quelques jours. Au milieu de juillet, il était maître des Flandres.

Pendant ce temps, à Versailles, je maintenais la vie de Cour. Mes journées s'ornaient de mille activités qui ne laissaient pas de temps à la mélancolie. Chaque jour, j'emmenais ma suite à Trianon qui resplendissait en cette saison. Dîner, promenade, jeu, concerts. Dans les jardins aux parterres flamboyants, j'écoutais le murmure des jets d'eau et cherchais dans la brise du soir le parfum de cette mer du Nord devant laquelle Louis avait rêvé. Mon fils et mes filles m'entouraient de leur affection, et l'on commentait les nouvelles. Les victoires avaient des revers : les blessés, et les pauvres paysans que la guerre avait ruinés. Chacun vidait sa bourse et mes agents de charité activèrent les réseaux du secours et de la solidarité.

C'est alors qu'un coup de tonnerre se fit entendre sur les frontières de l'est. Charles de Lorraine, frère de l'archiduc François et beau-frère de Marie-Thérèse, avait franchi le Rhin et pris Wissembourg. Il menaçait l'Alsace. La Lorraine tremblait. Louis fit volte-face et se lança sur Metz, envoyant de solides renforts sous le commandement du maréchal de Noailles pour défendre nos frontières. Dans « ce pays-ci », je gardais mon sang-froid. Il m'était difficile cependant de ne pas m'inquiéter pour mon père qui avait mis Nancy en état de défense et s'était replié sur le château de La Malgrange, tandis que ma mère venait se réfugier au château de Meudon.

– Une fois de plus, nous allons connaître l'exil, pleurait-elle.

Son désespoir m'aurait gagnée si je n'avais senti l'affection des familiers de ma société, et l'amitié d'un grand nombre de dames de la Cour qui s'empressèrent autour de moi pour me soutenir et me distraire. Je fus à Dampierre chez Mme de Luynes, à Louveciennes chez la comtesse de Toulouse, à Sèvres chez ma vieille amie la princesse d'Armagnac, et Melle de Charolais vint exprès de Madrid, où elle séjournait, pour m'offrir son appui. Tant de témoignages qui me prouvaient que je n'étais plus seule et dénigrée. Une partie de la Cour m'aimait.

Au début d'août, j'appris que Louis était à Metz, acclamé par la foule, et que la duchesse de Châteauroux y était aussi, dans une maison voisine qu'une passerelle reliait au palais du gouvernement où le roi était logé. J'avais insisté auprès de « Cadet » en lui demandant « tous les détails ». Je préférais les connaître afin de conserver ma dignité. Leur répétition fit qu'ils ne me troublaient plus. J'avais accoutumé mon esprit à ignorer la favorite pour ne penser qu'à Louis. Et je voulais tout savoir de ce qu'il faisait, car je l'aimais encore, même s'il m'arrivait parfois de m'interroger.

Mais le 9 au soir, je ne doutais plus de mon cœur tant il s'affola. Un courrier fit irruption avant le souper avec une dépêche de « Cadet » qui me pétrifia : Louis était malade. Après une journée en plein soleil sur les fortifications de la place et un souper copieusement arrosé pour fêter le ralliement du roi de Prusse, il s'était réveillé avec de la fièvre et un fort mal de tête. Un petit billet du chirurgien La Peyronie me disait de ne pas m'inquiéter. Le lendemain pourtant, le mal s'aggravait. La fièvre résistait aux saignées et aux remèdes. Je voulus partir aussitôt. Sans ordre du roi, je ne pouvais quitter Versailles.

J'envoyai mon écuyer M. de Saint-Cloud à Metz avec un message pour le comte d'Argenson :

« Présentez au roi la lettre qui est jointe. Assurez-le de la peine où je suis d'être éloignée de lui et de l'envie que j'ai de l'aller trouver. J'attendrai ses ordres avec soumission et impatience. Continuez à me mander comment il va. Ma pauvre tête s'en va [1]. »

Saint-Cloud revint le 14 à midi et je le renvoyai aussitôt avec une autre missive pour mon cher « Cadet » :

« Les détails que vous me donnez ont mis un grand calme dans mon âme. Mais je vous avoue qu'il ne sera parfait que quand j'aurai des nouvelles de la nuit. Je les attends avec inquiétude, peur, espérance ; enfin, tous les sentiments que mon tendre attachement pour le roi m'impose. Je renvoie encore un courrier. J'en voudrais avoir à toutes minutes et j'insiste à demander à y aller. Ne craignez pas de solliciter cette grâce pour moi. Dieu m'est témoin qu'elle est mon seul désir, le plus beau et le plus vrai [1]. »

Le soir même, vers neuf heures, un page se présenta dans mes appartements avec une lettre sur laquelle je reconnus les armes du duc de Bouillon, grand chambellan du roi. Tout mon corps fut pris de tremblements pendant que je brisais le cachet. Aux premiers mots, les larmes emplirent mes yeux et je me réfugiai dans mon cabinet de travail, préférant être seule pour affronter la violente émotion qui s'emparait de moi. L'état de Louis était bien plus grave qu'on ne me l'avait dit, et le duc pensait qu'il était de son devoir de m'avouer la lutte sordide qui

1. Lettres authentiques.

s'était engagée entre le parti de la favorite et celui des princes appuyés par les représentants de l'Église. Mme de Châteauroux, poussée par Richelieu, avait condamné la chambre royale et minimisait la maladie, préférant laisser mourir le roi sans les sacrements plutôt que d'accepter une rupture de leurs relations.

« J'ai dû forcer la porte d'un coup de botte afin que les princes du sang, le Premier Aumônier et le confesseur puissent voir Sa Majesté et lui avouer qu'il était perdu. "Mon Bouillon, m'a-t-il dit, je me meurs, je ne vous reverrai plus !" Il a demandé à se confesser, mais auparavant il a déclaré que Mme de Châteauroux et sa sœur devaient quitter Metz sur-le-champ, et qu'elles perdaient leurs charges dans la Maison de la future Dauphine. »

Il précisait que la confession avait eu lieu en public. Devant une assemblée de prélats, princes, courtisans auxquels s'étaient mêlés des habitants de Metz, le roi de France avait exprimé son repentir du scandale causé par sa conduite, et demandé pardon à Dieu. Le duc ajoutait ensuite que la nuit avait été critique et la matinée peu consolante. Les médecins restaient perplexes devant leur impuissance, et le roi devait recevoir le Viatique ce soir-là.

Je crus soudain que le monde disparaissait, et m'effondrai en sanglots, imaginant qu'à cet instant même Louis était peut-être mort. Je repris mes esprits et revins dans le salon où les gens de ma suite m'observaient avec anxiété. Le Dauphin, alerté par mon chevalier d'honneur, m'attendait. Sans rien dire, je l'emmenai à la Chapelle. Debout devant la balustrade de la tribune, j'implorai le Seigneur. Pourquoi cette réparation publique ? Ne fallait-il pas respecter la réputation du roi et le laisser mourir avec religion, mais aussi avec dignité et majesté ?

De retour dans mes appartements, j'annonçai qu'une fin imminente était possible. Notre seul recours était de prier. Des quatre coins du palais, on était accouru. Les visages étaient bouleversés. Mes filles pleuraient à mes pieds. Le Dauphin me tenait la main. J'entrai dans mon oratoire pour une longue attente, debout les bras en croix, devant le Christ crucifié [1]. Au milieu de la nuit, j'entendis un brouhaha dans l'antichambre et me précipitai vers le courrier que m'envoyait mon cher « Cadet ». Il me disait que le roi avait été saigné au pied et trouvait bon que je m'avance jusqu'à Lunéville, le Dauphin et Mesdames jusqu'à Châlons.

– Vite, m'écriai-je, faites atteler.

La reine de France ne pouvait partir au pied levé.

– Les préparatifs prendront quelques heures, dit le chevalier d'honneur. Soixante chevaux au départ et quatre-vingts à chaque relais. L'écuyer cavalcadour est déjà sur la route.

Trépignant d'impatience, je hâtai les servantes à boucler les coffres de voyage et désignai les dames du palais qui allaient me suivre. A cinq heures du matin, j'entendis la messe et confiai à la Vierge, dont c'était la fête, mes craintes et mes supplications. Deux heures plus tard, le cortège s'ébranla, et je refis en sens inverse le grand voyage qui, dix-neuf ans plus tôt, m'avait amenée vers un prince aux che-

1. C'est ainsi que les Polonais avaient coutume de prier dans les moments dramatiques.

veux d'or que toute l'Europe admirait. Mon cœur était plein de rêves, alors. En cet instant, il se repliait sur sa douleur et courait vers son bel Amour qui se mourait, espérant à la folie de ne pas le perdre.

Des messages m'arrivaient. Les nouvelles étaient mauvaises et je forçai l'allure, brûlant les étapes. Des foules accouraient au bord de la route et me saluaient en silence, partageant ma peur et mon angoisse. Dans toutes les églises du royaume, on priait pour le roi de France. Un dernier billet de « Cadet » me confirma que Louis me voulait à Metz promptement et je répondis aussitôt :

« Je suis dans la joie, et que Dieu soit loué à jamais ! Cela me fait encore plus désirer de le voir. Je vous conjure d'insister [1]. »

Mon père vint à ma rencontre au relais de Vitry où je passai la nuit. Il ne put me cacher que le roi était d'une faiblesse extrême.

– Il a reçu le Saint Viatique après que Mme de Châteauroux ait quitté la ville avec sa sœur. Elle refusait de partir, mais elle a dû céder devant les huées d'une population enragée qui l'accusait d'avoir laissé mourir le roi. Belle-Isle a prêté sa berline, elles ont déguerpi et la passerelle a été démolie. Tout est clair à présent. On vous attend.

Comme sa sœur, Mme de Mailly, Marie-Anne mordait la poussière, mais elle n'avait pas la résignation de Louise. Son orgueil un jour réclamerait vengeance. Pour l'heure, je ne pensais qu'à Louis, l'œil fixé sur le ciel par-delà les prairies.

1. Authentique.

– J'ai mis ma confiance en Dieu, murmurai-je, et je le verrai vivant.

Bar-le-Duc, Toul, Metz enfin. En moins de trois jours, j'avais parcouru près de cent lieues. La nuit était tombée lorsque j'arrivai au palais du gouvernement. Une quantité de dignitaires me saluèrent, affichant une tristesse qui m'affola. « Cadet » vint vers moi et son regard me rassura :

– La fièvre diminue, me confia-t-il à voix basse. Il repose.

Je le suivis le cœur haletant et m'arrêtai sur le seuil de la chambre. Valets et médecins vidèrent la place pour me laisser seule. Lentement, je m'approchai du lit, la gorge serrée de sanglots que je retenais, et je fus bouleversée par le visage mangé de barbe que la souffrance avait creusé. Louis ouvrit les yeux. Il me reconnut et dit d'une voix faible :

– Je vous ai donné, Madame, bien des chagrins que vous ne méritez pas. Je vous conjure de me les pardonner [1].

– Ne savez-vous pas, Monsieur, que vous n'avez jamais eu besoin de pardon de ma part ? Dieu seul a été offensé [1].

Je m'effondrai dans ses bras et nous restâmes enlacés, mêlant nos larmes et nos serments, unis comme au premier jour. Dans le creux de son cou, je sentais l'odeur de sa peau que j'embrassais avec fougue, et me persuadais qu'un nouvel amour renaîtrait de tant d'épreuves.

1. Authentique.

XV

Une ère de félicité semblait s'ouvrir. Au lendemain de mon arrivée, Louis n'avait plus de migraines et la fièvre ne cessait de tomber. Devant l'amélioration constante, les médecins déclarèrent qu'il était hors de danger.

– Vous m'avez ressuscité, Marychna, me dit-il avec un regard plein de douceur.

– Je me suis contentée de prier, Oumilovany, et Dieu a envoyé celui qui vous a sauvé.

Je lui racontai ce que m'avait dit le comte d'Argenson sur cette nuit tragique qui avait suivi la cérémonie de l'extrême-onction. Deux valets veillaient le roi mourant pendant que l'assemblée de prêtres et de courtisans était allée se restaurer. L'un des deux hommes, qui était de Metz, avait introduit dans la chambre un guérisseur qu'il connaissait. Ce dernier avait sorti de sa besace un élixir de plantes de sa fabrication qui avait provoqué sans tarder l'évacuation salvatrice.

– J'étais aux portes de la mort, soupira Louis songeur.

– Mais vous en êtes revenu, pour le bonheur de votre famille et de vos sujets.

– Que Dieu me pardonne pour tout le scandale, et vous aussi, Marychna !

– N'en parlons plus, c'est oublié. Votre devoir est de vivre.

Installée à son chevet, je l'entourais de mille soins affectueux, versant les doses de quinquina qu'il devait prendre et les infusions de pavot qui lui permettaient de dormir sans cauchemars. Il me souriait, caressait ma main et me parlait avec une tendresse qui réveillait mes espoirs les plus fous. Il promettait d'être un époux fidèle et de vivre selon les règles de la religion. Comme autrefois, je voulus lui plaire et m'habillai avec plus de coquetterie. Mes tenues sévères de dame-respectable-ayant-passé-la-quarantaine furent promptement rangées dans les coffres au profit de robes aux couleurs tendres qui rehaussaient mon teint encore frais, et je mis des fleurs dans mes cheveux.

– Vous paraissez si jeune, me dit Mme de Luynes. Je gage qu'il grattera bientôt à votre porte.

J'espérais de toutes mes forces ce retour à la vie conjugale qui le maintiendrait sur le chemin de la conversion et lui permettrait de remplir à nouveau ses devoirs de roi Très Chrétien. Pour l'heure, j'entretenais autour de lui une chaude atmosphère de famille. Le Dauphin, Henriette et Adélaïde venaient le voir chaque jour et leur affection le réjouissait.

Une lueur de contrariété avait noirci son regard lorsque son fils s'était présenté sans en avoir reçu la permission. Les ordres étaient d'attendre à Châlons. Mais son état de faiblesse et l'émotion des retrouvailles en un tel moment avaient effacé toute colère. Louis n'en finissait pas de se repentir, déclarant avec résignation que les Français seraient mieux gouvernés par un autre que lui.

Idées moroses bien vite balayées dès que la vigueur revenait. Il fut bientôt en état de boire du bouillon et d'y tremper un peu de pain. On lui fit la barbe ; il reçut des visites, mangea des blancs de poularde et fit quelques pas dans sa chambre. Au début de septembre, il s'habilla et remit une perruque. Il réclama son écritoire et sa première lettre fut pour Mme Infante, la seconde pour l'évêque de Metz auquel il demanda un Te Deum dans sa cathédrale.

Le roi était guéri et la France entière explosa de joie. De la capitale au plus humble village, on avait prié pour lui dans toutes les églises qui s'étaient alors remplies jusqu'au milieu des rues. Dieu avait exaucé les foules en pleurs qui se précipitèrent à nouveau vers les autels pour y chanter leur allégresse. Aux quatre coins du royaume, des lettres de feu imprimèrent dans le ciel : « Vive Louis le Bien-Aimé ! » Des milliers d'hommes et de femmes répétèrent ces mots dans le vent d'été qui les colporta jusqu'au chevet du souverain étonné.

– Qu'il est doux d'être aimé ainsi, disait-il, et qu'ai-je fait pour le mériter ?

Une euphorie de bonheur s'était emparée de moi. J'étais la plus heureuse des créatures, et je l'aimais à la folie. Il ne parlait plus de Mme de Châteauroux et je cachais Mme de Flavacourt dont les traits ressemblants auraient ranimé les souvenirs. Je n'avais rien négligé pour éveiller son désir. Chaque soir, j'espérais qu'il viendrait me retrouver et pressais sur mes lèvres le second oreiller que Mme de Luynes, trop confiante, avait cru devoir ajouter sur mon traversin. Les dames qui me servaient approchaient la cinquantaine. Gagnées par mon enthousiasme, et pour se conformer au climat de gaieté qui nous entourait, elles m'avaient imitée en essayant de se rajeunir. Abandonnant le « bec noir » qui couvrait leurs cheveux, elles avaient piqué des rubans verts sur leurs habits. J'en avais ri sans penser à mal, et sans me douter du prix amer que cette maladresse allait me coûter.

En quelques jours, Versailles fut dans Metz. Au palais du gouvernement, les ministres affluèrent, ainsi que les généraux, et le roi ressuscité reprit en main les affaires de l'État. Il s'entretint longuement avec les uns puis avec les autres, et son humeur s'assombrit. Il eut des brusqueries, des impatiences, ne parla plus de piété et bouda son confesseur ainsi que l'évêque de Soissons, premier aumônier de France. La méfiance s'installait dans son regard et la morgue sur son visage.

– La confession publique lui remonte à la gorge, me dit Maurepas. Sa Majesté la ressent comme un abus de pouvoir de l'Église sur sa personne. Monseigneur de Fitz-James l'a humilié par un odieux chantage. Savez-vous que pour forcer le roi à la rupture, il avait ordonné de retirer le Saint Sacrement de toutes les églises tant que la « concubine » n'était pas sortie de la ville ? Il sera exilé dans son diocèse.

– Je n'en serai pas mécontente. Sa conception de la religion est d'une rigueur contraire à la clémence de Dieu.

– Une autre disgrâce est en suspens, celle de M. de Châtillon qui n'a pas respecté les ordres. Il a conduit le Dauphin à Metz comme un gentilhomme gascon va chercher son héritage.

– Je reconnais ses torts, mais je lui sais gré d'avoir écouté le chagrin de mon fils qui voulait revoir son père vivant.

Un vent de rancune et de vengeance soufflait sur Metz. Les enfants regagnèrent Versailles avec la permission de passer par Lunéville pour y saluer leurs grands-parents. Louis fut un peu sec dans ses adieux, et je fus étonnée de le voir plus distant avec moi. Je pensai que les soucis le submergeaient et gardai le sourire. Après tant d'années, je m'étais accoutumée à son caractère versatile et son goût du secret. Au cours d'un souper, je l'entendis déclarer :

– Nous ne serons à Versailles qu'après la Toussaint.

Le mois de septembre était en son milieu. Qu'allait-il faire de tout ce temps ?

– Le siège de Fribourg vient de commencer, me confia « Cadet ». Il se pourrait qu'il aille à Strasbourg afin de le suivre de plus près.

Une vive émotion fit battre mon cœur. Être avec Louis dans la ville où j'avais accepté de l'épouser. Être avec lui dans la cathédrale où j'avais répondu « oui » au cardinal de Rohan. Être avec lui au bord de l'Ill où j'avais rêvé en regardant nos deux noms enlacés dans le firmament. Et tout cela après une visite chez mon père qui nous préparait une splendide réception. Je ne pouvais imaginer de plus grande joie. Deux jours plus tard, à la surprise générale, le roi annonça qu'il partait pour l'Alsace et prendrait la tête de ses armées. J'attendis le moment favorable pour lui dire :

– J'ai entendu, Sire, que vous alliez à Saverne et Strasbourg. J'espère avoir l'honneur de vous accompagner.

– Ce n'est pas la peine, trancha-t-il tout net.

Sans autre explication, il me tourna le dos et s'éloigna vers un groupe de courtisans avec lesquels il s'entretint et commença une partie de quadrille. J'eus l'impression d'être frappée de disgrâce à mon tour et me demandai ce qui avait causé ma perte. Je vis alors au fond du salon la silhouette de Richelieu se faufiler derrière une tenture, et j'entendis une langue perfide se moquer de mes « vieilles dames » ridicules qui s'étaient remises au rouge. La mort dans l'âme et la rage au cœur, je regagnai mes appartements et sondai Mme de Flavacourt :

– Vous n'êtes pas sans ignorer que le duc de Richelieu est dans nos murs. Je le croyais exilé dans ses terres.

– Il s'était éloigné seulement. Sa Majesté l'a remercié d'être revenu.

– Alors Mme de Châteauroux est en chemin et rejoindra le roi à Strasbourg.

– Rassurez-vous, Madame. Elle est à Paris et ne reviendra pas au roi sans une réparation éclatante pour la façon dont elle a été traitée.

– Les têtes de ses ennemis ? La liste doit être longue.

– Avant tout, une victoire militaire. Voilà pourquoi le roi a décidé de prendre la tête de ses troupes. Il ira à Fribourg où elle voulait le suivre. Dans un billet confié à Richelieu, Sa Majesté lui annonce : « Je réalise votre projet en espérant que vous ne détruirez pas les miens lorsque je reviendrai à Versailles. »

Une lame me perça le cœur. Après toutes les promesses qu'il m'avait faites, Louis envisageait des retrouvailles.

– Contre le diable, il n'y a que Dieu, m'écriai-je en fermant les yeux. Il finira bien par m'exaucer.

Je pris le temps de calmer ma fureur avant d'ajouter :

– Pour l'heure, vous allez rentrer à Paris. Je ne veux pas de vous à Lunéville. Le roi pourrait avoir quelque folie en vous voyant.

– Je vous obéis sur-le-champ, Madame. Permettez-moi seulement d'ajouter que Richelieu a fait rougir Sa Majesté en lui racontant à sa façon qu'un oreiller l'attendait sur votre lit.

D'un pas nerveux, je me dirigeai vers la haute fenêtre ouverte sur le parc pour y cacher la douleur de mon dépit. Au-delà des parterres éclairés de lampions, j'entendais le doux murmure de la Moselle dont les eaux mouvantes s'allumaient des reflets du firmament. Des paroles de malédiction me vinrent au bord des lèvres, mais je n'osai les prononcer comme je l'avais fait sur les hauteurs de Montretout. Le souvenir de la mort de Mme de Vintimille me faisait frissonner. Je refoulai mes larmes en soupirant :

– Dieu fera justice de ces ignominies !

Le séjour à Lunéville m'offrait un nouvel espoir et je m'y accrochais. Je partis la première, et l'accueil de mon père me réchauffa le cœur. Une foule dense emplissait les rues de ses cris de bienvenue et les dames de la noblesse, en tenue d'amazone, me faisaient une haie d'honneur que je passai en revue. Louis arriva le lendemain et le cérémonial se renouvela. Les fêtes se succédèrent : illuminations, bals et feux d'artifice. Les délégations en habits chamarrés accouraient des quatre coins de Lorraine pour saluer ce roi de France qui était leur nouveau maître. Mon père avait bien travaillé. Il avait assuré une bonne économie de son duché, l'avait embelli, et s'empressa de nous montrer son parc avec un rocher mouvant, des cascades étincelantes et un kiosque de musique à la polonaise où je m'extasiai devant un orchestre d'automates actionnés par des mouvements d'eau. Louis regardait tout cela d'un air indifférent et ne disait mot.

– La guerre le préoccupe, me confia le comte d'Argenson. Les armées nous attendent devant Fribourg.

– Et Mme de Châteauroux ?

– Il n'en parle jamais. Rien n'a été prévu pour son logement.

– Alors je vais insister pour le suivre.

Il y eut d'autres promenades, une chasse magnifique suivie de jeu et comédie. Après le souper en « grand couvert », Louis semblait de meilleure humeur et je me sentis assez de hardiesse pour lui dire :

– Vous m'accorderiez le plus grand bonheur, Sire, en me permettant de vous accompagner à Strasbourg.

Il me foudroya d'un regard sombre et me répondit sur un ton sec :

– Ce n'est pas la peine, je n'y serai presque pas.

Sans perdre mon sang-froid, je demandai avec naturel :

– Puis-je alors rester ici jusqu'à la fin de la campagne ?

– Il faut partir trois ou quatre jours après moi.

Mon dernier espoir s'envolait. Une immense déception me serrait la gorge, mais je gardai le sourire. L'assemblée nous observait d'un œil complice. Mes parents, leurs amis, la France entière croyaient que le séjour à Metz avait renoué notre intimité, et l'on m'avait complimentée d'avoir reconquis le roi. Était-ce pour cela que Louis me battait froid ? Il était toute méfiance, jaloux de son indépendance, et cet aspect de son caractère s'était accentué depuis les fameuses « scènes de Metz ». Pour garder sa confiance, je n'avais d'autre choix que plier et me résigner.

Le lendemain, au petit matin, il prenait la route de Strasbourg, oubliant de saluer ma mère qui était malade. Ses adieux sans chaleur me laissèrent désemparée, dans une tristesse infinie. J'avais admiré sa silhouette élancée, aux longs muscles souples, son beau visage buriné par les combats et cette force un peu sauvage que révélait son pas décidé. Un homme magnifique âgé de trente-quatre ans, et j'en avais plus de quarante. L'âge d'être respectée dans l'affection et l'amitié, sans autre désir que d'aimer dans la vertu. Dans les bras de mon père, je m'épanchai comme une petite fille et m'abreuvai de cette tendresse vivifiante qui me rendit raison et courage.

Il m'en fallut ce jour-là lorsque je lus la dépêche envoyée de Fontevrault qui m'apprenait la mort de ma sixième fille, Félicité. Une forte fièvre l'avait emportée en quelques heures. Je n'étais pas auprès d'elle pour apaiser ses craintes et la réchauffer de mon amour. Je ne l'avais pas revue depuis son départ six ans plus tôt et n'avais pas de portrait d'elle. Je me souvenais seulement qu'elle ressemblait à mon père. Cette nouvelle me déchira et je restai prostrée pendant deux jours. Le troisième enfant que je perdais. Je me souvenais de Madame Troisième, disparue avant d'avoir reçu son nom de baptême, et de mon petit duc d'Anjou. Dans ma douleur, je me disais qu'ils étaient heureux, et je les enviais. Car il fallait que je souffre encore dans cette triste vie. J'écrivis au roi pour lui faire part de ce deuil qui nous frappait, et quittai Lunéville pour regagner Versailles. Séparation qui m'arracha le cœur.

– Les plaisirs, même les plus innocents, ne sont pas faits pour moi, dis-je en sanglotant. Je n'en veux plus chercher dans le monde. Adieu, mon papa, et comptez sur moi pour toute ma vie.

– Mareszka, ma douceur, je reste près de vous. Nous ferons un bout de route ensemble. Comme autrefois, vous souvient-il ?

– Que ferais-je sans vous dans cette vallée de larmes ?

– Souriez. Voyez tous ces gens qui courent à votre rencontre.

Je posai ma main sur la sienne.

– Vous m'aviez dit à Wissembourg : Au plus profond de la détresse, nous devons creuser en nous-même. Il y reste toujours quelque chose à donner.

– L'amour est inépuisable, Marie. Il se renouvelle sans cesse.

De longues cohortes de paysans jalonnaient le

bord des routes pour acclamer la « bonne reine » qui avait sauvé le roi. Ils chantaient « l'union renouvelée » du couple royal qui ouvrait une ère de prospérité. Je les voyais danser de joie, pieds nus dans la boue des ornières. J'ouvrais ma cassette et jetais à profusion des poignées d'écus qui adouciraient leurs difficultés. Dans les villages, dans les bourgs et dans les villes, des foules en liesse arrêtèrent le cortège pour m'honorer de harangues et de compliments. Des milliers d'yeux brillaient autour de moi, remplis d'amour et de dévotion. Je n'eus alors qu'un désir : rendre au centuple cette chaude affection que je recevais.

A Bar-le-Duc, mon père rebroussa chemin vers son duché. Auparavant, il prit le temps de me dire :

– Ayez confiance, Marie. Le roi vous est très attaché, mais vous êtes le jouet involontaire d'un fort parti dévot dont il se méfie. Surtout depuis Metz. Il n'oubliera jamais les pressions exercées sur lui au nom de la religion. S'il paraît distant à votre égard, c'est pour ne pas donner prise aux prélats qui cherchent à le gouverner. Le roi veut rester le maître.

– Je suis consciente des intrigues et me garde bien de me mêler de politique. Je laisse ce soin aux favorites.

– Vous êtes la reine. Soyez digne et respectée.

Avec un petit rire modeste, je rétorquai :

– J'assure de mon mieux la représentation monarchique.

– Ainsi, vous garderez l'estime et la confiance du roi. Courage, mon cher cœur. Dieu vous protège !

Versailles célébra mon retour. Une foule dense de courtisans et de dames en habit de cour se pressa dans mes appartements pour me féliciter. En grand cortège, on m'accompagna à la Chapelle où le prédicateur fit un sermon émaillé de sous-entendus flatteurs. Ici aussi on croyait au renouveau conjugal et on m'en attribuait le crédit. Mon sourire conforta les illusions. Pourquoi démentir ce bonheur que l'on me prêtait ? Je jouais à être heureuse, et j'eus soudain de bonnes raisons de l'être. Un page se présenta portant une lettre aux armes de Louis. Fribourg avait capitulé. Il revenait. Un billet de « Cadet » me confirmait en outre que Mme de Châteauroux n'avait pas rejoint le roi.

– Elle aussi attend son retour, m'avoua Mme de Flavacourt qui avait eu le temps de s'informer pendant que j'étais à Lunéville. Elle n'a reçu aucun courrier et se lamente. Elle est sûre cependant de pouvoir le raccrocher.

– Où est le duc de Richelieu ?

– En Languedoc, dans ses terres. Mais elle a un autre relais auprès de Sa Majesté : le valet de chambre Lebel.

– Promettez-moi de m'avertir si elle devait revenir.

Louis entra dans Paris le 13 novembre. Il faisait nuit et de violentes bourrasques tourmentaient les illuminations. Toute la ville était dans les rues pour acclamer le roi ressuscité, le roi vainqueur, le Bien-Aimé. Je l'attendais aux Tuileries avec le Dauphin, Mesdames, et tous les membres de la famille royale. Lorsqu'il entra dans la salle du trône, je fus si émue que je m'avançai à sa rencontre et il me serra dans ses bras. Il souriait, ses yeux brillaient. Il embrassa ses enfants dont il admira l'élégance et la beauté, puis les emmena dans ses appartements après avoir salué les dignitaires présents. Après le souper en

« grand couvert », il m'entraîna dans la galerie. Le Dauphin, Henriette et Adélaïde nous suivaient. Nous étions en famille, comme à Metz quand il était en convalescence. Il marqua de l'intérêt pour chacun de nous, me donna une lettre de Mme Infante, fit une allusion au prochain mariage du Dauphin, et parla de notre petite Félicité avec une grande douceur. Je goûtais ce moment de bonheur, le cœur apaisé. Il me récompensait des duretés de Lunéville.

J'y pensais encore, tandis que les servantes m'aidaient à me déshabiller. Mille romances me venaient à l'esprit, mais je les repoussais aussitôt, espérant seulement que le jour suivant n'aurait pas de mauvaise surprise. Je ne pouvais oublier ce que Louis avait écrit à Mme de Châteauroux, et me demandais où et quand il irait la retrouver. Les caméristes s'arrêtèrent de jacasser.

– On a gratté, dit l'une d'elles.

– Allons donc, c'est le vent, répliquai-je en pianotant sur le rebord de la table.

Elles aussi étaient persuadées du rapprochement conjugal et croyaient entendre ce qu'elles attendaient. Une seconde fois on m'alerta et je ne bougeai pas. A la troisième fois, troublée à mon tour, je fis signe d'ouvrir. Mais derrière la porte était le vide. L'espace d'une seconde j'avais espéré, et fixai la pénombre d'un air hébété. Torturée par le doute, je ne pus m'endormir et récitai les vers du *Cantique* :

« J'ai ouvert à mon bien-aimé,
« Mais tournant le dos, il avait disparu !
« Sa fuite m'a fait rendre l'âme. »

Au matin, Louis avait une mine affable et joyeuse, et je compris que le vent nous avait joué un tour. Les fêtes se prolongèrent pendant quatre jours. Soupers, concerts, illuminations, feux d'artifice, dîner à l'Hôtel de Ville et Te Deum. Il y eut aussi une grand-messe de Requiem à Notre-Dame pour notre fille défunte, et un Salut chez les Jésuites de la rue Saint-Antoine. Sous la pluie qui tombait dru, les Parisiens s'agglutinaient chaque jour au long des rues pour voir passer les carrosses royaux tirés à huit chevaux et ceux de la Cour, suivis de l'interminable et splendide cavalcade de la Maison du Roi. Le soir, ils envahissaient les jardins et galeries des Tuileries pour écouter la Musique de la Chambre et nous regarder manger. Il est vrai qu'ils ne nous voyaient pas souvent et ne perdaient rien d'un spectacle dont ils garderaient longtemps le souvenir. Louis était heureux, et je l'étais aussi. Sa popularité n'avait jamais été aussi haute, et tout semblait pour le mieux sous le ciel de France.

A Versailles, le vent tourna. On murmurait, on supputait, on s'affolait, on ne savait au juste. Mais un après-midi, peu après le dîner, le comte de Maurepas, livide, entra chez moi pour m'annoncer que Mme de Châteauroux revenait. Devant mon air incrédule, il ajouta :

– Je tiens ici la missive que Sa Majesté vient de me dicter et qu'il m'a chargé de délivrer entre les mains de la duchesse. Il lui demande d'oublier ce qui s'est passé à Metz, déplore l'indécence avec laquelle elle a été traitée, et la prie de revenir, ainsi que sa sœur, dans les appartements qu'elles habitaient. J'ai vu la liste des disgrâces qu'elle a exigées. Je n'y suis pas. Pour me punir de mes odes et madrigaux peu aimables, on s'est contenté de m'humilier en m'imposant cette mission.

– Ainsi, ils se sont vus ? m'écriai-je consternée.

– Elle est venue le surprendre l'autre nuit, dans le plus grand secret. Lebel était complice. Le roi l'a suppliée de revenir. Elle a posé ses conditions. Et j'exécute.

Le soir même, la nouvelle circulait dans tout le palais, et Maurepas venait me rendre compte de sa visite.

– Elle était au lit avec un peu de fièvre. Elle a pris la lettre du roi et m'a tendu sa main à baiser en disant : « Cela est sans conséquence. » Elle arrivera dès qu'elle sera guérie.

– Et nul ne pourra l'arrêter dans sa soif de vengeance, soupirai-je. C'est affreux !

Tous mes amis tremblaient. Ceux de Mme de Châteauroux se réjouissaient, la fortune leur souriait. Mais les dames de la Halle vociféraient :

– Puisqu'il a repris sa catin, il ne trouvera plus un Pater sur le pavé de Paris.

On apprenait le lendemain que la fièvre augmentait de façon inquiétante et que les médecins du roi étaient au chevet de la malade. Les jours suivants, on guetta les nouvelles et la Cour fut en suspens. La fièvre grimpait toujours et s'accompagnait de violents maux de tête. Les saignées ne faisaient rien, l'état s'aggravait. La favorite affolée demanda son confesseur et reçut le Saint Viatique. La Cour ébahie s'arrêta de vivre. Louis s'enferma dans ses appartements, supprima les « grands couverts » et ne sortit que pour les Conseils. Respectant sa douleur et son inquiétude, j'annulai mon jeu, mes concerts, tout ce qui pût ressembler à une partie de plaisir. La mort de Mme de Vintimille me revenait sans cesse à l'esprit, d'autant que Marie-Anne fut prise elle aussi de convulsions horribles. L'agonie se prolongea dans des souffrances atroces, et j'en fus si bouleversée que j'oubliai mes rancunes et priai pour elle, comme le faisait Louis dans un coin sombre de la Chapelle. Mais la volonté de Dieu fut impitoyable, et le vent glacé de l'hiver emporta pour toujours Mme de Châteauroux.

Elle mourut le 8 décembre, quand elle n'avait que vingt-sept ans. Elle fut enterrée à Saint-Sulpice le matin suivant dès l'aube, entourée de soldats du guet qui protégeaient sa dépouille. Mais Paris dormait.

Louis s'enfuit à la Muette. En compagnie de quelques intimes, il apaisa son chagrin en relisant les deux mille lettres de sa chère défunte. Pendant ce temps, de la Cour à la Ville, les langues se délièrent et les commentaires les plus fous circulèrent à propos de cette disparition dont la soudaineté, à la veille d'un retour en grâce triomphal, frappait les imaginations.

– Le poison ! affirmaient les amis de la favorite.

On soupçonna quelques personnes de mon entourage, dont on répétait les médisances, et M. de Maurepas fut accusé d'avoir usé de maléfices au cours de sa visite.

– La colère du Ciel ! rétorquaient les dévots, prenant à témoin les multiples exemples qu'en donnait la Bible.

Pour ma part, je me souvenais de cette nuit étoilée sur les hauteurs de Montretout qui m'avait appris la trahison de Louise de Mailly. « Vengeance ! Malédiction ! » Les mots résonnaient dans ma mémoire. Ma fureur les avait jetés vers le firmament, et la brise d'été les avait emportés dans les rayons de lune. Je frémissais, craignant d'être coupable. En prononçant les paroles maudites, je les avais chargées de pouvoir contre les filles du marquis de Nesles. Louise était dans l'ombre de la disgrâce, Pauline et Marie-Anne dans les ténèbres à jamais. Harcelée par les cauchemars, je m'éveillai en transe, croyant voir le fantôme de Mme de Châteauroux.

La tristesse fut de courte durée. Louis sortit de sa léthargie et l'on oublia le deuil pour ne penser qu'aux fêtes à venir. Le mariage du Dauphin était fixé pour la fin de février. L'Infante Marie-Thérèse, fille de Philippe V, avait quitté Madrid et s'approchait à petites journées. Des cérémonies exceptionnelles étaient annoncées et je vis la nouvelle année s'ouvrir sous de meilleurs augures. La famille allait s'agrandir d'une Dauphine qui nous donnerait des héritiers. Tant de joies nouvelles qui feraient oublier les mauvais souvenirs.

De la Cour à la Ville, on s'agitait. Le cœur du roi était à prendre. Dans les couloirs du palais, des noms couraient. La duchesse de Lauraguais, toujours « grosse réjouie », était sûre de ses chances, la princesse de Rohan avait des prétentions, ainsi que la duchesse de Rochechouart. Mais on disait aussi que les dames de Paris viendraient en nombre pour tenter de séduire le maître.

– On parle beaucoup de la jolie Mme d'Étioles, raconta Mme de Flavacourt. Ma sœur en avait peur. Son château est en lisière de Sénart. Et quand Sa Majesté chasse dans cette forêt, elle apparaît à l'improviste au détour d'une allée, en lui ménageant des surprises qui l'amusent. Elle a reçu plus d'une fois les honneurs du chevreuil. Je ne serais pas étonnée de la voir au bal, dans l'éclat de sa beauté.

– Elle fréquente les meilleurs salons, ajouta le duc de Luynes, et le président Hénault, qui l'a rencontrée chez Mme Geoffrin, lui trouve les qualités les plus exquises.

– Allons donc, m'écriai-je en riant, une bourgeoise ne peut faire une maîtresse.

XVI

La fièvre des préparatifs, pour le prochain mariage de mon fils, me fit oublier la chasseresse dont le nom revenait ici ou là dans les conversations. Pendant des semaines, je fus en ébullition, emplie tour à tour de satisfaction et d'inquiétude. Le Dauphin était anxieux et boudait, n'acceptant son mariage que par obéissance et raison d'État. Et je fus plus nerveuse que lui lorsque je le vis partir pour Étampes, en compagnie de son père, à la rencontre de la jeune princesse qui allait partager sa vie. Mon cœur de mère se tourmentait. L'Infante saurait-elle le comprendre, l'aimer ? Le petit garçon que j'avais fait, guidé, corrigé, encouragé, était devenu un jeune homme d'une belle stature, intelligent, curieux et cultivé. Il était sensible, doué pour les arts et d'une haute moralité qu'il se promettait de maintenir, bien décidé à ne pas s'égarer dans les milieux pervers de la Cour. Tous mes espoirs étaient en lui que je voyais presque parfait, et je craignais de perdre la douce complicité qui nous avait rapprochés au fil des années. Ma véritable rivale en cet instant était bien plus la Dauphine que la future favorite du roi de France.

Entourée de mes filles Henriette et Adélaïde et de toutes les princesses du sang, je m'étais avancée jusqu'au château de Sceaux pour l'accueillir. Au premier regard, je fus rassurée. Elle était grande, bien faite, avec un joli teint et des cheveux flamboyants qui surprenaient. Son visage rayonnait, tout comme celui de mon fils, et je compris qu'ils se plaisaient.

– Je vous aimerai comme ma mère, me dit-elle avec un sourire intimidé.

Je la serrai sur mon cœur plein de tendresse, et le reste de la famille fit de même. Louis était enchanté, la fête pouvait commencer. Le cortège royal regagna Versailles et, le 23 février 1745, dès le matin, un vent de folie souffla sur tout le palais. La toilette de la mariée dura plus de trois heures, puis ce fut la cérémonie à la Chapelle où le cardinal de Rohan bénit le couple. Homélie élogieuse, les orgues, les chœurs, tout se déroulait dans le faste et la solennité qui convenaient. Auprès de Louis visiblement ému, j'essuyai furtivement une larme. Instant de grâce ajoutant son maillon à tous ceux, heureux ou malheureux, qui nous unissaient depuis vingt ans.

Après les compliments, tout le monde se transporta dans la salle du Manège pour assister à la représentation de *La Princesse de Navarre*, une comédie-ballet de M. de Voltaire sur une musique de Rameau. L'apothéose finale s'achevait sur les monts Pyrénées qui s'abaissaient et disparaissaient, remplacés sur la scène par un Temple de l'Amour. Spectacle symbolique qui fut applaudi avec frénésie. Entre l'Espagne et la France, il n'y avait plus de frontière puisque le mariage du Dauphin achevait de sceller une alliance inaugurée cinq ans plus tôt par les noces de ma fille aînée Élisabeth et de l'Infant Don Philippe. Les deux branches Bourbon, que j'avais séparées involontairement, étaient solidement réconciliées. La Galerie nous accueillit ensuite pour le jeu traditionnel avant le souper en « grand couvert » et le feu d'artifice éblouissant. Il fut temps alors d'accompagner les mariés dans leur chambre, de leur présenter la chemise, les mettre au lit et « tirer les rideaux ».

Les réjouissances se poursuivirent le lendemain dans la salle du Manège transformée en salon de verdure, avec un bal paré qui fut un débordement d'élégance et de grâce. Mon fils n'avait d'yeux que pour sa jeune épousée. Elle dansait à ravir et nous fit l'honneur de quelques espagnolades qui enflammèrent bien des regards. Mais le plus spectaculaire fut pour le jour suivant : un bal masqué pour lequel des milliers d'invitations avaient été lancées. Dès la tombée du jour, une foule innombrable se précipita vers le château illuminé qui scintillait de tous ses feux dans le froid sec. Elle se répandit au long des salons emplis de buffets et de musiciens, jusqu'à la Galerie féerique avec ses lustres, torchères et girandoles que les hautes glaces éblouissantes de lumière reflétaient à l'infini.

Et c'est là, sous les plafonds de Le Brun, que je fis mon entrée à minuit précis, au milieu d'une cohue de Turcs, Arméniens, Chinois, sauvages emplumés, Magiciens, Diables et Folies, gigantesque mascarade qui se figea pour nous saluer. Mon costume, cette nuit-là, était mon grand habit de reine, une robe blanche brodée de bouquets de perles. Le « Sancy » et le « Régent » étaient piqués dans mes cheveux, et je n'avais pas de masque. Le Dauphin me suivait, habillé en berger, tenant la main de la Dauphine qui faisait une jolie bouquetière.

Escortée de mon chevalier d'honneur, je pris place dans le fauteuil qui m'était réservé, et je vis sur les gradins toutes les beautés de la Ville, dames de finance, de magistrature ou simples bourgeoises qui attendaient avec impatience l'arrivée du souverain. Il se fit languir, mais une porte s'ouvrit soudain sur une cohorte d'ifs qui marchaient à la queue leu leu. On en comptait huit, tous identiques. Lequel était le roi ? Un long frémissement parcourut la salle et Mme de Flavacourt, assise non loin de moi, s'approcha de mon oreille pour me confier à l'abri de son éventail :

– Le dernier de la file est Sa Majesté.

– Comment le savez-vous ?

– La jeune femme tout près de lui est Mme d'Étioles.

La distance m'empêchait de voir les détails de son visage, mais je remarquai qu'elle était d'une taille au-dessus de l'ordinaire, svelte, et que sa peau était claire. La chasseresse de Sénart semblait amuser Louis en effet. Je les vis s'éloigner et se fondre dans une farandole. Une galanterie était vraisemblable et ne m'inquiétait pas outre mesure.

Après Versailles, ce fut au tour de Paris de célébrer le mariage de l'héritier du trône. Sept salles de bal avaient été érigées sur les places principales de la capitale, et l'Hôtel de Ville offrit un bal masqué qui rivalisa de magnificence avec celui de la Cour. Le

Dauphin s'y rendit pour remercier le prévôt des marchands, et Louis décida d'y faire un tour au milieu de la nuit. Il avait dû s'y trouver en joyeuse compagnie puisqu'il ne revint qu'à huit heures du matin et entendit la messe avant d'aller se coucher. Ce jour-là, il ne fut jour qu'à cinq heures chez le roi de France, et le nom de Mme d'Étioles courut comme un long murmure d'un bout à l'autre de « ce pays-ci ».

– Elle est née Poisson, me dit le duc de Luynes un peu crispé. Le père est un financier médiocre, condamné puis réhabilité. Je ne parlerai pas de la mère. Quant à M. d'Étioles, c'est le neveu du fermier général Le Normant de Tournehem qui est lui-même le parrain de la dame et lui assure une solide fortune.

De rumeurs en potins, de doutes en suppositions, on en vint aux affirmations. La dame avait ses entrées au château. Elle venait et disparaissait. La Cour, intriguée, fouinait de tous côtés pour tenter de percer le mystère de cette aventure royale avec une roturière. De questions en déductions, on finit par découvrir qu'elle soupait en secret avec le roi, mais on ignorait l'endroit, et l'on voulut savoir qui l'introduisait auprès de Sa Majesté. Le duc de Luynes fit son enquête et prit un air navré pour m'en rendre compte :

– Binet, Madame. Le valet de chambre de Monseigneur le Dauphin est le cousin de Mme d'Étioles. C'est lui qui a favorisé un entretien avec Sa Majesté, à la demande de sa parente qui sollicitait une place de fermier général pour son mari. Il se défend bien sûr d'avoir joué un autre rôle et n'a agi ainsi que pour rendre service.

– La dame est astucieuse, dis-je en souriant. La petite porte, assurément. Combien de temps encore ?

Quelques jours plus tard, le duc m'annonçait, l'œil pétillant :

– Les dés sont jetés ! Les jours sont comptés.

Le roi avait soupé chez lui et n'avait appelé personne. Le tête-à-tête se confirmait ; les esprits s'enflammèrent et les murmures s'amplifièrent. On avait vu Mme d'Étioles parmi les dames de la Cour qui assistaient au ballet comique de Rameau. Elle vint aussi à la Comédie italienne et cette fois je pus la voir dans une loge près de la scène, juste en face de la mienne et de celle de Louis. Je la détaillai à loisir et constatai qu'elle était très jolie et fort bien mise. L'aventure bourgeoise avait du piquant, certes, mais ne pouvait durer. A la fin d'avril, pourtant, le duc de Luynes avouait sur un ton gêné :

– On dit qu'elle aime éperdument le roi et que cette passion est réciproque.

Alors tout le monde grogna. Les cancans bourdonnaient à ma porte, et je les écoutais à peine, préférant la compagnie de mes filles et de ma bru à qui je montrais les charmes secrets de Versailles et les jardins de Trianon que j'adorais. Il m'était difficile cependant d'ignorer les mines pincées de toutes ces dames de haute race, et leur dépit me faisait rire. Elles s'étaient persuadées que la Cour constituait en quelque sorte un vivier privilégié de favorites royales, et fulminaient d'être ainsi dénigrées au profit d'une inconnue sortie d'on ne savait où.

– Patience, patience, attendons la fin de la « Bestiole », chantonnait Maurepas, toujours mordant.

Vint un jour où le comte d'Argenson répliqua sur un ton fort sérieux :

– Cette fin est proche. La guerre va reprendre. Le

Maréchal de Saxe a rejoint les Flandres et nous attend devant Tournai.

Je blêmis et m'écriai :

– Le roi va repartir ? En êtes-vous sûr ?

– Le plan des opérations est fixé et Sa Majesté ne manquera pas la bataille.

Mon cœur se serra doublement lorsque Louis annonça qu'il emmenait avec lui le Dauphin. Ils étaient heureux tous les deux. Ils allaient se battre avec gloire, et nous laissaient derrière eux, quatre femmes mortes d'inquiétude et de chagrin. Je maîtrisai le mien pour consoler la pauvre Dauphine désespérée. Henriette et Adélaïde avaient plus de courage et prédisaient la victoire. Le 6 mai, je m'éveillai à l'aube pour assister au lever matinal de Louis, lui dire, dans une dernière étreinte, ma confiance et ma tendresse. Pour me rassurer, il me déclara :

– Depuis la bataille de Poitiers, aucun roi de France n'a combattu avec son fils, et aucun d'eux, depuis Saint Louis, n'a gagné contre les Anglais. J'espère être le premier.

J'embrassai le Dauphin et rentrai chez moi tremblante de peur. Deux boulets pouvaient priver la France de son maître et de son héritier. Je vécus dans les transes pendant quelques jours et crus m'évanouir de bonheur lorsque je reçus la lettre de Louis écrite sur un tambour :

« Du champ de bataille de Fontenoy,
ce 11 Mai à deux heures et demie.

« Les ennemis nous ont attaqués ce matin à cinq heures. Ils ont été bien battus. Je me porte bien et mon fils aussi. Je n'ai pas le temps de vous en dire davantage, étant bon, je crois, de rassurer Versailles et Paris. Le plus tôt que je pourrai, je vous enverrai le détail [1]. »

Une autre lettre l'accompagnait :

« Ma chère maman, je ne puis vous exprimer ma joie de la victoire que le roi vient de remporter. Il s'y est montré véritablement le roi, dans tous les moments, mais surtout dans celui où la victoire ne semblait pas devoir pencher de son côté, car alors, sans s'ébranler du trouble où il voyait tout le monde, il donnait lui-même les ordres les plus sages, avec une présence d'esprit et une fermeté que tout le monde n'a pu s'empêcher d'admirer, et il s'y est fait connaître plus que partout ailleurs. Je finis en vous assurant de mon respect et de mon amour, et vous supplie de vouloir bien embrasser ma femme et mes sœurs [1]. »

Mes filles, la Dauphine, tout ce qui était encore à Versailles accoururent dans mon antichambre pour se réjouir avec moi de cet événement sans précédent. Ma pauvre tête en était retournée. Louis en bonne santé, comblé de gloire, le Dauphin qui s'était bien comporté sous les coups de canon. Je ne regrettais pour rien au monde qu'il y fût allé. Aux multiples compliments qui me submergeaient, je répondais :

– Je suis plus flattée d'être la femme du roi et la mère de mon fils, que d'être la reine de France.

Et dans le secret de mon âme, je ne pensais qu'à

1. Lettres authentiques.

Louis que j'aimais à la folie. Le lendemain, dans un billet de mon cher « Cadet », je trouvai les félicitations d'usage et la liste de nos morts : soixante-treize officiers et seize cents soldats, sans compter les milliers de blessés. Il me racontait aussi que le roi s'était recueilli sur le champ de bataille jonché de cadavres.

« Voyez, avait-il dit au Dauphin, ce qu'il en coûte à un bon cœur de remporter des victoires. Le sang de nos ennemis est toujours le sang des hommes ; la vraie gloire, c'est de l'épargner. »

Mais la guerre se poursuivit. Elle n'était pas finie. Il fallait d'autres succès pour négocier une paix en position de force. Et les places tombèrent les unes après les autres. Tournai, Gand, Bruges, Oudenarde, Dendermonde... Après quelques semaines, Louis parcourait la Flandre et se faisait acclamer comme son bisaïeul après ses plus belles campagnes. Alors la France entière chanta des Te Deum et la Ville célébra dans la magnificence le retour de son roi.

Il entra dans Paris le 7 septembre. Je l'attendais au château des Tuileries avec toute la famille et la Cour au grand complet. La file de carrosses vint se ranger devant le grand perron et je m'avançai jusqu'en haut de l'escalier pour accueillir avec plus de chaleur les deux guerriers chers à mon cœur. Louis m'embrassa et je bus ses mots tendres. Depuis la mort de Mme de Châteauroux, nous avions moins de difficultés à nous parler. Du moins je me sentais moins intimidée. Pendant trois jours, on nous honora de banquets, feux d'artifice, illuminations. Mais entre les représentations, nous eûmes le temps d'être ensemble, entourés de nos enfants, et de nous promener dans les jardins qu'un soleil d'automne précoce avait embrasés.

Le vent était absent et ma porte garda le silence. Il est vrai que les femmes de chambre n'escomptaient rien. Épigrammes et chansonnettes circulaient dans les rues de Paris, et la Ville suivait la galante aventure de Jeanne-Antoinette, née Poisson, avec autant de curiosité que la Cour. Pendant que Louis chevauchait vers la gloire, j'avais appris moi aussi que Mme d'Étioles, retirée dans son château en compagnie de poètes et de philosophes à la mode, avait profité de l'été pour se libérer de son mari. Un jugement rendu au Châtelet lui avait accordé la séparation de corps et de biens. Elle avait ensuite changé de nom : le roi lui avait offert un marquisat en déshérence qui lui donnait le joli titre de « Marquise de Pompadour ».

La nouvelle, tombée au beau milieu de juillet, avait mis Versailles en ébullition. D'autant que des ouvriers en nombre rénovaient de fond en comble l'ancien appartement de Mme de Châteauroux.

– Elle ne peut y habiter sans être « présentée », s'était exclamée la duchesse de Luynes chez qui je m'étais invitée à l'improviste.

Parmi les convives était le président Hénault qui avait eu le plaisir de rencontrer la dame.

– Elle s'y prépare, avait-il expliqué. Monsieur de Voltaire et l'abbé de Bernis lui apprennent les bonnes manières de « ce pays-ci ». Étioles a son théâtre, et la châtelaine cultive l'art de la comédie. Elle connaît la musique, chante et danse à ravir. Elle est à volonté superbe, impérieuse, calme, friponne, lutine ou curieuse. Le rôle de favorite est à sa mesure, et je gage qu'elle nous réserve des surprises.

Ce discours m'avait laissée songeuse. Au jeu de la séduction, les jours sont comptés et le talent de tout artiste a ses limites. Louis s'ennuyait vite et finirait par se lasser.

– Je crois que je vais m'amuser, avais-je répliqué sur un ton enjoué.

La bourgeoise n'était pas une rivale. Certes, ses vingt-quatre ans et sa beauté lui assuraient ce que Louis voulait bien lui accorder, mais je restais la reine et j'avais donné au roi une famille dont il ne pouvait se passer. La visite de mes parents avait occupé la fin de l'été, et l'affaire de la présentation était passée au rang des obligations dans un avenir qui ne serait précisé qu'au retour de Louis.

A la fin du séjour aux Tuileries, la vieille princesse de Conti me prit en aparté pour me dire que le roi lui avait demandé de présenter Mme de Pompadour qu'elle n'avait jamais vue.

– J'en suis très fâchée, me dit-elle d'un air faussement courroucé. Mais je n'ai pu refuser à Sa Majesté.

Elle eut un soupir déchirant avant d'ajouter :

– Bien sûr, je n'aurai plus de dettes. Cependant, s'il voulait bien changer de sentiments...

Je la rassurai d'un sourire :

– Obéissez au roi et n'ayez aucun remords. N'est-il pas le maître ?

Le lendemain, le cortège royal regagnait Versailles et la présentation fut annoncée. La Cour unanime critiqua la princesse de Conti qu'elle traita de « putain », et prit des paris sur ce que j'allais dire à la « grisette du roi ». Il est vrai que devant Mme de Vintimille et la duchesse de Châteauroux, j'avais été nerveuse. Ces dames de haute naissance avaient eu peu de respect pour la Polonaise sans dot, fille d'un roi élu en exil. Mme de Pompadour était un cas différent. Elle n'avait derrière elle aucune famille, aucune coterie. Comment se défendrait-elle dans cette Cour cruelle qui l'accueillait en « parvenue » ? Sa position n'était pas aisée, mais je n'avais pas l'intention de l'écraser. En bonne comédienne, elle jouerait la marquise ; mais la reine de France serait dans son rôle, avec courtoisie et simplicité.

Le 14 septembre, à l'heure prévue pour la cérémonie, les courtisans se pressèrent en foule dans la Galerie et le salon de l'Œil-de-Bœuf, prêts à se gausser du moindre faux pas de la « Marquise ». Elle fut d'abord chez le roi, puis vint chez moi. Je l'attendais dans mon grand cabinet, debout près de la cheminée, entourée de mes dames d'honneur et d'atour et de toutes les dames du palais. J'écoutai d'une oreille distraite la phrase de circonstance de la princesse de Conti qui faisait bien ce pour quoi elle avait été payée, et n'avais d'yeux que pour la favorite en robe blanche, ruisselante de diamants. Elle avait certes un grand pouvoir de séduction et je comprenais que Louis pût être fou d'une telle beauté. Je notai aussi que ses révérences manquaient d'assurance et voulus être aimable en lui parlant de l'unique connaissance commune que nous avions :

– Donnez-moi des nouvelles de Mme de Saissac. J'ai été bien aise de la voir quelquefois à Paris.

Mon propos dérouta la marquise qui pensait, comme tout le monde, que je lui parlerais de son habit. La confusion se mêlant à l'émotion, elle se prosterna à mes pieds en s'écriant :

– J'ai, Madame, la plus grande passion de vous plaire !

Au moment de prendre le bas de ma robe pour le

baiser selon les règles de l'étiquette, elle était si troublée qu'elle retira son gant d'un geste brusque et brisa son bracelet qui roula sur le tapis. Elle eut assez de mémoire cependant pour réciter les quelques phrases qu'elle avait préparées, pleines de respect et de soumission. Je la remerciai d'un bon sourire et la vis soulagée. Je l'étais aussi. La nouvelle maîtresse n'avait pas eu le triomphe insolent des filles Nesles, et je n'aurais pas à la supporter dans mes appartements puisqu'elle n'avait aucune charge dans ma Maison. Elle était au service exclusif du roi, et je me disais que tout irait bien si elle avait l'intelligence de rester à sa place.

Tandis qu'elle se retirait pour se rendre chez le Dauphin et la Dauphine, puis chez mes filles, je me tournai vers la duchesse de Luynes et lui confiai en soupirant :

– Puisqu'il en faut une, acceptons celle-ci.

– Espérons qu'elle vous épargnera ce que les autres vous ont fait subir, répondit ma dame d'honneur plus nerveuse que moi.

Ce soir-là, Louis vint me voir pour une courte visite. Il était d'une humeur charmante et me traita avec une déférence marquée. Je compris qu'il était content de moi, impressionné par la dignité de mon comportement, et que Mme de Pompadour était satisfaite de mon accueil. Quelques jours plus tard, il l'emmenait à Choisy et fut pris d'une forte fièvre. Une saignée m'emplit d'inquiétude. Je demandai à le rejoindre pour le soigner, ce qui fut accordé, et j'eus l'agréable surprise d'être reçue avec tout le respect qui m'était dû. Mme de Pompadour eut des attentions aimables et Louis s'empressa de me faire les honneurs de ce château royal que je ne connaissais pas. Il l'avait acheté pour Mme de Vintimille et l'avait embelli pour la duchesse de Châteauroux. De nouveaux arrangements avaient chassé les souvenirs et j'en admirai le goût parfait dans le choix du meuble, des tableaux et des objets.

– Vous êtes la bienvenue, Marychna, me glissa-t-il à l'oreille. J'espère que vous reviendrez.

Il fut établi que Choisy serait désormais une étape sur le chemin de Fontainebleau où la Cour se transporta sans tarder pour le séjour habituel. Et je fus particulièrement choyée cette année-là. Des brassées de fleurs arrivaient dans mes appartements, et lorsqu'un soir, jouant de malchance, je perdis une forte somme à cavagnole, Louis me fit savoir dès le lendemain que ma dette était payée. Elle n'était pas importante, mais faisait un trou dans mon budget de charité. Mon cœur fondait de tant de gentillesse, et j'appréciais cette favorite qui, à la différence des sœurs Nesles, ne semait pas la discorde entre Louis et sa famille.

Une autre surprise m'attendait à Versailles où je fus bien étonnée de retrouver mes appartements rénovés avec des dorures nettoyées, un lit à quenouille mis à la duchesse et une tapisserie nouvelle représentant les grandes scènes de la Bible. D'autres aménagements étaient en cours pour embellir mes petits cabinets et mon salon de bain. Tous ces bienfaits me comblaient d'une joie que mes enfants étaient loin de partager. Ils ne pouvaient accepter la liaison de leur père. Celle-ci moins que les autres. Dans mon cercle de familiers, on observait la prudence.

– Une manigance pour gagner votre amitié, me confia la duchesse de Luynes. Elle s'est vantée auprès de moi d'inspirer au roi ses bonnes actions à votre égard, en précisant qu'il n'était pas aisé de vaincre ses réticences.

Ainsi, la marquise se dévoilait et le mémoire me serait bientôt présenté. Je fus sur mes gardes, bien décidée à ne pas tomber dans le piège de ses amabilités. Elle venait me faire sa cour deux fois par semaine, assistait à mon jeu et n'en finissait pas de raconter « toutes les bontés » que j'avais pour elle. Dans ses appartements luxueusement décorés, elle menait grand train, recevait beaucoup, et le roi s'y rendait chaque soir pour se divertir.

La Cour bâillait d'ennui devant le « caprice de bourgeoisie » qui se prolongeait, et se réveilla un beau matin muette de stupéfaction en apprenant que la marquise imposait ses volontés et prenait de la puissance. A sa demande, le contrôleur général des finances, Philibert Orry, un homme honnête et compétent, était limogé après quinze années de loyaux services. Pour la seule raison que les frères Pâris-Duverney, amis de la favorite, ne pouvaient mener à bien leurs affaires de fournitures aux armées sans se soumettre à des vérifications importunes. Le roi avait cédé aux récriminations de sa belle, mais refusa celui qu'on lui imposait et nomma un homme à lui, Machault d'Arnouville. La marquise obtint cependant pour son parrain Le Normant de Tournehem la direction générale des Bâtiments, qui lui attribuait toutes les commandes royales pour les embellissements des châteaux. La survivance de cette charge revenait à son propre frère Abel Poisson qui paraissait à la Cour sous le nom de marquis de Vandières.

– D'avant-hier ! disaient les courtisans.

Et Maurepas chantonnait :

« Noble, mais comment et par où ?
« Ne sait-on pas que sa noblesse
« Est l'ouvrage d'un bijou ? »

Le Dauphin était ulcéré, mais ne pouvait rien dire. Il aimait trop son père et le respectait. Devant la favorite il gardait le silence et mes filles dans leur particulier l'appelaient « maman Putain ». La grossesse de la Dauphine vint heureusement nous distraire des commentaires mesquins et Noël m'apporta plus de joie. Pour la première fois depuis bien longtemps, Louis m'offrit des étrennes : une tabatière d'or émaillé sur laquelle était incrustée une petite montre. Une langue perfide me laissa entendre trois mois plus tard que le présent avait été commandé pour Mme Poisson, mère de la marquise, qui était morte avant de l'avoir reçu. Au même moment, la duchesse de Luynes vint m'expliquer que la marquise souhaitait participer à la cérémonie du lavement des pieds du Jeudi saint. Seules les dames du palais étaient autorisées à m'assister.

– Elle ne manque pas d'audace ! Je refuse.

Mme de Pompadour avait le droit de vivre comme bon lui semblait. En matière de religion, il n'y avait plus de comédie et j'étais intransigeante. Aux yeux de l'Église, elle était coupable d'adultère, une femme excommuniée. Mais elle revint à la charge.

– Elle annonce maintenant qu'elle fera la quête le dimanche de Pâques, me dit ma dame d'honneur.

– Ce choix ne paraîtrait pas heureux au roi lui-même, répliquai-je fermement. Il est des scandales qu'il ne faut pas étaler en public.

Habile et rusée, elle ne montra aucune aigreur et, pour gagner mes bonnes grâces, chanta les psaumes et Leçons de Ténèbres de la Semaine sainte au cours des concerts spirituels dont j'avais établi la coutume en cette période de l'année. Je la complimentai pour son timbre de voix et l'invitai à ma prochaine assemblée de charité, pour laquelle elle s'excusa. Un ton de parfaite courtoisie agrémentait nos relations.

Au milieu de l'été, la Dauphine accoucha d'une petite fille et mourut deux jours après. L'enfant devait la suivre deux ans plus tard. Ce deuil nous frappa cruellement. Le Dauphin surtout qui adorait sa femme et voulait la rejoindre ; mes filles qui pleuraient une sœur ; et Louis qui était revenu d'une nouvelle campagne dans les Flandres pour cette naissance. Les « foudres célestes » traversèrent son esprit, et pour les conjurer il nous emmena à Choisy. Loin de la Cour et de son étiquette, nous n'étions plus qu'une famille unie par la douleur qu'une profonde affection rendait moins amère. Mêlant nos larmes et nos souvenirs, nous évoquions la mémoire de la chère Marie-Thérèse, sans négliger pour autant le grave problème que sa disparition faisait resurgir : la succession n'était plus assurée, et Louis était inquiet.

– Vous devez vous remarier au plus vite, dit-il à son fils. Il nous faut un héritier.

Le Dauphin désespéré déclara solennellement qu'il refusait, voulant garder intact le souvenir d'une épouse parée de toutes les vertus. Henriette et Adélaïde qui adoraient leur frère inventèrent mille choses pour le distraire. Par la douceur et la tendresse, je réussis à le persuader de revenir à son devoir et de prier Dieu de lui envoyer une Dauphine aimante et compréhensive.

Le problème fut de trouver la princesse disponible. Une autre Infante, sœur de la défunte, ne pouvait convenir. Le Portugal était sous le joug des Anglais, et la Sardaigne s'était liée à l'Autriche contre la France. Le maréchal de Saxe, qui venait de remporter une nouvelle victoire à Raucoux, s'empressa de proposer sa propre nièce, la princesse Marie-Josèphe.

– La fille d'Auguste ? m'écriai-je. Voulez-vous me faire mourir de chagrin ?

La marquise soutenait le maréchal et désirait lui obtenir cet honneur. Devant son insistance et la pénurie de candidates, Louis avait accepté la proposition et s'efforça de me convaincre qu'il n'y avait d'autre choix.

– D'autant que cette union affaiblira l'Autriche en nous ralliant la Saxe, ajouta-t-il.

Le devoir d'État s'imposait. La mort dans l'âme, je pliai. Mais j'en voulais à Mme de Pompadour. Pour satisfaire un ami et tranquilliser son royal amant, elle ouvrait une blessure que le temps n'avait pas cicatrisée, et déchirait ma fierté jusqu'au plus profond de mon enfance.

XVII

La fille de « l'Usurpateur » dans le lit de mon fils ! Je n'en dormais plus. La Pologne une fois de plus venait me hanter avec son cortège de souffrances, de renoncements et d'espérances à jamais perdues. J'imaginais la douleur de mes parents lorsqu'ils apprendraient la nouvelle, et retardais autant que je le pus le départ du courrier. Ma mère s'insurgea avec véhémence, mais la réaction de mon père m'emplit de confusion. Avec noblesse et générosité, il mit de côté les rancœurs et les misères endurées, afin de permettre un avenir meilleur entre les deux pays. Cette union représentait selon lui une main tendue vers la paix que tout souverain doit souhaiter. Il eut des mots affectueux pour présenter au Dauphin qu'il adorait ses vœux de bonheur et ses compliments.

Leçon de courage et d'abnégation qui m'irrita quelque peu lorsque je sus qu'il avait envoyé des félicitations de circonstance à son ancien adversaire. Le nom d'Auguste éveillait encore ma colère, ainsi que l'humiliation ressentie lorsque le Cardinal, par son inertie, avait empêché mon père de reconquérir son trône et m'avait expliqué, l'air triomphant, que la Lorraine était plus avantageuse que la Pologne. Ce jour-là, comme tant d'autres au cours de mon existence, j'avais piétiné mon amour-propre. Il se révoltait soudain, et j'avais du mal à le retenir au fond de ma gorge. Accepter le sang de l'ennemi au sein de ma propre famille me paraissait au-delà de mes forces. Avec l'aide de Dieu pourtant je trouvai assez de tempérance pour accueillir d'un air affable la princesse de Saxe qui devenait ma bru.

La rencontre eut lieu à Choisy. Entre le Dauphin qui jouait les veufs inconsolables et le roi qui compensait le manque d'enthousiasme de son fils en affichant une gaieté redoublée, la pauvre jeune fille n'était pas à son aise. Elle avait quinze ans à peine, une taille svelte, un visage gracieux encadré de cheveux blonds, mais la timidité voilait son regard [1]. Elle vint s'agenouiller devant moi d'un air craintif et malheureux. Mon cœur se dénoua aussitôt. Je la relevai et la serrai dans mes bras, honteuse de mes aversions et réticences. A trop m'épancher sur mes tourments et les injustices du passé, j'allais faire souffrir une innocente prête à aimer. Ses beaux yeux vifs brillèrent de reconnaissance lorsque je lui pris la main pour lui présenter Henriette, sage et raison-

1. Voir chez le même éditeur : *La Mère de Louis XVI, Marie-Josèphe de Saxe,* de Monique de Huertas.

nable, puis Adélaïde, vive et toujours gaie. Elle eut un merveilleux sourire et répondit avec esprit :

– Je prendrai donc conseil de Madame Henriette et me distrairai avec Madame Adélaïde.

Les cérémonies se déroulèrent à Versailles avec autant de faste et dans le même ordre que pour l'Infante deux ans plus tôt. Bénédiction à la Chapelle, retour en grand cortège dans les appartements pour les compliments, banquet somptueux avec concert de violons, feu d'artifice suivi d'une « mise au lit » un peu triste dans une chambre où le Dauphin inconsolable avait conservé les tentures de deuil et les objets de la défunte. Mon cœur se serra lorsque je vis mon fils se réfugier sous les draps pour y cacher ses sanglots. Je ressentais la déception de Marie-Josèphe et me penchai vers elle pour la réconforter. C'est alors qu'elle se tourna vers son époux et lui dit avec douceur :

– Donnez libre cours à vos pleurs, Monsieur, et ne craignez pas que je m'en offense ; ils m'annoncent ce que j'ai droit d'espérer moi-même si je suis assez heureuse pour mériter votre estime.

Je sortis vivement émue. La fille d'Auguste venait de me conquérir une seconde fois par son intelligence et sa sensibilité. Le troisième jour de la noce, elle me toucha plus vivement encore. Selon la tradition, elle devait porter le portrait de son père dans un médaillon fixé à son bracelet. Par égard pour moi, personne n'osa contempler la miniature encadrée de diamants qui oscillait au poignet de la Dauphine. J'avoue que la présence de l'ennemi honni si près de moi me rendait nerveuse, et je dus faire un effort pour me manifester selon les règles de l'étiquette.

– Voilà donc, ma fille, le portrait du roi votre père ?

– Oui, maman, répondit-elle, voyez comme il est ressemblant !

Je reconnus l'auteur de mes jours au bras de ma bru, et mes yeux s'emplirent de larmes. Devant une telle délicatesse, je ne pouvais que m'incliner. Marie-Josèphe avait gagné mon cœur et le passé fut définitivement effacé. Louis l'embrassa avec chaleur en l'appelant « Pepa », comme le faisait la famille de Dresde. Le Dauphin, à son tour, montra son émotion. Avec le temps, il oubliera l'Infante et s'éprendra follement de cette seconde épouse qui ne manquait ni de charme, ni de vertus, et lui donnera huit enfants.

Les fêtes se succédèrent, rivalisant de splendeur, et je m'abandonnai à tous ces plaisirs avec une joie réelle, qu'aucune haine, désormais, ne venait assombrir. Peu m'importait ce que l'on disait au sujet de la marquise : que ce mariage était son affaire et qu'elle avait eu carte blanche du roi pour superviser les divertissements de la Cour, et même ceux de la Ville, puisque le prévôt des marchands n'avait rien fait sans demander son avis. Elle s'était donné du mal pour plaire à son royal amant, et j'en appréciai le résultat : un ballet de Rameau célébrant « l'Hymen et l'Amour », un bal paré superbe dans le Manège de la Grande Écurie et le bal masqué dans la Galerie qui fut d'une grande beauté. Je m'amusais. Louis était heureux et ne me dédaignait plus comme autrefois. Sa bonne humeur lui inspirait des attentions charmantes qui se multipliaient et tissaient de nouveaux liens renforçant un amour auquel je croyais encore.

Il m'embrassait lorsque j'allais à son lever, et si je demandais une faveur pour un serviteur ou un vieux soldat valeureux, il me l'accordait aussitôt avec le sourire que j'adorais.

En ce début de 1747, la vie m'apparaissait plus sereine enfin et j'imaginais d'autres mariages si nous trouvions pour mes nombreuses filles les prétendants qui convenaient. Au cours des vingt années qui allaient suivre, le destin n'en ferait qu'à sa tête et se moquerait de mes jolis rêves. Les fêtes se terminaient à peine lorsque ma mère mourut. Je fus bouleversée d'apprendre qu'elle s'était éteinte en maudissant la Dauphine et le sang d'Auguste, et me sentis coupable en quelque sorte de cette fureur insensée qui avait enflammé ses derniers instants. Sensible à ma tristesse, Louis ordonna un deuil de trois mois pour la reine de Pologne, et je fus touchée par les égards de la Cour. Mais il me laissa seule avec ma détresse, entourée de mes fidèles et de mes enfants, et partit en campagne sur l'Escaut. Avec quelle anxiété, j'attendis les pages porteurs de nouvelles ! Avec quel soulagement, je lus ses lettres annonçant ses victoires : Lawfeld puis Berg-op-Zoom qui capitula au bout d'un long siège.

Pendant ce temps, Mme de Pompadour s'en était allée au château de Crécy qu'elle venait d'acheter et le faisait aménager à grands frais pour y recevoir le roi comme il le méritait. Il est vrai qu'une ordonnance signée de Louis avait anobli son père, et l'on racontait qu'elle lui avait choisi des armoiries : « de gueule à deux poissons, en forme de barbeaux d'or adossés ». Et le duc de Luynes précisa sur un ton moqueur :

– On ne parle plus de malversations, mais de « dommages subis », pour lesquels « messire François Poisson, seigneur de Vandières et de Lucy », reçoit une quittance de cent mille livres.

La Cour glosa, jetant çà et là mille ragots venimeux. Je préférais en sourire, gardant mon cœur dans le calme et la gaieté. Des événements bien plus graves se chargeraient de l'accabler d'amertume. A la fin de l'été, en effet, une nouvelle sema la consternation et mes familiers se mirent à plusieurs pour me l'annoncer.

– La petite vérole fait des ravages dans la ville de Gênes, dit le médecin après son examen. Le duc de Boufflers en est atteint.

Le propos me troubla mais je n'eus pas le temps de le commenter. Une dame du palais était entrée dans ma chambre et ajouta qu'elle craignait beaucoup pour la vie du duc. Je remarquai sa pâleur :

– Est-ce tout ce que vous avez à m'apprendre ?

Elle hésita et finit par balbutier :

– M. de Boufflers s'est éteint au début de juillet.

Une lame me perça le cœur, et je restai pétrifiée. Les yeux sur le vide, je voyais le beau visage de Joseph-Marie, l'ami merveilleux qui me faisait rire et m'animait, tandis que Louis m'abandonnait et m'humiliait d'une indifférence glacée. J'avais eu peur de son amour, si chaste pourtant, et l'avais sacrifié à mon honneur de reine en lui demandant de quitter Versailles. « Au nom de notre amitié », il avait obéi et rejoint les armées. Il s'était battu à Fontenoy, Raucoux, puis il avait suivi le maréchal de Belle-Isle en Piémont et repoussé les Autrichiens de Gênes, pour finir sur un lit d'hôpital, terrassé à l'âge de trente-huit ans par l'épidémie qui décimait le port et la ville. Des larmes coulaient sur mes joues, que je ne pouvais retenir. N'étais-je pas fautive de cette mort absurde et injuste ? J'avais espéré qu'avec le temps nous aurions pu nous revoir sans danger, en vieux complices prenant plaisir à évoquer ce qui nous avait rapprochés. Je maîtrisai ma douleur et murmurai :

– J'ai perdu l'un de mes serviteurs les plus dévoués.

Le devoir d'une reine est de ne rien montrer de ce qui l'agite. Bonheurs, tempêtes ou chagrins, je les comprimais au fond de moi et ne m'épanchais que dans la solitude de mes cabinets particuliers ou de mon oratoire. Ces deuils successifs troublaient ma conscience. Responsable ? Coupable ? J'en perdais la tête et surmontais l'immense tristesse en me pliant à mes obligations sans rien changer à mes habitudes. Dîner en public, cavagnole, souper chez mes amis Luynes ou chez moi, offrant à mes familiers l'humeur égale qu'ils me connaissaient. La routine quotidienne m'empêchait de sombrer dans le trou noir de mes pensées. S'ouvrir aux autres était bien le seul remède pour survivre à ses propres misères.

Louis eut alors pour moi des prévenances inattendues qui m'étonnèrent et je m'enivrai de ce baume sur mon cœur meurtri. Il fut sensible à ma peine et s'inquiéta de ma santé qui s'était altérée. Tant d'émotions répétées avaient précipité cette révolution physiologique que subissent les femmes de mon âge lorsque les cycles s'interrompent et que le corps doit trouver de nouveaux rythmes. Il m'invita à Choisy et s'occupa de moi avec tendresse, veillant à me procurer tout ce que je pouvais souhaiter pour me rétablir et recouvrer mon entrain. Il revint aussitôt lorsque

Louis me fit la surprise de me montrer les portraits de mes filles de Fontevrault. Sur son ordre, Nattier s'était rendu à l'abbaye pour les peindre en secret.

– Vous m'offrez le plus doux des bonheurs, dis-je en baisant sa main. Victoire et Sophie sont vraiment belles. Louise, la petite dernière, a une physionomie singulière.

– Vous les verrez bientôt, Marychna. L'aînée revient dans un an ; les deux autres suivront un peu plus tard.

– Attendre encore, soupirai-je.

Le temps était venu de rejoindre Fontainebleau pour les grandes chasses d'automne. J'en suivis une ou deux en calèche pour le plaisir d'écouter les fanfares royales et d'admirer les équipages somptueux dans la forêt martelée d'or et de cuivre. J'allais plus souvent me perdre au milieu des rochers, non pour leur conter mes tourments auxquels ils restaient sourds, mais pour apprendre au contact de leur dureté un peu de cette indifférence qui rend le cœur inaccessible aux tracasseries quotidiennes. Ainsi, je supportais mieux la présence de Mme de Pompadour qui ne manquait pas de me faire sa cour, assistait à mon jeu avec une déférence appuyée, et s'agitait beaucoup pour maintenir autour de Louis une atmosphère de divertissements sans cesse renouvelés.

Le retour à Versailles fut un soulagement. Je n'aimais plus Fontainebleau. Après Mme de Mailly, Mme de Châteauroux avait terni les heureux souvenirs des premières années. Dans la poussière du chemin, je vis soudain un homme lié et garrotté. Traîné par des gens d'armes, il criait à fendre l'âme.

– Arrêtez, dis-je. Qui est-il et qu'a-t-il fait ?

– Un déserteur, Madame. On l'emmène à Lyon où il aura la tête cassée suivant les ordonnances.

Bouleversée, je cherchai de quoi écrire. Je n'avais ni plume ni encre, mais trouvai un crayon et un bout de papier sur lequel je demandai à Louis la grâce du soldat malheureux et terminai par ces mots :

« La miséricorde des rois est de rendre la justice, mais la justice des reines est d'exercer la miséricorde [1]. »

La lettre, fermée par des épingles, faute de mieux, fut expédiée à Fontainebleau où le souverain s'était attardé, et je sus bientôt que mon protégé ne mourrait point. Une fois de plus, Louis m'avait écoutée et me prouvait son estime autant que son attachement. Il était vraiment charmant, et j'étais trop contente pour ne pas en remercier le Ciel. Je l'aimais comme au premier jour, et il ne m'avait pas abandonnée. Dans son cœur, j'avais toujours ma place, et ne doutais plus de la garder car je lui avais donné une famille qui serait bientôt réunie dans « ce pays-ci ». Mon horizon était clair désormais : consolider le foyer qui le ramènerait de ces escapades dont il finirait par se lasser.

Je repris mes habitudes. L'étiquette imposait chaque jour cette discipline qui rend les monarques esclaves et sans laquelle les courtisans n'ont plus de respect. Pour le prestige de la monarchie, il était de mon devoir de m'y plier. Surtout lorsque Louis disparaissait afin d'échapper aux quémandeurs qui le poursuivaient de leurs flatteries. Alors la reine jouait son rôle et maintenait la pompe de Versailles. En marge de cette vie officielle que je considérais comme fai-

1. Authentique.

sant partie des obligations de mon état, je m'étais organisé une autre vie dans la simplicité de mon particulier. Si Louis aimait les chasses, les voyages et le tourbillon de ses intimes, j'avais aussi des activités secrètes qui protégeaient mon indépendance. Elles me permettraient, au fil des années, de trouver mon chemin dans les bouleversements qui se préparaient, et de ne jamais perdre espoir tant que je pouvais me rendre utile.

Une ponctualité parfaite régentait l'emploi de mes journées et m'assurait de longs temps de liberté pour mes loisirs favoris. Je me levais tôt pour assister à la première messe en manteau de chambre. La Chapelle était presque vide à cette heure matinale, plus propice au dialogue avec le Seigneur. Dans le silence et le recueillement, les prières montaient mieux et mon âme recevait les paroles de miséricorde qui la fortifiaient jusqu'au lendemain. Je regagnais mon lit pour y déjeuner d'une tasse de chocolat et lire quelques pages de l'Écriture, ainsi que les relations de nos missionnaires en Chine ou la vie d'un grand mystique. En méditant sur leurs difficultés, j'acceptais les miennes et trouvais le moyen de les vaincre avec confiance et sérénité. Moment sacré d'intimité avec ma conscience avant de me laisser prendre par le tourbillon de la représentation : visite du médecin, cérémonie du lever et celle de la toilette en présence d'une quantité de gens qui avaient le privilège d'y assister. En grand habit, j'allais saluer Louis dans la chambre d'apparat de son bisaïeul, avant de retourner à la Chapelle pour assister à la grand-messe en présence d'une foule de courtisans. Puis venait le dîner en public, servi par mes dames.

Je passais ensuite dans mon salon privé pour y faire un brin de conversation avec quelques intimes, et m'éclipsais bien vite pour me débarrasser de mes paniers. En soupirant de bonheur, je m'habillais d'une robe souple et me coiffais d'une marmotte sur un bonnet de dentelle, comme une simple particulière ayant passé l'âge du rouge. Je m'enfermais alors dans mon « laboratoire » où nul n'avait le droit de me déranger pendant deux longues heures.

Cette grande pièce, aménagée selon mes instructions, venait d'être terminée. Elle était mon véritable royaume, mon refuge, mon nid. Une sorte de « chez-moi » où j'avais entassé les accessoires de mes occupations favorites : clavecin, guitare, table à dessiner, rouet muni d'une quenouille, métiers à tisser et à broder, une imprimerie... Des objets de toutes sortes encombraient les guéridons, abandonnés ici et là au gré de mes rêves ou de mes fantaisies. Sur les murs, entre les bibliothèques où s'empilaient des centaines d'ouvrages, étaient les portraits de mes parents et ceux de mes enfants à des âges divers. Les disparus n'étaient pas oubliés. A ma demande, Charles Coypel avait peint Madame Troisième montant au ciel et une apothéose du duc d'Anjou parmi les fresques religieuses de mon oratoire. J'adorais la peinture et j'avais appelé les meilleurs artistes de la Cour pour décorer les nombreux cabinets de mes appartements, ceux du Dauphin et ceux de mes filles dans l'Aile des Princes. Après Pierre Gobert, j'avais vu travailler Carl Van Loo, Boucher, Nattier, Natoire, Vien et bien d'autres qui exécutaient mes commandes. J'en étais arrivée à vouloir moi aussi manier les pinceaux et j'avais choisi d'être guidée par Oudry que j'appelais mon « teinturier ».

Dans ce décor sans ordre et sans rigueur, j'étais à mon aise pour faire ce que je voulais, sans contrainte et sans témoin. Je m'y retrouvais dans la simplicité qui m'était chère, celle que j'avais apprise à Wissembourg entre ma mère et ma grand-mère, celle qui me permettait d'être moi-même, loin des bruits et des fureurs d'une Cour versatile. C'est là que je recevais mes agents de charité, modestes paysannes et vieux curés de campagne dont j'écoutais attentivement les rapports. C'est là aussi que je m'entretenais, en toute liberté, avec les personnes de mon choix qui savaient feindre d'oublier que j'étais la reine et ne craignaient pas de me contredire sur l'évolution du monde ou les fondements de la Religion. J'aimais ces joutes qui aiguisaient mon esprit et me tenaient en alerte devant les progrès d'une certaine philosophie.

Jour après jour, je dévorais les livres d'histoire, écrivais des quantités de lettres, touchais le clavecin ou brodais une nappe d'autel. Sur le chevalet était un paysage que je reprenais sans fin. Il me tardait de le réussir pour l'offrir à Louis. Il m'arrivait aussi de ne rien faire et d'écouter le silence dans cette solitude familière qui me consolidait dans ma vérité. Mais les heures passaient trop vite. Après une promenade dans le parc, une visite dans les serres où j'herborisais, la vie de Cour reprenait à six heures et je me harnachais de mes paniers sous le grand habit pour mon cavagnole quotidien dans le Salon de la Paix, où mes filles venaient me rejoindre au milieu des habitués de mon cercle. Puis venait le souper en « grand couvert », ou chez moi en compagnie de quelques intimes.

Pendant ce temps, Mme de Pompadour révolutionnait Versailles avec son « Théâtre des Petits

Appartements », et les gens de la Cour ne pensaient plus qu'à donner la réplique à la favorite afin d'être admis au petit souper qui suivait le spectacle dans les Cabinets du roi. Les familiers de la chasse qui avaient ce privilège après le débotté se voyaient sacrifiés aux courtisans comédiens. Et l'on entendit grogner ceux qui n'avaient pas de talent. Il est vrai que la marquise en avait. Louis m'invita un jour à son spectacle et je l'ai admirée. Elle jouait, dansait, chantait avec l'aisance d'une artiste chevronnée. Son succès réveilla les jalousies, on persifla de nouveau, des épigrammes cruelles circulèrent et Maurepas reprit sa plume pour composer des « Poissonnades » sans se douter qu'un jour il en paierait le prix. Pour l'heure, elles n'étaient pas bien méchantes, et il nous faisait rire à bon compte.

La paix d'Aix-la-Chapelle fut signée au début de l'automne 1748. Un vent de mécontentement souffla sur le royaume. Louis avait rendu tous les territoires conquis en Flandres. Nous n'avions rien gagné que des morts et des familles décimées. On s'était battu « pour le roi de Prusse » qui avait gardé la Silésie et se voyait récompensé de son audace. Dans mon cercle, on maîtrisait mal les commentaires malgré les explications du comte d'Argenson :

– Sa Majesté a eu pitié de ses peuples. La possession de la Flandre nous promettait d'autres guerres avec l'Angleterre.

– La paix d'avant eût mieux valu que celle qui vient, dis-je, laconique.

– Le roi aurait dû rester sur le mont Pagnotte, répliqua Maurepas.

Mme de Vintimille était passée par là, et je fermais

les yeux pour la chasser de ma mémoire, ainsi que Mme de Châteauroux et les horribles souvenirs de Metz. Une guerre absurde, certes, mais au bout du compte, elle m'apportait une joie inattendue. Mon gendre, l'Infant Don Philippe, ayant reçu le duché de Parme et Guastalla, ma fille aînée Élisabeth avait décidé de passer par Versailles avant de rejoindre son nouveau pays.

L'année se termina dans les retrouvailles. Victoire revint de Fontevrault ; puis ce fut l'arrivée de « Babet » avec une Isabelita âgée de sept ans qu'elle poussa dans mes bras, et la famille se réunit dans mon Grand Cabinet sous l'œil attendri de Louis. Je contemplais leurs visages rayonnant d'amour et d'allégresse, et remerciais Dieu de ce bonheur inestimable qu'il m'accordait pour me faire oublier les deuils et les chagrins. Une inquiétude subsistait, cependant. La Dauphine n'annonçait rien et l'on craignait qu'elle ne fût stérile. Je me souvenais de mes problèmes pendant les deux premières années de mon mariage. Je me désespérais alors de voir que tout partait en lessives. Forte de mon expérience, je l'entourai de ma tendresse et suggérai une cure à Forges-les-Eaux plus tonifiante que les truffes ou les huîtres. Louis convoqua les meilleurs médecins de Paris qui approuvèrent. Quelques mois plus tard, Marie-Josèphe était grosse, et le Dauphin, comme son père, soulagé.

Les problèmes dynastiques intéressaient peu la Cour. La marquise mobilisait l'attention générale. Sa passion du théâtre s'était doublée d'une folie de châteaux. Elle ne cessait d'en acheter et de les faire aménager sur le compte de la surintendance des Bâtiments. Elle dépensait sans compter, étalant un luxe qui choquait en ces temps où la guerre avait engendré tant de misères. La dette de l'État avait atteint des sommets, et le désordre régnait dans les finances où se produisaient des gaspillages scandaleux. La colère grondait dans les rues de Paris où le prix du pain avait augmenté, ainsi que les impôts, et l'on critiquait les dilapidations de la « gueuse du roi ».

Versailles s'inquiétait surtout de ne plus voir son monarque. La favorite l'entraînait dans un tourbillon de fêtes et de voyages d'un château l'autre. Son emprise grandissait et ses créatures se multipliaient dans les ministères jusqu'aux plus hautes fonctions. L'opposition leva ses boucliers en aiguisant ses flèches, et soudain retint son souffle en apprenant que la marquise était incommodée. Alors on ne parla plus que de sa santé. Elle semblait décliner et l'on s'en réjouissait.

– Le renvoi est proche, disait la duchesse de Lauraguais impatiente de la remplacer. La macreuse prend des excitants pour contenter son amant : chocolat vanillé, crème de céleri, pilules d'opium. Elle en crèvera.

J'en eus une peur horrible et j'avoue que la charité n'était pas le seul motif. Malgré tous les griefs, je n'avais qu'à me louer de cette maîtresse qui m'avait respectée et n'avait pas monté Louis contre moi. Que ferait la sœur de Mme de Châteauroux si par malheur elle lui succédait ? Les filles du marquis de Nesles continuaient de me hanter.

– Une simple fausse couche, me dit le duc de Luynes pour me rassurer.

Mme de Pompadour eut d'autres indispositions.

Épigrammes et quatrains féroces circulèrent de couloirs en salons. Qui en était l'auteur ? La marquise hurla sa colère en accusant Maurepas, et le roi indigné signa la disgrâce. Le comte d'Argenson fut chargé de remettre la lettre et m'avoua tristement :

– Il n'était pas coupable. Richelieu a tramé ce coup pour l'abattre.

– Il va nous manquer, soupirai-je.

Au début de l'année 1750, Mme de Pompadour eut une forte fièvre et fut saignée. La poitrine était menacée et on lui fit boire du lait d'ânesse. Elle avait une énergie peu commune et s'en remit, mais la Faculté lui conseilla de se ménager. Dans la vie comme sur la scène, il faut changer de costume et modifier le décor. Alors, en bonne comédienne, elle offrit à la Cour stupéfaite un coup de théâtre à sa façon. Annonçant qu'elle ne serait désormais qu'une amie pour le roi, elle quitta le second étage pour s'installer au rez-de-chaussée, dans l'ancien appartement du comte de Toulouse. Toutes les dames furent en émoi. La place de maîtresse était à prendre, et l'on vit renaître l'espoir de chasser la marquise. En vain. Elle monta la garde et les tentatives échouèrent.

Comme chaque année avant l'été, mon père vint me distraire. Ses histoires me faisaient rire, mais je fus un peu irritée de savoir que depuis la mort de ma mère, il se dissipait à Lunéville au milieu d'une cour d'artistes, de poètes et de philosophes libertins. Il hébergeait Voltaire et sa maîtresse. Lui-même en avait une ou peut-être deux.

– Vous vivez dans le péché et vous me faites honte, lui dis-je sur un ton offensé. Vous devez vous remarier.

Il prit un air étonné quand je lui parlai de la princesse de la Roche-sur-Yon, âgée de trente-deux ans. Il partit d'un grand rire sonore et faillit s'en étouffer :

– Mareszka, mon cher cœur, vous êtes folle. Je pourrais être son grand-père. Je vois bien que l'esprit galope, et le jugement ne va que le pas.

Nous eûmes quelques éclats de voix, mais la bouderie ne dura pas. Il voulait voir ses petits-enfants qui avaient grandi et taquinèrent leur « Papinio » comme autrefois. On lui servit ses plats favoris et le café qu'il aimait. Il regagna Lunéville, ému et ravi, promettant d'écrire et de revenir. J'étais déçue qu'il ne restât plus longtemps afin d'assister à la délivrance de la Dauphine.

Louis partit pour Compiègne et je m'empressai de le suivre. Pendant qu'il chassait et se divertissait, je passais mes journées dans le couvent des Carmélites où j'avais une cellule. J'y abandonnais mes atours de reine et m'habillais de la robe monacale pour me joindre aux sœurs derrière la grille du cloître. Loin des fastes de la Cour et de ses intrigues, je me dépouillais de l'accessoire pour n'être que l'humble servante du Seigneur. Avec quelle ferveur je lui demandais pour mon fils l'enfant mâle qu'Il m'avait tant de fois refusé. Je priais aussi pour notre famille et le salut de Louis.

Au milieu d'août 1750, la Dauphine mit au monde une fille qui nous fit oublier la perte de la première Petite Madame disparue peu après la mort de l'Infante. Le Dauphin en avait été bouleversé. L'arrivée de Marie-Zéphyrine le consola et nous permit d'espérer un héritier.

– Prenons rendez-vous pour l'année prochaine, dit Louis. Ce sera un garçon !

Les propos m'amusèrent. Combien de fois les avais-je entendus ? L'Histoire semblait se répéter. L'automne m'apporta d'autres joies. Mes benjamines restées à Fontevrault étaient annoncées, et c'est à Fontainebleau qu'elles devaient nous rejoindre. Nul besoin de me faire violence pour m'y rendre. L'impatience de serrer sur mon cœur ce qui m'avait été arraché douze ans plus tôt, chassait les aigreurs et les mélancolies.

Louis était allé à leur rencontre avec le Dauphin et Victoire, et je les accueillis dans la Cour carrée, en haut de l'escalier du Fer à cheval, en compagnie de mes deux aînées. Je les reconnus aussitôt grâce aux portraits de Nattier. Un flot de larmes inonda mes joues lorsque je pus enfin les embrasser. Sophie, grande, belle, un peu timide, et ma petite Louise au regard tendre, aussi fine qu'une porcelaine. Je regardais une à une toutes ces filles dont la naissance m'avait tant déçue. Je ne les regrettais pas. J'étais fière de mes jolies princesses qui ressemblaient à leur père et ne manquaient ni de charme ni d'élégance. Elles avaient l'esprit vif, la langue agile et promettaient de nous divertir de concerts improvisés pour nous montrer leurs talents de virtuoses. Basse de viole, clavecin, violon, flûte ou guitare n'avaient pour elles aucun secret, et le Dauphin accompagnait de son étonnante voix de basse le puissant contralto d'Adélaïde ou le soprano cristallin de « Pepa », lorsqu'elles entonnaient une aria ou un motet. Louis, subjugué, riait de bonheur, allant de l'une à l'autre pour les enlacer. Henriette, Adélaïde, Victoire, Sophie, Louise, mon fils, sa femme et le bébé... Notre famille existait. Elie n'avait pas fini de s'agrandir.

A la fin de janvier 1751, « Babet » nous annonçait la naissance d'un petit Don Ferdinand, né à Parme. Une Doña Luisa le suivra peu avant Noël. Mais au mois de septembre, comme Louis l'avait prédit l'année précédente, un petit duc de Bourgogne arriva sans crier gare, au beau milieu de la nuit, provoquant une gigantesque confusion dans les galeries de Versailles. Les gardes couraient de tous côtés en criant, et ce fut une folie. Le Dauphin embrassait tout le monde. Louis en défaillit de joie. Il offrit des diamants à la Dauphine, ordonna aussitôt des remises d'impôts et supprima les réjouissances prévues par la Ville, déclarant que la dépense servirait à doter des centaines de jeunes filles pauvres.

Dans son lit, Marie-Josèphe rayonnait d'une béatitude que je reconnaissais, celle que j'avais éprouvée vingt-deux ans plus tôt lorsque j'avais donné un héritier au roi de France. Comme ce jour-là, Louis me serra dans ses bras et je lus dans ses yeux embués la vive émotion qu'il ne pouvait exprimer. Mon cœur tressaillit, et je crus en cet instant que le bonheur était revenu.

Ce ne fut qu'un répit. Un rayon de soleil avant d'autres orages.

XVIII

DEPUIS le retour de mes benjamines, un vent de jeunesse et de gaieté soufflait de l'Aile des Princes vers mes appartements. Une euphorie toute particulière s'était emparée de moi et me faisait oublier que j'allais sur mes cinquante ans. Je ne voyais plus mes cheveux blancs et ne pensais plus aux crampes qui alourdissaient mes jambes rouillées. J'avais retrouvé mon âme de jeune fille et vibrais de mille projets. Des flots de musique traversaient nos portes du matin au soir. A mes concerts s'étaient ajoutés ceux de mes enfants-virtuoses, et dans le secret de mon « laboratoire » je m'étais remise à chanter en jouant de la guitare pour surprendre les miens dans nos réunions après souper. Ces moments bénis furent les plus beaux de ma vie de mère. Trop parfaits pour durer. Ils reviendront dans ma mémoire pour adoucir les heures sombres en les éclairant de mille souvenirs.

Le froid de l'hiver 1752 figea nos rires et mit un coup d'arrêt à notre bonheur. Au début de février, Henriette dut s'aliter. La fièvre était forte, et redoubla après une saignée. Les meilleurs médecins furent convoqués pour essayer de la sauver : Dumoulin, Quesnay, Sénac... Ils parlèrent de fluxion de poitrine, puis de fièvre putride, ordonnèrent de la racine de pensée sauvage, du fumeterre, puis de l'émétique. En vain. Au bout de cinq jours, ils se déclarèrent impuissants. La toux empirait. Ma fille crachait le sang. Elle demanda le Saint Viatique et nous fit ses adieux.

– Je l'ai voulu ainsi parce que je vous aime, dit-elle en regardant son père.

Tournant ses yeux vers moi, elle ajouta :

– Je ne crains rien, le Seigneur est avec moi.

Elle s'endormit d'un air apaisé et mourut le lendemain matin avant que nous ayons pu la revoir. J'étais auprès de Louis, avec les autres enfants, lorsqu'on vint nous annoncer la nouvelle. Il s'affaissa, le visage défait. Je pris sa main pour partager sa douleur et ne pas sombrer dans le désespoir. Henriette n'avait que vingt-quatre ans.

– Elle était ma lumière, soupirai-je.

– Elle était ma douceur, murmura Louis.

Il nous emmena à Trianon, dont il ne sortit que pour les Conseils, et s'enferma dans son chagrin. Dans mes appartements, je rassemblai mes filles brisées. Victoire et Sophie pleuraient en silence. Louise, prostrée, ne cessait de répéter :

– C'était une sainte. Elle sera mon exemple.

– Elle s'est laissé mourir, gémissait Adélaïde, et je n'ai rien dit.

Elle m'avoua que l'hémoptysie s'était déclarée au début de l'hiver. Au cours d'une promenade en traîneau, Henriette avait eu une forte crise de toux et n'avait pu dissimuler son mouchoir taché de rouge. Elle avait expliqué à sa sœur qu'elle cachait son mal depuis longtemps, offrant ses souffrances pour le salut de son père qui n'avait pas fait son jubilé et s'enfonçait dans le péché.

– J'avais juré de garder le secret, conclut-elle en s'effondrant.

– Nous sommes tous couverts de honte, déclara le Dauphin. Henriette en est morte. Il est temps d'intervenir. Un roi chrétien n'a pas de maîtresse. C'est une infamie.

– Un chrétien ne juge pas, répliquai-je aussitôt. La poutre et la paille, la femme adultère. Qu'a dit Jésus ?

– Allons-nous assister à la déchéance sans rien faire ?

– Il est votre père et vous devez l'aimer.

J'essuyai mes larmes et repris mon souffle :

– La réprobation ne le changera pas, bien au contraire. Il s'éloignera et se durcira. L'amour est le langage du silence. Aimez-le et vous l'aiderez à se ressaisir.

Comme les enfants, j'avais espéré que Louis ferait son jubilé avant Noël. La France entière avait suivi les cérémonies avec une ferveur particulière afin de gagner les indulgences qui ouvraient les portes du paradis. Le roi aurait dû être à Notre-Dame avec la reine, ses enfants et la Cour qui respectait encore la religion. Mais le confesseur intransigeant avait refusé de l'absoudre si la favorite ne s'éloignait pas de

Versailles. Louis avait hésité, puis s'était abstenu. Le souverain était soucieux de son indépendance, et le croyant qu'il restait au fond de lui-même s'interdisait le jeu de l'hypocrisie. Il avait préféré s'abstenir des sacrements plutôt que de les profaner. Certes, la marquise n'était plus sa maîtresse, mais il y avait dans le Parc-aux-Cerfs une petite maison où elle lui organisait fort discrètement les galanteries nécessaires à ses ardeurs.

La mort d'Henriette qu'il adorait le plongea dans une nouvelle crise de conscience, dialogue difficile à la recherche d'une vérité qu'il essaya de trouver au cœur des forêts où l'emportaient ses galops fous. Pour moi, tout était clair. La vie du chrétien est une croix qu'il doit porter jusqu'à son dernier souffle, sans jamais se plaindre de ses souffrances. Que sont-elles, comparées au sacrifice divin qui lui assure le pardon ? Une fois de plus, avec ce deuil cruel qui m'arrachait une partie de moi-même, je buvais un calice amer et l'offrais au Seigneur en l'assurant de mon obéissance. Cela aussi, je l'avais appris au cours des multiples épreuves. On les supportait mieux en les acceptant qu'en se révoltant. Dieu finissait toujours par atténuer la brûlure des épines.

Les obligations de la Cour nous ramenèrent à Versailles. Il ne fut pas aisé d'apprivoiser le vide de l'absence. Le souvenir d'Henriette surgissait dans chaque pièce, à tous moments. Mais Louis eut des attentions pour ses enfants. Adélaïde, qui prenait le titre de « Madame », fut installée à son étage, et entrait chez lui par le Cabinet doré. Les trois dernières emménagèrent au rez-de-chaussée, juste au-dessous de leur père qui venait les voir par un escalier dérobé. Ils déjeunaient ou dînaient ensemble. Une fois par semaine, le Dauphin et la Dauphine se joignaient à leurs sœurs, et Louis soupait avec eux dans une joyeuse intimité qui les rapprochait. Il leur montra son cabinet du Tour et son cabinet des sciences. Il les emmena à la chasse, dans ses petits voyages à Choisy ou à la Muette, et convoqua les meilleurs maîtres afin de développer leurs talents et leurs connaissances.

La Cour retrouva ses rites. Jeu, concerts, spectacles et « grands couverts ». Après les Conseils, Louis passait chez moi et me faisait la grâce de badiner un moment. Il s'attardait parfois pour parler des enfants et son sourire ensoleillait mes journées. La marquise s'empressa de le distraire en donnant des fêtes à Crécy, La Celle et dans son nouveau château de Bellevue. Elle y avait englouti des fortunes, sans se soucier de la misère qui se répandait dans le pays. Les chansonniers l'épinglèrent, et je fus consternée d'entendre que le souverain n'était pas épargné.

Au milieu de l'été, je crus que le Ciel allait nous frapper d'un nouveau coup, plus cruel encore. Au retour de Compiègne, le Dauphin tomba malade. Les symptômes étaient clairs, il avait la petite vérole. En ce temps de l'année, elle était redoutable. J'étais folle d'inquiétude ; mes filles ne vivaient plus et Louis abandonna tout, fêtes, plaisir, travail, pour veiller à la porte de son fils. Et dans Paris affolée, on se ruait en multitudes vers les églises pour réciter les prières des Quarante Heures. On se lamentait partout comme aux pires moments de Metz. La France tout entière craignait de perdre son Dauphin. Mais un matin, après une saignée, Dumoulin déclara que l'éruption se faisait comme il le souhaitait. Ma joie fut si forte que je lui sautai au cou et l'embrassai. Il n'y avait plus d'étiquette et chacun montrait son cœur au naturel. Un spécialiste appelé en renfort tira le roi par un bouton de sa veste en s'écriant :

– Je ne sais comment on vous appelle, Monsieur. Ayez courage, votre fils vous sera rendu.

Montrant la Dauphine, il ajouta :

– Vous avez là une garde-malade impayable.

Quand il sut qui elle était, il rougit de confusion et la félicita de son dévouement. « Pepa » fit tant et si bien qu'en peu de temps mon fils fut guéri, et la famille au grand complet se rendit à Notre-Dame pour un Te Deum solennel de remerciement. Au Seigneur ainsi qu'au peuple de Paris qui avait compati et prié. Les foules exultèrent de nous voir tous réunis et leurs clameurs vibraient dans les rues pavoisées. Je me disais que le roi était encore populaire, et que je pouvais lui être utile en multipliant mes efforts pour aider les malheureux.

Leur nombre augmentait et je m'affolais de l'ampleur du désastre dans les quartiers pauvres. Tout ce que j'avais accompli depuis vingt ans, mes réseaux du secours et les subventions répétées aux hôpitaux, dispensaires et couvents, me semblait un verre d'eau sur une plaine en feu. Soigner, nourrir et vêtir les démunis n'était pas suffisant. L'ignorance et l'oisiveté les menaient à la violence. Il était important à mon sens de leur permettre de s'instruire et d'être formés à un métier qui leur assurerait des ressources dans la dignité. Ma « Maison de l'Enfant Jésus », avec ses ateliers d'apprentissage pour jeunes filles et femmes abandonnées, avait été créée dans cet esprit.

Elle hébergeait déjà mille quatre cents pensionnaires et m'encourageait à voir plus grand. D'autres projets me trottaient dans la tête et je comptais sur notre séjour à Fontainebleau pour les mettre au point.

Élisabeth fit le voyage depuis son duché de Parme. La mort de sa jumelle et la maladie du Dauphin l'avaient profondément émue. Elle voulut nous témoigner son affection, et sa visite nous réconforta. Son esprit caustique aiguisa celui de son père. Sa présence énergique ranima l'humeur de son frère et de ses sœurs. Elle me permit surtout de supporter une autre épreuve que Louis m'infligea. Il avait accordé un brevet de duchesse à la marquise et je dus la recevoir pour sa prise de tabouret, rituel identique à celui de la présentation.

– La fille du commis Poisson vient de s'élever d'un autre degré, soupira le duc de Luynes ulcéré.

– Très haute et très puissante Dame, duchesse marquise de Pompadour, annonça ma dame d'honneur.

Cette consécration lui donnait les mêmes prérogatives qu'aux épouses des ducs et pairs. Elle avait désormais le droit de s'asseoir aux « grands couverts », à la toilette, aux audiences, cercles et dîners aussi bien chez le roi que chez moi, chez le Dauphin et chez mes filles. Elle était de toutes les cérémonies officielles comme un membre de la famille royale. La Cour étouffa de rage, mais on n'y pouvait rien. La favorite était inamovible et couvrait ses carrosses de la housse d'écarlate frappée de ses armoiries.

– Que nous réserve une telle ascension ? m'écriai-je.

Du sommet de sa puissance, Mme de Pompadour multiplia ses largesses, acheta d'autres châteaux, des hôtels et se fit construire des « Hermitages », nouveaux caprices qui entachaient ses innovations prestigieuses pour le renom de la France qu'étaient l'École Militaire et la Manufacture de Sèvres. Ses folies dispendieuses les faisaient presque oublier. Certes, les artistes ne manquaient pas de travail, les financiers s'enrichissaient, mais le Trésor se vidait. Pendant ce temps, le Parlement présentait des remontrances et refusait la réforme de l'impôt que proposait le roi afin d'éteindre la dette et assainir les finances : le vingtième applicable à tous les sujets, chacun selon ses biens. La Robe, tout comme le Clergé, s'accrochait à ses immunités fiscales, et la grogne emplissait les rues. Nul ne voulait payer les prodigalités de la Pompadour, « prêtresse de l'irréligion ».

L'air était lourd en cette fin de 1752, et le malaise s'amplifiait. Je redoutais la montée du scepticisme et de l'incrédulité qui allait se répandre au fil des années et bouleverser les croyances les plus ancrées. Au sein même de la Cour, la mode s'installait. On philosophait dans les salons autour des « maîtres à penser » que la marquise introduisait. L'avenir me faisait peur. Si le peuple en venait à mépriser les lois de Dieu, que ferait-il alors des lois de l'État ? Réfugiée dans mon « laboratoire », je pensais à tout cela et tremblais de ce que je pressentais. Je courais alors chez mon fils qui me rassurait par ses théories de fermeté, et me réjouissais de voir « Pepa » s'arrondir de formes prometteuses. Un autre garçon était nécessaire et je l'espérais de tout mon cœur.

Un petit duc d'Aquitaine vint au monde au début

de l'automne 1753. Il mourut six mois plus tard et je crus revivre l'angoisse et la détresse que j'avais éprouvées en perdant mon petit duc d'Anjou. La Dauphine était de nouveau enceinte et je ne cessais de prier, obsédée que j'étais d'assurer le trône de France d'une solide descendance. Dieu, dans sa clémence, nous envoya un duc de Berry bien joufflu. Un an plus tard, en 1755, il nous enlevait Marie-Zéphyrine âgée de cinq ans, et nous consolait d'un comte de Provence tonitruant. Dieu donnait et reprenait. Ainsi Il nous soumettait, et nous devions l'accepter car telle était Sa volonté. Du fond de mon âme, je L'implorais cependant de nous conserver nos trois jolis garçons.

Dans le même temps, la marquise perdit coup sur coup sa fille Alexandrine, puis son père. Elle pleura beaucoup et chercha le réconfort dans la prière. Devant une Cour émue de compassion, elle montra une piété fervente. Elle allait à la messe chaque jour, méditait dans la Chapelle, jeûnait, et ne mettait plus de rouge.

– Elle a décidé de vous imiter, me dit ma dame d'honneur. A ses familiers, elle a déclaré : « La reine est sans contredit la femme forte de l'Évangile. Je vois par son exemple que la vraie dévotion est bonne à quelque chose. »

Avec un hochement de tête plein d'ironie, je répliquai :

– Encore faut-il qu'elle soit soutenue par une vraie foi.

Quelques semaines plus tard, Mme de Pompadour demandait une place de dame du palais dans ma Maison. Avait-elle affiché la piété pour obtenir cette faveur ? A moins que, lassée du rôle de Montespan, elle eût décidé de jouer les Maintenon et devenir, avec le temps, une épouse morganatique ! Pour l'heure, je vivais encore, et elle avait un mari. Sur un ton sans appel, je répondis :

– La place en question exige un honneur sans équivoque. Je ne peux l'accorder à une excommuniée qui n'ose prétendre au bienfait de la communion de Pâques.

La duchesse-marquise était fine diplomate. Loin de s'emporter, elle consulta les lumières de l'Église et l'on vit dans ses appartements un ballet de soutanes appâtées par la perspective d'une conversion retentissante qui pourrait influencer un retour du roi dans le droit chemin. Docilement, pendant des mois, elle se soumit aux lectures, méditations, exercices de piété. Les abbés conciliants butèrent sur l'obstacle de la confession. Elle voulait l'absolution et rester à Versailles. On lui opposa le toit conjugal. Docile, elle écrivit à M. d'Étioles qui, sur son conseil, s'empressa de la rejeter. Elle joua fort bien le désespoir de la femme abandonnée ne sachant où aller. Le roi la consola et lui accorda la charge qu'elle souhaitait, justifiant du même coup sa position à la Cour qu'elle garderait jusqu'à sa mort. Le 7 février 1756, Louis me fit porter un billet par lequel il m'informait de cette nomination de « dame du palais en surnombre », et je lui répondis sur-le-champ :

« Sire,

« J'ai un roi au ciel qui me donne la force de souffrir mes maux, et un roi sur la terre à qui j'obéirai toujours. [1] »

Le dimanche suivant, après vêpres, Mme de Pom-

1. Authentique.

padour, parée d'une robe superbe, me fut présentée pour la troisième fois. Elle prit son service en assistant au souper, et ne parla plus de religion. Le calice de mon amertume était loin d'être vidé. La Cour pesta plus que jamais et le parti dévot se resserra autour du Dauphin qui se raidissait, choqué dans son amour filial et sa moralité. Mon chemin de croix ne faisait que commencer.

Tout se compliqua soudain, et Louis devint de plus en plus sombre. Nos alliances furent renversées, et je ne comprenais pas pourquoi la Prusse devenait notre ennemie et l'Autriche notre amie. De plus, on annonçait une guerre contre l'Angleterre qui menaçait nos colonies des Indes et du Canada. Pendant ce temps, à Paris, la Bulle *Unigenitus* opposait les Parlements à l'Église qui, pour se défendre contre les Jansénistes, inventa les billets de confession.

Très agité, Louis s'écria :

– Le Clergé se conduit de façon abusive, et les grandes robes veulent me mettre en tutelle. Le Régent a eu tort de leur rendre le droit de faire des remontrances. Elles finiront par perdre l'État.

Décidé à ne pas céder, il convoqua un lit de justice au cours duquel il ordonna que les affaires d'Église étaient du ressort des ecclésiastiques et que l'encyclique devait être enregistrée selon sa volonté. Les magistrats furieux démissionnèrent ou refusèrent de siéger et la justice cessa d'être rendue. Un vent de fronde souffla sur la capitale, semant l'aigreur et la colère.

Noël fut particulièrement glacé. Nous avions abandonné Versailles aux courants d'air gelés pour nous installer à Trianon où les pièces moins vastes étaient mieux chauffées. Le soir tombait en ce début de janvier 1757. Un souper en « grand couvert » était prévu pour fêter les Rois, et j'attendais Louis au coin du feu, entourée de mes filles et de mes petits-enfants : le duc de Bourgogne, âgé de six ans, espiègle et tendre, le duc de Berry, calme et pensif, et le comte de Provence qui gazouillait. Des bruits de pas précipités dans les couloirs me firent sursauter. La porte s'ouvrit brusquement, et le premier gentilhomme de Louis déclara :

– Sa Majesté a eu un malaise, Madame. Il vous demande.

Dès les premiers mots, je m'étais levée et réclamais une mante fourrée ainsi que mon carrosse. Mes filles firent de même. Mon cœur s'affolait et la tête me tournait. Louis devait être au plus mal pour me vouloir aussi vite auprès de lui. Mon inquiétude s'accrut lorsque j'entrai dans le château en révolution où des valets porte-flambeaux couraient de tous côtés dans les galeries désertes. Ils cherchaient des menus meubles, du linge, de la vaisselle. Tout était parti à Trianon. Dans sa chambre, Louis gisait sur un matelas jeté sur le parquet maculé de sang. Je le crus mort et me serais effondrée s'il n'avait ouvert les yeux. Je m'approchai le cœur haletant et m'agenouillai près de lui :

– Je suis assassiné, dit-il en serrant ma main.

Je me penchai pour embrasser son front, sa joue et m'attardai dans le creux de son cou. Je reconnus son parfum de fougère et murmurai :

– Dieu vous sauvera, mon cher amour. Il vous a toujours sauvé.

Il eut un faible sourire et son regard se fit velours.

Le reste du monde n'existait plus. Je l'aimais à la folie et mourais de peur de le perdre. Un abbé fut amené à son chevet et l'assistance se retira. Louis répétait qu'il était à l'agonie et voulait se confesser de toute urgence. Le médecin me rassura :

– La plaie n'est pas profonde. Si le couteau n'est pas empoisonné, il s'en remettra.

Saisie d'effroi, je me tournai vers le Dauphin qui me raconta avec beaucoup de sang-froid l'attentat contre son père auquel il venait d'assister :

– Il y eut une bousculade et le roi s'est écrié : « On vient de me donner un coup de poing ! » Un homme s'échappait, je l'ai rattrapé et j'ai entendu le roi qui s'exclamait : « Je suis blessé. C'est lui. Tenez-le bien, mais ne le tuez pas. » Les gardes ont saisi le coupable nommé Damiens, et j'ai soutenu mon père pour l'aider à remonter les escaliers.

Maîtrisant son émotion, mon fils avait suivi l'examen médical et put me tranquilliser sur des faits précis.

– N'ayez crainte, maman [1]. Ce n'était qu'un canif. La lame était courte. Elle a dévié dans l'épaisseur du manteau et n'a fait qu'une entaille. S'il y avait du poison, les vêtements l'ont absorbé.

– Que Dieu vous entende, soupirai-je.

– Je L'ai déjà remercié à la Chapelle.

Je compris d'où lui venait son calme et me sentis plus sereine. On m'annonça que Louis me rappelait.

– Marychna, murmura-t-il, je vous demande pardon des outrages que je vous ai infligés.

1. Les Enfants de France disaient « maman » à la reine et « papa » au roi, comme le faisait Marie avec ses propres parents.

A ses filles et à la Dauphine en pleurs, il déclara :

– Je regrette de tout cœur les scandales dont vous avez été les témoins.

Puis, il ajouta d'une voix plus forte en désignant le Dauphin :

– Messieurs, je suis heureux de penser que le royaume aura désormais un bon maître.

Les scènes de Metz se répétaient. Il demanda l'extrême-onction mais il n'y avait point de cardinal pour la lui administrer. On eut beau lui dire que la blessure était sans gravité, il répondit :

– Plus que vous ne le croyez, car elle va jusqu'au cœur !

Il eut de longs entretiens avec son confesseur, et je m'installai près de lui tant que dura sa convalescence, l'entourant de ma tendresse comme je l'avais toujours fait lorsqu'il était malade. Il médita longuement sur cet accident qui le bouleversait dans ses convictions, et me terrifiait par sa brutalité. Était-il si coupable à l'égard de son peuple pour que l'un de ses sujets ait tenté de le tuer ? Qui était derrière Damiens ? Qui avait donné les trente louis cachés dans son chapeau ? On soupçonna une conspiration, et l'on accusa les Jésuites, les Jansénistes, puis les Parlements. Paris, frappée de stupeur, oublia ses activités pour emplir les églises. L'archevêque ordonna les prières de Quarante Heures et les délégations affluèrent à Versailles. Tout le monde était consterné jusque dans les Cours étrangères qui dépêchèrent des courriers pour demander des nouvelles du roi de France et jeter l'opprobre sur le « monstre » qui avait frappé « l'Oint du Seigneur ».

Pendant ce temps, Louis ne parlait plus de Mme

de Pompadour, et semblait heureux en ma compagnie. Il réclamait ses filles qui s'ingéniaient à le distraire, et se montrait fort satisfait du Dauphin qui le remplaçait avec sagesse, étonnant les ministres par sa connaissance des problèmes et la justesse de son discernement. En tous points, il se conformait aux instructions de son père et lui présentait des rapports détaillés.

Dieu me comblait. Dans mes plus beaux rêves, je n'avais imaginé une entente aussi parfaite. La Cour s'interrogeait et les dévots, persuadés que le roi se maintiendrait sur la voie du repentir, se réjouissaient déjà du renvoi de la marquise.

– L'affaire est faite, me confia le comte d'Argenson que j'appelais toujours « Cadet ». Sa Majesté lui envoie le Garde des Sceaux Machault pour lui dire de s'en aller.

De toutes mes forces, j'espérais ce dénouement. Non par rancœur ou jalousie, mais pour la renommée de Louis et la dignité de notre monarchie. Le dénommé Damiens avait frappé pour nous avertir de l'ampleur du mécontentement. Le geste exalté de cet homme du peuple pouvait se répéter. Et je frémissais en imaginant ce qu'il adviendrait si une foule exacerbée venait manifester son hostilité en usant de violence.

Connaissant la versatilité de Louis et son goût de l'habitude, j'attendis avec prudence et ne fus pas surprise d'apprendre qu'il s'était rendu chez la marquise en catimini, vêtu de sa robe de chambre. La favorite avait eu la visite de Machault et s'était bien gardée de quitter la place. Quand elle vit le roi chancelant sur sa canne, elle eut les mots propres à lui fendre l'âme et réduire en poussière ses bonnes résolutions. Elle triompha, prit sa revanche et les têtes tombèrent. Machault fut exilé le premier, le comte d'Argenson peu après. Deux ministres compétents qui étaient de mes amis. Elle les fit remplacer par des hommes qui partageaient ses idées : l'abbé de Bernis, le duc de Choiseul, et quelques autres. Dans ses appartements, elle reçut la politique et la finance, donna des audiences et l'on raconta qu'elle gouvernait la France. En vérité, Louis se servait d'elle pour savoir et faire savoir. Elle n'était qu'un agent charmant qui l'amusait. Pour les choses sérieuses, il avait un « Secret » auquel elle n'avait pas accès. Quant aux affaires de l'État, il y travaillait seul chaque nuit dans le silence de ses petits cabinets, entre son chat angora et sa machine à café. Adélaïde, qui vivait près de lui, en était fascinée.

Tout recommença comme avant. Pendant que la marquise jouait la puissance, je maintenais l'unité de notre famille qui prenait plus d'importance dans la vie de Louis. Chaque semaine, en effet, un souper en « grand couvert » nous réunissait autour d'une même table avec les enfants et petits-enfants, sous les yeux du public qui s'extasiait du spectacle réconfortant que nous offrions. Je n'en étais pas peu fière, mais nul ne savait quelle joie immense j'éprouvais au tréfonds de moi-même : le Parc-aux-Cerfs était fermé. Les nombreuses confessions avaient obtenu cette concession. Et les chasses devinrent quotidiennes pour le roi. Elles le conservaient en bonne santé et lui permettaient de se rompre le corps. Je me disais qu'avec le temps les ardeurs s'estomperaient, et qu'il reviendrait de lui-même chercher la tranquillité au milieu des siens et gagner peu à peu la paix de l'âme. Cette pensée chauffait mon cœur, et je ne doutais pas que le Seigneur nous aiderait.

Dans la régularité de mes journées, minutées par l'étiquette et les cérémonies, je retrouvais le cercle de mes familiers, toujours les mêmes, auxquels je m'étais attachée, et que je voyais fléchir peu à peu sous le poids des années. Ils m'entouraient de leur confiance et de leur amitié, sans autre intérêt que de partager mes bonheurs et mes peines, ma foi profonde et mes craintes devant les remous qui agitaient le royaume.

Le régicide fut écartelé, et le ciel continua de s'obscurcir. Dès le printemps, la guerre recommençait. Contre la Prusse alliée de l'Angleterre. Je suivais les nouvelles avec une angoisse terrible. Sans le roi à leur tête, les armées montraient moins de pugnacité. Il y eut une victoire à Hastembeck, une autre à Closterseven, et puis ce fut la reculade des armées de Soubise jusqu'au désastre de Rossbach. Nos meilleurs officiers tués, et dix mille hommes massacrés. Tout cela était affreux. La colère grondait ; les Parlements se soulevaient et convoquaient les pairs ; la Cour pleurait ses morts et blâmait la marquise qui avait soutenu le maréchal incapable.

– Quand verrons-nous la fin de tout cela ? me lamentais-je. Que Dieu nous donne la paix !

Que de fois je tournais en rond dans mon « laboratoire », cherchant désespérément ce qu'il m'était encore possible de faire. Je n'étais ni ministre ni maréchal, encore moins une favorite, et devais laisser au roi le soin de décider. Lorsque la prière ne calmait pas mes angoisses, je passais mes nerfs sur le clavecin, une tapisserie ou devant le chevalet à peindre une Sainte Geneviève qui avait su se faire entendre de Dieu pour tenir tête aux Barbares.

La naissance du comte d'Artois, au début de l'automne, mit un peu de baume sur mon cœur en révolte. Avec quatre beaux garçons en pleine santé, le trône était assuré. Louis était heureux, et je l'étais aussi. « Pepa » avait réussi là où j'avais failli. L'arrivée d'Élisabeth augmenta notre joie et ce fut une longue embellie entre deux orages. La guerre reprit au printemps de 1758, sur terre et sur mer. Elle plongea la France dans une série de défaites et une misère plus grande. Avec l'aide de mes filles et de toutes mes dames, je convoquai des assemblées de charité, organisai des quêtes et intensifiai mes tournées dans les villages autour de Versailles, Compiègne ou Fontainebleau. Je me privai de mille superflus, réduisis les mises au jeu de cavagnole et me séparai de quelques pierreries dont la vente permit de sauver les affamés et les sans-abri. Je renonçai aussi à l'achat de ces figurines venues de Chine, en jade, ivoire ou pierre dure, dont je raffolais et que je collectionnais dans mon Cabinet chinois. Et lorsqu'un marchand frappait à ma porte pour me présenter les atours à la mode, je lui répondais :

– Je n'ai pas besoin de robes quand les pauvres n'ont pas de chemises [1].

La mort, une fois de plus, vint rôder dans les couloirs du château. Le vide, peu à peu, se creusa autour de moi.

---

1. Authentique.

XIX

TOUT commença fort sournoisement. Le duc de Luynes s'éteignit un matin, laissant ma dame d'honneur, son épouse, dans une profonde douleur. J'en fus moi-même très affligée. Ils étaient tous deux mes amis depuis près de trente ans. Familiers de mon cercle, ils avaient été les témoins de mes peines et m'avaient réconfortée tant de fois en me recevant à Versailles comme à Dampierre dans la simplicité que j'aimais. La duchesse eut le courage de conserver sa charge et je pus la consoler avec plus de chaleur pendant ses heures de service. Elle était plus âgée que moi et cette solitude subite lui pesait.

L'anniversaire du Dauphin vint à point pour secouer la tristesse. Au début de septembre 1759, il fêta ses trente ans et j'étais fière de contempler le bel homme que j'avais fait, entouré de ses quatre garçons. Un mois plus tard, la Dauphine mettait au monde une petite Clotilde ravissante, et je remerciai le Ciel de toutes ces joies. Elles furent de courte durée.

Après un séjour qu'elle n'avait cessé de prolonger, Élisabeth avait décidé de regagner Parme afin de passer Noël avec ses enfants. Elle s'apprêtait à partir lorsqu'une fièvre violente la saisit. J'en fus terrifiée et refusai de croire les médecins lorsqu'ils signalèrent les symptômes de la petite vérole. Le mal se confirma, mais je gardais un espoir. Mon fils en avait guéri. Au début de décembre, ma belle Infante rejoignit sa jumelle, et je m'effondrai dans les bras de Louis muet de chagrin. « Babet » avait trente-deux ans. Elle était sa préférée. Je me souvenais de son départ pour l'Espagne, après son mariage.

– C'est pour jamais ! criait-elle entre deux sanglots.

Elle était revenue et nous avait animés de sa verve gasconne qui nous faisait rire. J'avais admiré sa vivacité, son énergie, la passion qu'elle mettait en toutes choses lorsqu'il s'agissait de ses enfants et de son duché. Elle nous avait quittés, et cette fois, c'était bien « pour jamais ».

Quelques mois plus tard, notre duc de Bourgogne tombait malade à son tour. Une fièvre lente causée par une humeur scorbutique qui le rongeait à petit feu. Il se mit à dépérir et sa jambe s'atrophia de jour en jour. Un chirurgien déclara qu'il faudrait la couper. « Pepa » poussa un hurlement et s'effondra dans mes bras. Le Dauphin se jeta sur le lit de son fils et Louis crut devenir fou. Notre « chou d'amour » nous regardait de ses grands yeux mélancoliques et nous consolait en disant qu'il ne souffrirait plus. Avant d'en arriver là, l'impossible fut tenté, et nous espérions beaucoup d'une cure à Barèges qui se révéla sans effet. Notre petit-fils mourut au mois de mars 1761. Il allait sur ses dix ans. Louis m'enlaça et pleura longtemps, mêlant ses larmes aux miennes. Je ne comprenais pas pourquoi le Seigneur nous accablait ainsi, mais je m'inclinais comme Abraham et continuais de prier.

– Il faut vouloir ce que Dieu veut, soupirai-je, résignée.

Dans le regard de Louis, je lus la souffrance et la peur de vivre le drame de son bisaïeul qui avait vu disparaître toute sa famille. Une même douleur, une même hantise nous rapprochaient. Les années de passion ne pouvaient s'oublier. Après les années d'indifférence, la tendresse était toujours là, et nous avions encore bien des choses à partager.

D'autres deuils me touchèrent. Dans mes amitiés, cette fois. Je perdis successivement la duchesse d'Orléans, la princesse de Conti, ma chère duchesse de Luynes et quelques autres personnes auxquelles je m'étais liée en arrivant dans ce château. Le cercle de mes intimes s'amenuisait et ma gorge se serrait. Mon passé s'en allait avec tous ces témoins qui n'étaient plus là pour en parler. Je me rapprochais de ceux qui restaient encore, anxieuse de protéger autant que je le pourrais ce monde que nous représentions et qui bientôt ne serait plus.

Je le sentais menacé jour après jour, d'autant qu'une affaire grave divisait la Cour et la Ville : le procès intenté par un négociant de Marseille contre la Compagnie de Jésus pour des affaires financières aux Antilles. Les Jésuites condamnés en première instance en avaient appelé au Parlement de Paris qui ne fit rien pour les sauver, bien au contraire. Après deux années de plaidoiries qui envenimèrent le cas et le présentèrent comme un scandale, le verdict venait de tomber : la « Société » était supprimée et toutes les écoles fermées. Louis l'avait sacrifiée à l'équilibre du royaume. Pour sauver cet ordre que j'admirais, j'étais sortie de ma réserve en intervenant auprès de Choiseul. Jusqu'au bout, j'avais espéré un miracle ; mais le ministre s'était bien gardé d'être « mon saint », comme je l'en avais supplié. Soutenu par la marquise, il avait appuyé les Parlements. La brutalité du jugement me laissa désemparée. J'en fus bouleversée. Les Jansénistes et les philosophes avaient triomphé et je me demandais avec anxiété combien de temps encore la religion serait respectée.

– La loi de l'intérêt fera oublier la Loi de Dieu, dit le Dauphin. Alors toute idée du juste et de l'injuste, du bien et du mal, du vice et de la vertu, disparaîtra.

Devant son pessimisme, je m'efforçais de garder confiance.

– Tout va, non comme il plaît à Dieu, mais comme Il le permet. Et je crois en Sa miséricorde. L'ennemi ne peut triompher toujours.

Une véritable tempête souffla sur la France, à la Cour et dans notre famille en particulier. Du jour au lendemain, nous n'avions plus de confesseurs ni d'aumôniers, ni même de maîtres pour nos enfants. Ils étaient tous jésuites et donc chassés du royaume. Mon père en reçut un grand nombre dans son duché où la sentence de Paris ne les poursuivait pas. Ce fut ma consolation, mais je restais profondément choquée, ainsi que mes filles et le Dauphin, devant cet écroulement soudain de nos assises. Le monde vacillait autour de nous, et nous étions effrayés d'entendre bafouer ce qui était l'essence même de notre vie. Dans mon âme, une petite lumière se mourait.

Louis nous choisit des prêtres séculiers et chacun de nous usa de tempérance. Sur la mer déchaînée, j'eus peur de perdre mon cap et me plongeai dans les Écritures. Je méditais longuement dans mon « laboratoire » que j'appelais désormais ma « Thébaïde ». Cette affaire des Jésuites m'apparaissait comme une croisade contre la religion dont les Jansénistes du Parlement venaient de gagner la première bataille. En soldats du Christ, nous devions relever le gant. Je décidai alors d'opposer une digue à leurs idées nouvelles. Puisqu'ils avaient chassé des hommes précieux, utiles au maintien de la foi et à l'éducation de la jeunesse, j'allais construire des églises en l'honneur du Sacré-Cœur de Jésus, ainsi que des couvents pour des ordres enseignants pauvres qui seraient autant de bastions contre le scepticisme et l'hérésie. Je fis appel aux contributions de mon père, du Dauphin et de mes filles. Les cassettes se vidèrent et je vendis en secret d'autres pierreries. A Versailles, Saint-Germain-en-Laye, Paris, Moulins et Nancy, les travaux commencèrent. Défendre mon Dieu, c'était aussi répandre Ses bienfaits comme Il avait donné Son amour. « Ce que tu feras au plus petit d'entre les miens... » Je me remis à l'ouvrage et récoltai le moindre écu à distribuer. Louis ne savait rien, ou feignait d'ignorer. Son silence était pour moi une marque d'estime. Il me prouvait ainsi qu'il respectait mon indépendance et ma liberté.

A la fin d'octobre 1763, Auguste III vint à mourir.

J'étais à Fontainebleau lorsque j'appris la nouvelle. Louis s'en fut à Versailles pour consoler la Dauphine qui était enceinte et je me désolais de ne pouvoir le suivre. Une déficience veineuse dans les jambes me faisait souffrir et m'empêchait de marcher. J'avais soixante ans et mon corps refusait parfois de m'obéir. Une lettre de mon père vint me distraire. La disparition d'Auguste réveillait ses vieux rêves et le trône de Pologne revenait le chatouiller. Je me disais que si on le rappelait, cela serait drôle. Mais il n'avait plus l'âge de ce genre de choses et j'oubliai en souriant ce petit picotement de ma fibre patriotique.

Quelques mois plus tard, ce fut le tour de Mme de Pompadour. Sa santé déclinait depuis quelque temps. Elle avait du mal à monter mon escalier et cherchait son souffle lorsqu'elle entrait chez moi pour son service. Au début d'avril 1764, elle eut une congestion pulmonaire qui ne laissa aucune espérance. Avant de rejoindre les ombres, elle fit appeler un confesseur et reçut les derniers sacrements. Elle s'éteignit au rez-de-chaussée du palais qu'elle n'avait pas eu la force de quitter, laissant à la postérité sa dernière folie, le château de Ménars où elle avait prévu de se retirer, ainsi que tous les autres qu'elle légua au roi dans le Trésor duquel elle avait tant puisé.

Je n'ai pas regretté la marquise. De toutes les favorites, elle fut à mon égard la plus aimable, mais sa pensée était à l'opposé de la mienne. Je lui reprochais d'avoir entaché la popularité de Louis par son luxe effréné, son irresponsabilité, et d'avoir introduit à la Cour la mode de l'incrédulité. Je la soupçonnais aussi d'avoir favorisé la chute des Jésuites qui n'avaient pas accepté ses compromis de conversion. Elle avait cru pouvoir jouer la comédie devant le Seigneur. Mais au seuil de la mort, elle s'était repentie, et je priai pour son salut. Louis fut affligé pendant quelques jours, puis il ne fut plus question de ce qui n'était plus, comme si elle n'avait jamais existé.

Il est vrai que Paris vociférait et lui donnait d'autres soucis. Le traité signé, après sept ans de guerre, n'était pas glorieux. Nous avions perdu le Canada et les Indes à l'exception de cinq comptoirs. La paix était faite, mais elle n'était ni heureuse ni bonne. Les impôts ne baissaient pas, le pain coûtait plus cher. Le bruit courait que des spéculateurs accaparaient les blés du royaume, provoquant la disette et la hausse des prix. On racontait aussi que des ministres entretenaient la pénurie et montaient d'affreuses machinations pour tirer des profits colossaux en important de l'étranger des grains avariés bons à rendre les gens malades. L'émeute couvait et je soupirais :

– C'est une sotte chose que d'être reine ! Pour peu que les troubles continuent, on nous dépouillera bientôt de cette incommodité [1].

Cela me faisait trembler. Comment se relèverait-on de tous ces désastres ? Allions-nous voir la fin de notre belle monarchie ? A la Cour, on s'agitait aussi. Pour d'autres raisons. La place de favorite était vacante et les candidates ne manquaient pas. Mais Louis prêtait peu d'attentions aux stratagèmes déployés pour le séduire. Il préférait se distraire auprès d'Adélaïde et de ses sœurs, et chez le Dauphin où venait de naître une

1. Authentique.

petite fille qu'il avait appelée Élisabeth [1]. Après les Conseils, il venait plus souvent dans mes appartements, tournait comme un chat qui cherche un coin paisible et s'asseyait près de moi pour un brin de conversation, ou pour ne rien dire. Il avait besoin de réfléchir à son aise, loin des intrigues et des quémandeurs, et me regardait tirer l'aiguille sur un ouvrage de tapisserie. Les affaires de l'État le préoccupaient. Les Parlements abusaient du droit de remontrance et je me permettais de lui dire mon sentiment :

– La négociation encourage à faire plus de mal. Je ne vois qu'une ressource, l'excès d'impertinence. Elle est affreuse, mais le feu renaîtra de ses cendres s'il n'est éteint absolument [2].

Nous parlions aussi du Dauphin dont la santé s'altérait. Il toussait de façon inquiétante, s'épuisait au moindre effort et passait sans cesse de l'apathie à la nervosité. Une maladie de poitrine que les médecins promettaient de guérir. Mais Louis était anxieux.

– Avec lui, je suis sûr d'un successeur expérimenté, usant de fermeté. Et c'est tout, vis-à-vis de la multitude républicaine. Dans ce moment, s'il me manquait [2] !...

Un traitement au lait et l'air de Meudon produisirent un tel effet qu'on le crut en voie de guérison. Il nous suivit à Compiègne pour le séjour traditionnel et je le vis plein d'énergie, passant des journées à cheval. Il fut de toutes les chasses et fit manœuvrer son régiment. Son état s'améliorait si bien que je

1. Elle sera emprisonnée au Temple avec son frère aîné Louis XVI, sa belle-sœur Marie-Antoinette et le petit Louis XVII.
2. Authentique.

décidai d'aller voir mon père en Lorraine, et lui rendre de ce fait ses nombreuses visites depuis tant d'années. L'auteur de mes jours avait quatre-vingt-huit ans et je redoutais pour lui les fatigues d'un long voyage. J'avais surtout envie d'être seule avec lui, loin de la Cour et de son étiquette, retrouver auprès de lui un peu de mon enfance et me perdre dans le flot de sa tendresse. Après tous les deuils qui nous avaient frappés, je me disais que son tour viendrait aussi, et que je lui devais quelques semaines d'intimité. Lui et moi, comme autrefois dans la campagne de Wissembourg.

Je partis au milieu d'août 1765. Il courut à ma rencontre et m'accueillit à l'entrée de Commercy. Torrent de larmes et d'embrassades. Nos cœurs battaient de la même émotion, de la même joie. Un long tête-à-tête commençait qui serait le dernier. Mon père en avait-il le pressentiment ? Le séjour qu'il m'offrit fut une véritable féerie, un conte magique éblouissant qui restera dans ma mémoire comme le songe le plus inouï que l'on pût imaginer. Toute la ville était en fête, pavoisée, illuminée. La foule nous saluait d'ovations touchantes, et nous suivit en long cortège sous les arcs de triomphe tressés de fleurs multicolores. Elle n'acclamait pas seulement la reine de France, mais aussi son duc de Lorraine qu'elle avait surnommé le « Père du Peuple », le « Bienfaisant », à cause de sa bonne gestion et de ses charités sans nombre. Autour du château, ce fut du délire. Les barrages furent rompus, les gardes bousculés. Les populations voulaient me voir en train de souper à côté du roi Stanislas, avant le splendide feu d'artifice tiré en mon honneur.

La chaleur était accablante et nous passions nos après-midi dans le parc plein de fraîcheur. Un monde enchanté où les arbres ressemblaient à des sculptures étranges qui côtoyaient les statues antiques. Des vases d'orangers et de jasmin fleurissaient sur des entablements de bronze que portaient des colonnes de cristal emplies d'une eau parfumée. Partout des ponts, des lustres hydrauliques, des pavillons exotiques. A la tombée de la nuit, un char à quatre roues, traîné par un cheval marin, nous emportait au fil de l'onde, glissant en silence entre les rives étincelantes du Grand Canal, jusqu'au confluent de la Meuse où s'élevait un kiosque oriental dont les fenêtres étaient voilées de stores liquides. Dans ce décor des Mille et Une Nuits, un souper nous était servi, puis nous remontions dans notre gondole dorée et revenions au château en voguant sous les étoiles de la douce nuit d'été. Caresses de la brise, senteurs odorantes, murmure de l'onde sur les fleurs de la berge, la vieille dame que j'étais retrouvait les émois de la jeune fille qui rêvait d'amour, quarante ans plus tôt, sur les bords de l'Ill illuminé, en pensant à Louis.

Au cours de nos promenades, je confiai à mon chérissime papa mes soucis et mes chagrins. J'avais appris à Compiègne la mort de mon gendre Don Philippe survenue au moment même où Doña Luisa, la dernière fille qu'il avait eue avec Élisabeth, entrait dans Madrid pour épouser le prince des Asturies. Coïncidence affreuse qui réveillait les souvenirs pénibles et me plongeait dans l'affliction. Je pensais à mon petit-fils Don Ferdinand qui restait seul et montait sur le trône de Parme à l'âge de quinze ans.

Nous priâmes pour lui, pour la santé du Dauphin, pour les Jésuites, et pour la paix dans l'esprit des Français. Je parlai aussi de Louis, de ses tourments, et de l'attachement qu'il n'hésitait plus à me manifester.

– Que le Seigneur y mette le bon ordre, mon petit cœur, me dit mon père en me serrant contre lui. Tout ce qui est du Très Bon, c'est que je vous aime rudement, terriblement.

Bonheur infini, journées trop courtes. Le 10 septembre, il fallut se séparer. Déchirement cruel après une longue étreinte émaillée de ces petits mots tendres qui chantent si bien en polonais. Je regagnai Versailles le vide au cœur et la tête pleine de mirages. Une estafette du duc de Lorraine m'avait devancée. Une lettre m'attendait :

« Chère et unique Maryneczka, que rien ne trouble votre joie entre les bras de votre famille. Vous êtes présente dans ma pensée, gravée au fond de mon âme. »

Avait-il deviné ce qui m'attendait ? Après tant de féeries dans les jardins de Commercy, le choc fut brutal et la tendresse de son billet fut le meilleur des secours pour l'affronter. Mon fils n'était pas guéri. La toux était revenue, profonde, persistante, continuelle. Rien ne l'apaisait. La vivacité succédait à une lassitude qui le mettait parfois dans un état de prostration inquiétant. De nouveau, il y eut un mieux et il s'entêta à nous suivre à Fontainebleau. J'espérais que le grand air lui ferait du bien. Au bout d'un mois, la toux empira jusqu'à lui arracher les poumons. Je priais de toutes mes forces, espérant encore, jusqu'au jour où il ne put quitter son lit.

Toute la famille se réunit à son chevet, l'entourant d'affection et d'amour afin de lui faire oublier ses souffrances. Aucune médecine ne le soulageait. Nous étions consternés de notre impuissance, et c'est lui qui nous fortifia de son courage, de cette sérénité surnaturelle que lui donnait sa piété. Le 20 décembre au matin, le Premier Aumônier se fit annoncer et je compris ce qu'il venait me dire. Depuis deux mois, j'avais eu le temps de me préparer à cet instant cruel. Mon fils n'était plus, et la douleur me broyait le cœur. Je restai anéantie et murmurai :

– Que ne suis-je morte pour lui !

Je courus à sa chambre où je retrouvai Louis prostré aux pieds du Dauphin qui souriait, la main serrée sur son crucifix. Mes filles et la Dauphine retenaient dignement leurs larmes et j'embrassai une dernière fois celui en qui j'avais mis toutes mes espérances. Je n'eus pas le temps de m'apitoyer. L'étiquette nous poussa vers les carrosses qui attendaient dans la Cour carrée. Ils nous emmenèrent à Choisy pour un Noël dans la tristesse et le chagrin.

Un deuil de six mois fut décrété et le royaume tout entier pleura le Dauphin. Les cérémonies des vœux furent annulées. Enfermé dans ses appartements, Louis écrivit son testament. La mort, qui le hantait depuis son enfance, le terrifiait soudain. Il redoutait de partir en laissant la France au duc de Berry, tout juste âgé de onze ans. Les calamités qu'il pressentait risquaient fort de le balayer. Aurait-il le temps de redresser la barre et de calmer les républicains qui surgissaient des flots en colère ?

Pour ma part, j'étais au bord de l'abîme. Mon malheur me paraissait tous les jours plus affreux, et ma douleur n'était pas de celles qui passent avec le temps. J'avais perdu mon fils, j'avais aussi perdu un ami et me sentais complètement désemparée. J'avais peur de cette nouvelle année qui commençait dans le froid et l'anxiété. Le monde changeait si vite, dans les fracas et la violence, l'injustice et le mensonge. Tant que mon fils vivait, je ne doutais pas de l'avenir. J'avais fait de lui un prince selon le cœur de Dieu. Avec lui, la vertu aurait triomphé et les grands de la terre auraient donné le bon exemple. Sans lui, qu'allions-nous devenir ? Qui aurait assez de force pour arrêter le scepticisme, défendre la religion ? Qui surtout aurait assez d'autorité pour rendre confiance aux Français ? Ils s'entêtaient à dénigrer le gouvernement et se tournaient vers l'Angleterre ou la Prusse pour y chercher des modèles à imiter. En lisant ses *Mémoires*, je ressentis plus vivement la perte immense que nous venions de subir. Une fois de plus, je ne comprenais pas pourquoi le Seigneur nous l'avait enlevé, et me consolais en me persuadant que j'étais la mère d'un prédestiné et non celle d'un futur roi. Mes espérances n'avaient été que vanités dont je devais me dépouiller.

Je m'attardais de plus en plus chez la Dauphine où Louis venait me rejoindre dès qu'il en avait le temps, obsédé qu'il était par ses petits-enfants qui n'avaient plus de père, et qu'il entourait d'une affection plus marquée. Mes familiers me témoignaient leur attachement, mais je leur préférais le silence de ma « Thébaïde ». Assise près d'une fenêtre, je laissais mon regard errer sur le tapis de neige immaculée qui avait enseveli les parterres. Ni lecture, ni peinture, aucun des plaisirs de la solitude, ne m'empêchaient de penser à tout ce que je venais de vivre et qui me frappait au plus intime de mon âme. De Lunéville, mon père ne cessait de m'écrire. A longueur de pages, il joignait son chagrin au mien et me confortait sur la voie de la résignation qui est celle de tout chrétien.

Au début de février, il me raconta en termes piquants qu'il avait eu un petit accident. Comme chaque matin, il s'était installé devant la cheminée pour fumer sa pipe. Sa robe de chambre s'était prise dans le pied du fauteuil. Lorsqu'il avait voulu se lever, il était tombé devant le feu et s'était brûlé la main sur une bûche incandescente. Il plaisantait en ajoutant :

« Vous m'aviez conseillé de me garder du froid. Vous auriez mieux fait de me dire de me préserver du chaud. »

Des courriers allaient et venaient pour me livrer d'autres nouvelles. Il me suppliait de ne pas m'inquiéter, ajoutant quelques bons mots pour me convaincre que son état était satisfaisant. Il me mentait afin de ne pas augmenter ma douleur. Deux semaines plus tard, j'apprenais avec effroi que la gangrène attaquait ses plaies. Il s'était blessé bien plus grièvement qu'il ne l'avait avoué. Dans sa chute, entraîné par son poids, il avait roulé sur les braises. Il n'avait pu se relever tout seul et ses valets l'avaient retrouvé calciné de la joue au genou. Il avait souffert un véritable martyre qu'il m'avait présenté comme une peccadille. La lettre suivante me pétrifia. « Mon papa » n'était plus.

Je m'enfermai dans ma « Thébaïde » et donnai libre cours à mes pleurs. Comme David l'avait écrit dans le psaume, « mon âme refusait d'être consolée, mon esprit défaillait, mais je me souvenais de mon Dieu et gémissais ». Je restai des heures devant le tiroir où s'empilaient toutes les lettres de mon père et les relus une à une à m'en crever les yeux. Jamais plus, je ne recevrais ces billets pleins d'amour pour « Mareszka, Mon cher Cœur, Mon unique », se terminant par : « Je vous aime furieusement et vous embrasse de toute mon âme à vous. » Tout le passé revenait jusqu'à ses dernières visites à Versailles et l'enchantement de Commercy. J'étais triste à mourir et le serais toute ma vie. En deux mois, je venais de perdre deux êtres parmi les plus chers. Mon père après mon fils. Je n'avais plus d'avant, je n'avais plus d'après. Seulement le présent dont le temps s'amenuisait. Une pensée me consolait : ceux que je pleurais ne voudraient pas revenir dans cette vallée de larmes, comme dit le *Salve*...

Ma vie devenait un martyre. J'essayais de maîtriser ma peine et me pliais aux rites des cérémonies de la Cour. Le séjour à Compiègne me déchira le cœur, et je me retirai dans le calme du Carmel aussi souvent que possible afin de chasser de ma mémoire les images de mon fils au début de sa maladie et celles de mon voyage à Commercy avec la dernière étreinte de mon père. Fontainebleau, ensuite, fut une véritable torture. Les plaies étaient loin d'être fermées. Louis disparaissait dans la forêt, entouré de ses filles. La chasse ranimait leur entrain. Plus rien ne m'amusait que les caresses de mes petits-enfants.

Sur le chemin du retour, j'attrapai un rhume qui dégénéra en fluxion de poitrine. Je crus que mon heure arrivait, mais je tuai le mal en mangeant bien.

Je ne voulais pas mourir sans avoir accompli mon dernier vœu. Un projet d'envergure dont je m'étais entretenue avec mon père ainsi qu'avec le Dauphin, et je m'entêtais à le mener à bien comme une sorte d'hommage à leur mémoire, un symbole de notre union dans la charité. Au centre de Versailles, l'hôtel de la marquise de Montespan allait être démoli, et Louis m'avait accordé une partie du terrain. L'héritage de mon père me permit d'acheter quelques arpents de plus et je pus envisager de faire construire sur cet emplacement mon « couvent de la reine [1] ». Une très grande maison où des jeunes filles démunies, sans titre ni fortune, recevraient une éducation. Je prévoyais aussi une aile spéciale pour y héberger des personnes âgées abandonnées et peut-être un noviciat. Je mandai l'architecte lorrain Richard Mique et lui confiai le soin de réaliser les plans de l'édifice avec tout le talent que mon père m'avait vanté. Et pour tenir l'établissement, j'avais choisi les sœurs Augustines de Compiègne dont la maison tombait en ruine, et qui ne savaient où aller. Au début de 1767, les lettres patentes furent signées, et je posai la première pierre. Avec quelle impatience j'attendis de voir des murs surgir de terre !

Au mois de mars, la Dauphine se mit à tousser. Depuis quelque temps, elle maigrissait et nous cachait ses lassitudes. En soignant mon fils, elle avait contracté son mal et s'éteignit en nous confiant ses cinq enfants. Louis en fut bouleversé. Il estimait « Pepa » et la chérissait. Mes filles l'adoraient. Je l'aimais. Dieu n'en finissait pas de nous éprouver, et je

1. Aujourd'hui le lycée Hoche de Versailles.

n'en finissais pas de me soumettre sur le chemin de croix de l'obéissance.

D'autres amis s'en allèrent, hommes et femmes de ma génération que je connaissais depuis quarante ans. Les salons se vidaient peu à peu de tous les visages qui m'étaient familiers. Alors tout devint triste et pesant. Dans mon cœur lourd, il n'y avait plus de joie. Laissant de côté mes rhumatismes, je m'accrochais au calendrier de mes obligations et répétais chaque jour les gestes accomplis depuis tant d'années. Comme un automate de foire que la mécanique de l'étiquette actionnait. La reine avait vieilli, mais elle tenait son rang et maintenait la tradition de la monarchie comme un phare lumineux sur la mer tourmentée.

Pour nos petits orphelins, je repris courage et veillai sur eux. Leurs jeux m'apportaient un peu de gaieté, et je leur donnais l'amour qui leur manquait. J'y gagnais l'affection de Louis qui venait se distraire avec eux et m'honorait de mille attentions. Il me parlait avec tendresse, comme aux premiers temps de notre mariage, et me troublait encore par sa prestance et sa beauté. La chasse avait entretenu sa silhouette d'athlète. Son visage griffé par les ans, les soucis et le vent des forêts, avait plus de séduction, et son regard était si doux lorsqu'il se posait sur moi, que je ne sentais plus cette gêne qui me paralysait autrefois.

Quarante-deux ans avaient passé depuis notre rencontre dans la forêt de Moret, et mon cœur battait toujours avec le même émoi quand il s'approchait pour m'embrasser. Mon amour avait bravé les tempêtes, les humiliations, les duretés, les froideurs de l'indifférence et se trouvait aujourd'hui récompensé de sa persévérance. Louis me revenait comme je l'avais toujours rêvé. Après tant de chagrins, Dieu exauçait mes prières et m'offrait cette consolation. J'avais survécu aux maîtresses et retrouvais l'homme que j'aimais encore, à la folie. Je lui conservais la famille qui nous restait, et goûtais enfin ce bonheur paisible que les intrigues politiques et les jalousies de la Cour nous avaient interdit. Certes, le roi et la reine de France ne pouvaient vivre comme des « particuliers ». Mais j'avais tenu bon face aux embûches de la représentation royale, en me préservant des vanités qui ne servent qu'à tuer les sentiments. Les miens n'avaient jamais failli. Amante inconsolable, j'avais fait de mon mieux pour être une épouse sans tache, une mère aimante et attentive, ainsi qu'une reine digne de partager le trône le plus prestigieux de l'Europe. Je comprenais enfin pourquoi Dieu m'avait propulsée au sommet des honneurs. L'humilité, l'obéissance et la résignation n'y étaient pas des vertus courantes que l'on pratique plus aisément dans un couvent. Le Seigneur m'avait tout donné, Il m'avait tout ôté, il n'était arrivé que ce qui Lui avait plu, et je bénissais son nom...

*

* *

Une nouvelle année vient de commencer. Je n'en verrai pas la fin. Dieu m'accordera-t-il de vivre jusqu'au mois de juin et de fêter mes soixante-cinq ans ? Au cours du séjour à Fontainebleau, une douleur au bras s'est étendue sur la poitrine. Malgré cela, je mangeais bien et dormais bien quand la pituite ne venait pas m'en empêcher. Aussi ai-je pensé que l'âge me rendait douillette. Depuis le début de décembre, une fièvre lente me ronge et la toux s'est accentuée. J'ai maigri. Mes forces déclinent de jour en jour et je garde le lit. Comme je l'ai en horreur, je me fais porter en chaise à la Chapelle pour la messe, puis les vêpres. Les médecins sont inquiets ; mes filles m'entourent et Louis ne quitte mon chevet que pour les Conseils. Il a convoqué les meilleurs spécialistes, assiste aux examens, vérifie les potions, goûte mes repas. Il me soigne comme je l'ai soigné pendant toutes ces années. Son dévouement me touche, mais je n'oublie pas qu'il est le roi et l'ai supplié de ne pas se déranger à cause de moi. Il a caressé ma joue en disant :

– Songez, Marychna, que je veux être ici à tout moment, et vous ne devez pas vous en étonner.

Il reste assis près de moi pendant des heures, évoquant les temps heureux du long chemin qu'ensemble nous avons parcouru. Il me prend dans ses bras, me promet mille bonheurs... Je m'enivre de son odeur, de son sourire et de sa voix un peu cassée qui a tant de fois éveillé mon désir. Je sais qu'il n'y a plus d'espoir et ne crains pas de mourir. Mes pensées sont en ordre, j'ai tout pardonné. Une autre vie m'attend dans un autre royaume où sont déjà tous nos enfants disparus, et je partirai en paix avec l'amour de Louis.

Épilogue

La reine Marie s'est éteinte le 24 juin 1768 à dix heures un quart du soir, à l'âge de soixante-cinq ans.

Pendant les six mois que dura sa maladie, ses quatre filles furent à son chevet et Louis XV l'entoura d'une grande tendresse, bouleversé de perdre celle qui fut son premier amour, qui lui avait donné dix enfants et l'avait accompagné, pour le meilleur et pour le pire, pendant quarante-trois ans. Dès que le danger fut connu, une foule immense assiégea les grilles du château pour avoir des nouvelles. La Salle des Gardes s'emplissait chaque jour de courtisans aux visages anxieux, et le roi lui-même venait à la porte de l'antichambre pour leur déclarer :

– La reine va mieux.

Et plus tard :

– La reine est toujours dans le même état. Cela peut durer. Voilà notre espérance.

Et soudain :

– La reine baisse à vue d'œil.

Puis :

– La reine subsiste encore, mais bien faiblement. Je crains que nous l'ayons perdue.

Il revenait en pleurant dans les appartements et disait :

– Voyez comme elle est aimée !

Au début de juin, la reine reçut l'extrême-onction et Louis XV s'approcha du lit en montrant ses filles :

– Venez, Mesdames, que je vous présente !

Adélaïde, Victoire, Sophie et Louise s'avancèrent, et Marie, levant les yeux et les mains au ciel, leur donna sa dernière bénédiction. Louis s'agenouilla à son tour en sanglotant et demanda le pardon. Pendant ce temps, dans toutes les églises de Versailles, de Paris, et jusqu'au fin fond du royaume, le Saint Sacrement fut exposé et l'on pria pour la « bonne reine » qui se mourait.

Au dernier moment, selon les règles de l'étiquette, le roi dut se retirer dans le salon voisin. Entourée de ses filles et de son médecin Lassone, Marie sourit, comme l'avait fait son fils, et commença son chapelet. Elle n'eut pas le temps de le terminer. Louis revint aussitôt dans la chambre, les yeux baignés de larmes, et contempla avec vénération le beau visage apaisé et lumineux de sa chère Marychna qui l'avait tant aimé. Il l'embrassa longuement comme s'il avait voulu s'en imprégner à jamais. Il se tourna ensuite vers le médecin et, debout près du lit, demanda tous les détails de ces dernières minutes auxquelles il n'avait pu assister. Il défaillit en écoutant le récit et Lassone dut le porter vers un fauteuil pour le ranimer du malaise que l'émotion autant que le chagrin avaient provoqué [1]. Ce soir-là, le roi de France écrivit à son petit-fils, l'Infant de Parme :

« Vous avez perdu votre grand-mère. Il ne m'est pas possible en cet instant de vous dire autre chose [2]. »

La reine Marie fut exposée pendant huit jours sur un lit de parade et des gens par milliers défilèrent pour lui rendre un dernier hommage. Dans tout le royaume, les regrets se mêlèrent aux louanges, et les apologies furent innombrables.

Le 2 juillet, Marie quitta Versailles pour toujours. Dans la cour royale, éclairée de mille flambeaux et quatre globes de feu, étaient rassemblés vingt carrosses à huit et dix chevaux vêtus de grands caparaçons noirs, brodés aux armoiries du roi et de la reine. Dans la cour des ministres qui la précède, quatre cents gardes françaises, gendarmes à cheval, mousquetaires, quatre cents gardes suisses et chevau-légers s'étaient alignés de chaque côté. Une foule dense se pressait dans les espaces vides, et les dames de la Cour en grand deuil occupaient toutes les fenêtres du château.

A neuf heures du soir, au son des tambours et timbales voilés de crêpe, le cortège s'ébranla et franchit les grilles tapissées de noir. En tête, le « régiment de la reine » : tous ses pauvres habillés de gris, tenant dans leur main une torche allumée. Puis venaient une cohorte de récollets et de prêtres, cinq carrosses habillés

1. La scène a été racontée par le président Hénault dans ses *Mémoires*. Il la tenait du docteur Lassone lui-même.

2. Pendant les six mois de maladie de la reine, les lettres de Louis XV à l'Infant furent presque quotidiennes, et nous révèlent les détails de la progression du mal, le courage de Marie et l'inquiétude croissante du roi autant que sa tendresse.

de noir, les mousquetaires noirs deux à deux, cinq carrosses, les mousquetaires gris et les chevau-légers, les cinq carrosses occupés par les princesses du sang, les dames d'honneur et du palais, qu'entouraient les valets de pied et les écuyers à cheval. Le corbillard apparut alors, immense, couvert de velours noir sur lequel brillaient de grandes croix en étoffe d'argent, et les armoiries entrelacées de Louis et de Marie. De part et d'autre, chevauchaient le chevalier d'honneur et le premier écuyer accompagnés des douze pages de la reine. Cent gardes du roi et cinq autres carrosses encadrés de cinquante gendarmes à cheval fermaient la marche.

Tous les cavaliers, crêpe au chapeau et en bandoulière sur leur habit, portaient des flambeaux, et l'on vit serpenter dans la masse obscure de la nuit le fleuve de lumière qui emportait Marie vers sa dernière demeure. Tout au long de la route, de Versailles à Saint-Denis, des milliers d'hommes et de femmes s'étaient rassemblés en silence et s'agenouillèrent au passage pour saluer une dernière fois la « bonne reine » qui s'en allait.

Aucune reine de France avant elle n'avait partagé le trône aussi longtemps. Aucune autre, après elle, ne devait mourir avec sa couronne.

Sa dépouille fut exposée pendant quatre jours dans la Basilique, avant la cérémonie des funérailles en grande pompe et l'inhumation dans la crypte des rois de France où reposaient ses enfants, à l'exception du Dauphin qui avait souhaité être enterré à Sens, ainsi que la Dauphine qui avait tenu à rejoindre son époux.

Le 18 juillet, Louis XV écrivit à l'Infant de Parme : « Vos espérances sont sûrement réalisées pour l'éternité où elle est sûrement bien placée. »

Le 25 juillet, il écrivait encore :

« Il est vrai que j'étais prévenu du malheur qui devait m'arriver. Il ne m'en a pas été moins sensible, et je ne puis m'accoutumer à mon nouvel état. Pour elle, sûrement bienheureuse. »

Contrairement à l'usage, le cœur de la reine ne fut pas déposé au Val-de-Grâce. Selon les dernières volontés de Marie, il fut mis dans une boîte en argent et transporté à Nancy dans la crypte de Notre-Dame du Bon Secours où étaient ses parents. Cette Lorraine, que son père avait reçue en dédommagement du trône de Pologne, était devenue sa seconde patrie. Par la mort de l'un et de l'autre, le duché faisait désormais partie de la France.

*
* *

Le 25 juin 1768, retiré à Marly, Louis XV écrivait au duc de Penthièvre :

« La vive douleur que je ressens de la mort de la reine, mon épouse et compagne, ne peut être soulagée que par le secours de la Providence et par la ferme espérance dans laquelle je suis qu'Elle a voulu couronner la haute vertu et la constante piété qui ont accompagné toutes les actions de sa vie, et qui ont éclaté plus particulièrement dans la longue maladie à laquelle elle vient de succomber.

Par mes prières, je demande à Dieu le repos de son âme et la consolation dont j'ai besoin [1]... »

---

1. Cette lettre est aux Archives Nationales.

Quelques jours plus tard, Madame Louise répondait aux questions qu'on lui posait :

– Ne vous flattez pas de pouvoir découvrir tout ce qu'il y aurait d'édifiant à citer sur la reine ; mes sœurs et moi avons toujours remarqué que la première de ses vertus était sa grande humilité, d'où naissait une attention continuelle à nous dérober ce qu'il y avait de plus parfait et souvent de plus héroïque dans ses actions. J'en ai plus appris depuis sa mort que je n'en savais pendant sa vie.

Au président Hénault qui fut de ses intimes et lui demanda l'autorisation de parler d'elle dans son *Abrégé historique*, la reine Marie avait répondu :

– Eh bien ! dites qu'en 1725, on vit arriver en France une petite princesse qui apportait de petits talents, de petites vertus et de grands défauts.

– Je dirai au moins qu'elle avait un grand cœur.

– Hélas, pas bien grand puisqu'il y a tant de malheureux qui ne sauraient y trouver une place.

La marquise du Deffand, amie du président Hénault, et nièce de la duchesse de Luynes, avait souvent rencontré la reine Marie qui lui avait inspiré ce portrait :

« Thémire a beaucoup d'esprit, le cœur sensible, l'humeur douce, la figure intéressante. Son éducation lui a imprimé dans l'âme une piété si véritable qu'elle est devenue un sentiment en elle et qu'elle lui sert souvent à régler tous les autres. Thémire aime Dieu, et immédiatement après, tout ce qui est aimable. Elle sait accorder les choses agréables et les choses solides. Elle s'en occupe successivement et les fait quelquefois aller ensemble.

Ses vertus ont pour ainsi dire le germe et la pointe des passions. Elle joint à une pureté de mœurs admirable une sensibilité extrême ; à la plus grande modestie, un désir de plaire qui suffirait seul pour y réussir. Son discernement lui fait démêler tous les travers et sentir tous les ridicules ; sa bonté, sa charité les lui font supporter sans impatience et lui permettent rarement d'en rire...

Le respect qu'elle inspire tient plus à ses vertus qu'à sa dignité ; on a toute la liberté de son esprit avec elle ; on le doit à la pénétration et à la délicatesse du sien. Elle entend si promptement et si finement, qu'il est facile de lui communiquer toutes les idées qu'on veut sans s'écarter de la circonspection que son rang exige. On oublie en voyant Thémire qu'il puisse y avoir d'autres grandeurs, d'autres élévations que celle de ses sentiments. On se laisserait presque aller à l'illusion qu'il n'y a d'intervalle d'elle à nous que la supériorité de son mérite, mais un fatal réveil nous apprendrait que cette Thémire si parfaite, si aimable, c'est la reine. »

LE TESTAMENT DE LA REINE MARIE
(rédigé un an exactement avant sa mort)

« Je désire vivre et mourir dans la sainte église catholique, apostolique, romaine, et l'entière soumission aux décisions du Saint-Siège sans aucune restriction. J'espère cette grâce de la miséricorde de Dieu par l'intercession de la très Sainte Vierge, ma sainte patronne. Voilà mes sentiments que j'espère, par la grâce de Dieu, conserver jusqu'au dernier soupir de ma vie.

« Je recommande au roi que mon cœur soit porté à Bon Secours en Lorraine auprès de mon père et de ma mère comme une marque de mon tendre respect pour eux ; mon corps à Saint-Denis, le tout sans armoirie mais beaucoup de prières.

« Mon plus grand désir pendant ma vie ayant été de faire du bien à ma Patrie et de donner des marques de ma tendresse aux enfants qu'il a plu à la Providence de me donner, ainsi que de rendre heureuses les personnes attachées à mon service autant qu'il a pu dépendre de moi, j'ai consenti que le feu roi mon père, tant en son nom qu'au mien, dispose

du prix total de la vente des terres provenant du chef de la feue reine ma mère en faveur des Jésuites de sa province de Pologne, pour l'établissement d'une mission perpétuelle dans les quatre principales provinces de ce royaume.

« J'ai également supplié le roi d'attribuer à mes filles les cent mille livres de rente viagère que le feu roi mon père a mis sur ma tête et de trouver bon que je fisse porter à son trésor royal quatre cent cinquante mille livres des deniers à moi laissés par le feu roi mon père pour être convertis en une rente viagère de 45 000 livres à mon profit, avec la liberté d'en disposer après moi en faveur de ceux que j'aurai convenu d'en gratifier.

« Voulant également donner aux habitants de la ville de Versailles des marques de mon attention particulière pour ce qui intéresse l'éducation de leurs enfants, et singulièrement les filles des officiers attachés à mon service, à celui du roi et de toute la famille royale, j'ai engagé le roi à permettre que je fis transporter dans la ville de Versailles des religieuses de la congrégation de Notre-Dame de Compiègne pour y demeurer à perpétuité et y faire instruire les jeunes personnes qui leur seront confiées. Pour que cette congrégation ne fût plus à la charge du roi et du royaume, je me suis chargée de faire construire tous les bâtiments nécessaires... J'ai destiné à cet établissement le surplus des fonds qui me sont parvenus de la bonté du feu roi mon père, ainsi que les 45 000 livres de rente annuelle et viagère mises par le roi à mon profit par lettres patentes du 26 novembre 1766, la dite rente pour quatre années seulement à compter de ce jour. Et comme ces bâtiments pourraient n'être pas finis avant ma mort, j'ai cru devoir faire connaître mes intentions sur l'usage et l'emploi des différents fonds qui me resteront alors.

« Mes filles jouiront après ma mort de la rente de 45 000 livres, à charge pour elles de continuer la construction du couvent et de l'équiper de tout le nécessaire. »

(Suit une longue liste de legs à tous ceux qui ont servi la reine : aumônier, confesseur, écuyers, apothicaires, chirurgiens, cuisinier, lecteur, caméristes, valets...)

« On s'étonnera peut-être des détails dans lesquels j'entre ici, mais la connaissance que j'ai de leurs besoins m'y oblige. Cela ne m'empêche pas de supplier le roi de vouloir bien leur conserver leurs appointements jusqu'à leur mort comme si je vivais encore, à commencer par le Grand officier de ma maison, les dames d'honneur et d'atour qui me sont intimement attachées, ainsi que les dames du palais.

« Je recommande à mes chères filles de distribuer pour le repos de mon âme et pour les pauvres tout l'argent qu'elles trouveront dans mon inventaire. »

(Plus de cent mille livres étaient réparties dans des petits sacs de cuir cachés dans des tiroirs de commodes, de chevets ou de chiffonniers, prêts à être distribués selon les urgences à secourir.)

« Il me reste à supplier le roi de me pardonner de la façon dont ceci est écrit. Je suis très faible et j'espère qu'il ne m'en voudra pas. Je l'assure du tendre respect que j'ai toujours eu pour sa personne et que mon dernier soupir sera des vœux pour lui à jamais.

Marie.

A Versailles, 24 juin 1767. » [1]

Louis XV respecta scrupuleusement les dernières volontés de Marie, mais ne put consentir aux funérailles modestes qu'elle demandait. Il imposa le cérémonial et la pompe dus à une reine de France. Le « Couvent de la reine » fut terminé en 1772 et le roi l'inaugura en grande pompe en compagnie de ses filles. Seule Louise n'assistait pas à la cérémonie. Depuis deux ans déjà elle était entrée au Carmel de Saint-Denis sous le nom de Sœur Thérèse de Saint-Augustin, et en fut bientôt l'abbesse.

---

1. Archives Nationales – Carton des Rois – K 147.

LES ŒUVRES DE LA REINE

Au cours de sa longue vie de reine, Marie n'a cessé de multiplier ses charités. Il serait fastidieux de les énumérer. Nous citerons plus particulièrement :

– Les Sœurs de Saint-Vincent-de-Paul dont elle finança les œuvres dans les quartiers misérables et les hôpitaux de fortune.

– Les nombreux collèges, couvents et hospices qui reçurent ses dotations. Elle pensionnait l'établissement Saint-Thomas à Saint-Germain-en-Laye, et donna beaucoup aux Capucins de la Congrégation de Saint-Maur.

– Tous les prisonniers pour dettes qu'elle délivra dans la plus grande discrétion.

– La retraite pour les Savoyards et les ouvriers qu'elle fit établir dès 1737.

– Sa « Maison de l'Enfant Jésus ». Placée sous les auspices du curé de Saint-Sulpice, elle hébergeait les filles de noblesse militaire déshéritées, des filles du peuple et des femmes abandonnées. Elle compta plus de mille quatre cents pensionnaires qui reçurent une éducation. On leur apprenait

à être de bonnes mères ; on les formait aussi à des activités qui leur permettraient de gagner leur vie dans la dignité. L'établissement possédait une boulangerie, une blanchisserie, des ateliers de filage et de lingerie, ainsi qu'une basse-cour et un cabinet d'apothicaire dont les produits étaient distribués gratuitement aux nécessiteux.

– Le « Couvent de la reine ». Avant de mourir, elle en décida les plans, le fonctionnement, et lança la construction. Ses filles se chargèrent de le terminer et de l'inaugurer en présence du roi.

Dans un domaine plus religieux, la reine Marie joua de son influence pour la canonisation de Mère Jeanne de Chantal et fit construire à Moulins la première chapelle dédiée à la sainte. Elle contribua aussi à développer une dévotion récente au Sacré-Cœur de Jésus, lancée par une religieuse de Paray-le-Monial, Marguerite-Marie Alacoque, à la fin du XVIIe *siècle. Le 1er Juin 1742, à Versailles, elle fonda une « adoration » du Sacré-Cœur qui se renouvela chaque année. Et le Pape Clément XIII finira par officialiser cette fête dans le calendrier liturgique.*

Pour sa piété et ses vertus, le Pape Benoît XIV lui décerna la rose d'or *dont il honorait les reines méritantes.*

LES CONCERTS DE LA REINE

Elle jouait du clavecin, de la vielle, de la guitare sans talent, mais fut une grande mélomane. Tout au long de sa vie, à Versailles, dans le Salon de la Paix, à Marly, Compiègne ou Fontainebleau, elle donna des concerts deux fois par semaine. Il y en eut 61 en 1734, 96 en 1738, 95 en 1739 sans parler des fêtes du mariage de Madame, la fille aînée, avec l'Infant d'Espagne. Opéras, tragédies lyriques et ballets avaient la faveur de Marie qui avait une prédilection pour les œuvres de Lully. Elle appréciait aussi Destouches, Colin de Blamont, Campra, Vivaldi, Corelli, Telemann, ainsi que les cantates de Clérambault qui connaissaient un grand succès. Avec le temps elle se laissera séduire par Rameau avec ses « Fêtes de l'Hymen et de l'Amour » composées tout spécialement pour le second mariage du Dauphin. Sous son influence, les concerts spirituels se développèrent chaque année pendant le temps pascal. Du dimanche de la Passion au lundi de Quasimodo, la Cour pouvait entendre la Musique de la Chapelle, qu'accompagnait la Musique de la Chambre du Roi, inter-

préter des motets à grands chœurs, des lamentations et de magnifiques « Leçons de Ténèbres » comme celles de François Couperin. Les plus grands compositeurs créèrent des œuvres sacrées pour ces soirées particulières : Destouches, Mondonville, Colin de Blamont, Gilles, Bodin de Boismortier, Rebel...

Le nombre de ces manifestations augmenta lorsque Mesdames revinrent de Fontainebleau. Elles donnèrent leurs propres concerts dans leurs appartements, et le Dauphin fit de même. Dans le seul mois de janvier 1751, la Cour eut droit à 22 soirées musicales d'une belle perfection. Les « Enfants de France » en étaient souvent les interprètes. Tenant de leur mère le goût des Slaves pour la musique, ils étaient tous des virtuoses. Si le Dauphin jouait de tous les instruments, Henriette excellait à la basse de viole, Adélaïde jouait supérieurement du violon, Victoire était une claveciniste de premier ordre, formée par les Couperin. Sophie et Louise jouaient de la guitare et chantaient.

Ainsi, pendant quarante-trois ans, la musique fut à l'honneur à Versailles. Les artistes de renom rêvaient tous de s'y produire. Farinelli y fut convié en 1737 alors qu'il traversait la France pour se rendre à Madrid à la Cour de Philippe V. La reine admira son talent incomparable et Louis XV le gratifia d'une tabatière en or. En 1764, un autre prodige âgé de sept ans et portant le nom de Mozart fut acclamé avec enthousiasme. Il donna plusieurs concerts et eut l'honneur de souper en « grand couvert » à la table royale aux côtés de la reine qui traduisait ses propos. A madame Victoire, qui lui avait permis de jouer sur son clavecin de Hans Rückers et son pianoforte de François Cliquot, il offrit deux sonates signées « Wolfgang Amadeus Mozart, de Salzbourg ».

Une mode récente a ressuscité la musique baroque pour le bonheur de nombreux mélomanes. Parmi les multiples enregistrements CD qui existent aujourd'hui, je me permets de mentionner quelques œuvres que la reine Marie a dû écouter en son temps, et qui ont accompagné l'écriture de ce livre :

- Bodin de Boismortier. *Suites pour clavecin*
  Suites pour flûtes
  Sonates pour flûte et clavecin
- Bouzignac. *Motets, Te Deum.*
- Campra. *Motets*
  Messe de Requiem
- Charpentier. *Te Deum. Messe de Minuit*
  Leçons du Mercredi Saint
  Leçons du Jeudi Saint
  Leçons du Vendredi Saint
  Oratorios de Noël
  Le Parlement de Musique
  Orfée aux Enfers
- Corelli. *Sonates pour violon, violoncelle et clavecin*
  Sonates pour flûte à bec et basse continue
- Couperin Armand. *Pièces de clavecin dédiées à Madame Victoire de France*
- Couperin François. *Concerts royaux*
  Leçons de Ténèbres
  Motets
- Daquin. *Pièces de clavecin*
- Delalande. *Te Deum*
  Dies Irae
  Petits Motets
  Symphonies pour les soupers du roi
- Dumont. *Motets en dialogue*
- Gilles. *Requiem (joué pour les funérailles de Rameau, puis celles de Louis XV)*
- Lassus. *Lamentations de Jérémie*
- Lully. *Atys*
  Alceste
  Comédies-ballets
  Petits Motets
  Grands Motets
- Mondonville. *Venite Exultemus. De Profundis*
  Sonates pour clavecin et violon
- Philidor l'Aîné. *Marches, Fêtes, Chasses royales*

LE DON D'AIMER

– Rameau. *Les Indes galantes*
La Princesse de Navarre
Les Grands Motets
– Vivaldi. *Concertos pour violon*
Stabat Mater
Les Quatre Saisons

BIBLIOGRAPHIE

Amiguet (Philippe). *Lettres de Louis XV à l'Infant Ferdinand de Parme.*

Antoine (Michel). *Louis XV.* Fayard, 1989.

Armaillé (Comtesse d'). *Marie Leszczynska.* 1840.

Barbier. *Journal.*

Bordonove (Georges). *Louis XV.* Pygmalion, 1982.

Boyé (Pierre). *Lettres inédites de Stanislas à Marie Leszczynska.* Paris, 1901.

Brossel (Alfred). *La famille Leszczynski.* 1902.

Chaussinand-Nogaret. *La vie quotidienne au temps de Louis XV.* 1964.

Diguères (Victor des). *Lettres de Marie Leszczynska au Président Hénault.* Paris, 1886.

Doscot (Gérard). *Stanislas Leszczynski et la Cour de Lorraine.* 1969.

Eyer (Fritz). *Wissembourg.* 1986.

Gauthier-Villars. *Le mariage de Louis XV.* 1901.

Gaxotte (Pierre). *Le Siècle de Louis XV.* Fayard, 1933.

Louis XV. Flammarion, 1980.

Goncourt (E. et J.). *La femme au XVIIIe siècle.*

La Duchesse de Châteauroux et ses sœurs.

Hausset (Mme du). *Mémoires.*

Huertas (Monique de). *Marie-Josèphe de Saxe, la mère de Louis XVI.* Pygmalion, 1995.

La Rochefoucault (Gabriel de). *Marie Leczinska.* 1943.

Leroy (Alfred). *Marie Leczinska et ses filles.* 1940.

Levron (Jacques). *Madame Louis XV.* Perrin, 1987.

La cour de Versailles XVIIe et XVIIIe.

LE DON D'AIMER

Luynes (duc de). *Mémoires*. Firmin-Didot, 1860, avec lettres inédites de Marie Leszczynska.
Marais (Mathieu). *Journal*.
Mitford (Nancy). *Mme de Pompadour*.
Mouffle d'Angerville. *Vie privée de Louis XV*. 1921.
Nolhac (Pierre de). *Louis XV et Marie Leszczynska*.
Louis XV et Mme de Pompadour.
Perey (Lucien). *Le Président Hénault et Mme du Deffand*.
Perugia (Paul del). *Louis XV*.
Poignant (Simone). *Les Filles de France à Fontevrault*.
Les Filles de France, l'Aile des Princes.
Proyart (Abbé). *Vie de Marie Leszczynska, reine de France*.
Vie de Monseigneur le Dauphin.
Réaulx (Marquise des). *Le roi Stanislas et Marie Leszczynska*. 1895.
Sars (Maxime de). *Le Cardinal de Fleury*. Hachette, 1942.
Stryjenski (Casimir). *Mesdames de France, filles de Louis XV*.
Ziegler (Gillette). *Les coulisses de Versailles*,1900.

CHEZ LE MÊME ÉDITEUR

Collection "Les Dames du Lac"

LA COURONNE MAUDITE
par Ellen Jones
La tumultueuse histoire d'amour de la princesse Maud et d'Étienne de Blois, descendants passionnés de Guillaume le Conquérant.

•

TROP BELLE OROVIDA
par Yaël Guiladi
Une inoubliable histoire d'amour dans une Espagne brûlante, au temps d'Isabelle la Catholique et de l'Inquisition.

•

LES LANCES DE JÉRUSALEM
par Georges Bordonove
L'amour fou d'une jeune fille qui changea en lumière le désespoir d'un roi lépreux de seize ans, vainqueur de Saladin.

•

LES ARMES A LA MAIN
par Georges Bordonove
Le grand roman d'amour étroitement lié à l'épopée tragique de la Guerre de Vendée en 1793.

•

LA CASTE
par Georges Bordonove
Une passion si éclatante que la mort même ne pourra détruire.

•

PAPRIKA
par Erich von Stroheim
A la veille de l'effondrement des Habsbourg, l'histoire d'un grand amour assassiné.

•

SACAJAWA *
LA DERNIÈRE PISTE DE SACAJAWA **
par Anna Lee Waldo
Le roman vrai d'une femme d'exception, figure légendaire des Indiens d'Amérique.

Collection "Les Rois qui ont fait la France"

(en vingt volumes)
par Georges Bordonove

Les Précurseurs :
Clovis. ◇ Charlemagne.

Les Capétiens :
Hugues Capet, le fondateur.
Philippe Auguste. ◇ Saint Louis. ◇ Philippe le Bel.

Les Valois :
Charles V. ◇ Charles VII. ◇ Louis XI. ◇ François Ier. ◇ Henri II. ◇ Henri III.

Les Bourbons :
Henri IV. ◇ Louis XIII. ◇ Louis XIV. ◇ Louis XV.
Louis XVI. ◇ Louis XVIII. ◇ Charles X. ◇ Louis-Philippe.

SALADIN
par Geneviève Chauvel
Une fabuleuse histoire pour comprendre l'Islam

•

LA MÈRE DE LOUIS XVI
Marie-Josèphe de Saxe
par Monique de Huertas

•

IL ÉTAIT UNE FOIS VERSAILLES
par Jean Prasteau
Le roman vrai de Versailles, de sa création à nos jours, comme il n'avait jamais été conté.

•

IL ÉTAIT UNE FOIS LE LOUVRE
par Jean Prasteau

Achevé d'imprimer en octobre 1996
sur presse Cameron
par Bussière Camedan Imprimeries
à Saint-Amand (Cher)

N° d'Édit. : 518. — N° d'Imp. : 4/956.
Dépôt légal : octobre 1996.
Imprimé en France